装配式结构
与建筑产业现代化

Prefabricated Structures and Construction
Industrial Modernization

陈建伟 苏幼坡 著

知识产权出版社

全国百佳图书出版单位

图书在版编目（CIP）数据

装配式结构与建筑产业现代化/陈建伟，苏幼坡著 .—北京：
知识产权出版社，2016.8（2020.8重印）

ISBN 978 - 7 - 5130 - 4448 - 6

Ⅰ.①装… Ⅱ.①陈…②苏… Ⅲ.①住宅产业—研究—中国 Ⅳ.①F299.233

中国版本图书馆 CIP 数据核字（2016）第 218479 号

内容提要

本书收录了作者近五年来对我国建筑产业现代化相关问题的研究和思考成果，内容涉及建筑产业现代化与人才培养、建筑产业现代化与科技创新、建筑产业现代化与装配式结构、建筑产业现代化与绿色建筑等领域，各个篇章相对独立，每篇文章体系完整，附图直观，文字精练，既有对问题的思考和预见，也有探索解决问题的措施或建议。阅读本书，可全面了解当前我国建筑产业现代化发展的相关热点问题，也可引发对我国建筑产业现代化未来发展的思考。

本书可供装配式建筑设计及施工企业、房地产开发企业、技术部品部件研发企业、相关领域研究人员及政府决策部门人员参考。

责任编辑：张　冰　　　　　　　责任校对：王　岩

封面设计：京点设计　　　　　　责任出版：刘译文

装配式结构与建筑产业现代化

陈建伟　　苏幼坡　著

出版发行：	知识产权出版社 有限责任公司	网　　址：	http://www.ipph.cn
社　　址：	北京市海淀区气象路50号院	邮　　编：	100081
责编电话：	010 - 82000860 转 8024	责编邮箱：	740666854@qq.com
发行电话：	010 - 82000860 转 8101/8102	发行传真：	010 - 82000893/82005070/82000270
印　　刷：	北京九州迅驰传媒文化有限公司	经　　销：	各大网上书店、新华书店及相关专业书店
开　　本：	787mm×1092mm 1/16	印　　张：	16
版　　次：	2016 年 8 月第 1 版	印　　次：	2020 年 8 月第 2 次印刷
字　　数：	266 千字	定　　价：	58.00 元
ISBN 978 -7 -5130 -4448 -6			

前　言

　　建筑产业现代化、新型建筑工业化及装配式建筑是当前我国宏观层面上或建筑业重要政策文件中常常提到的三个概念。建筑工业化是伴随西方工业革命出现的概念，随着欧洲兴起的新建筑运动实行了工厂预制、现场机械装配，逐步形成建筑工业化最初的理论雏形。建筑产业现代化是21世纪以来逐渐形成的概念，所谓的装配式建筑、建筑工业化等，都是实现建筑产业现代化的一个阶段和过程，也就是说，建筑产业现代化是以工业化为主要内容，促进建筑产业不断发展、不断提升、不断进步的现代化过程，这是一个永无止境的过程。

　　1999年，国务院办公厅转发建设部等部门《关于推进住宅产业现代化提高住宅质量的若干意见》（国办发〔1999〕72号）的通知中通篇使用"住宅产业化"这一说法，也是迄今为止仍然发挥效用的最高级别文件；2013年年初，住房和城乡建设部与国家发展和改革委员会发布的《绿色建筑行动方案》中提及的"建筑工业化"，进一步汲取党的"十八大"精神，提出"新型建筑工业化道路"的重大战略。2016年2月，国务院印发的《中共中央、国务院关于进一步加强城市规划建设管理工作的若干意见》中明确，力争用10年左右时间，使装配式建筑占新建建筑的比例达到30%，积极稳妥推广钢结构建筑。据住房和城乡建设部科技与产业化发展中心文林峰副主任介绍，建筑产业现代化侧重"产业链"和"系统"，是基于产业链上的资源整合与优化，新型建筑工业化是这一系统的重要组成部分，是实现建筑产业化、现代化的重要途径和手段，两者相辅相成，共同促进。

　　推进建筑产业现代化是建筑生产方式的变革，是提升建筑品质，促进建筑业健康、可持续发展的根本途径，目前已经上升到国家发展战略的重要地位。众所周知，实现建筑产业现代化有利于实现建筑节能减排，推进绿色安全施工，提高资源、能源使用效率，更有利于提高建筑空间健康指数和舒适程度，改善人居环境，因此建筑产业现代化将是建筑业转型发展的必然趋势。为此，我相信将自己近些年来的相关研究成果归纳成册出版，对促进技术交流、成果推广、共同发展等都具有一定的积极意义。

本书分为四篇，第一篇为建筑产业现代化与人才培养，主要从实现国家建筑产业现代化，制订后备人才培养战略角度出发，阐述人才培养战略制订及其切入点和整体思路等方面的政策建议。在这部分内容中，主要结合当前建筑产业高歌猛进，而人才数量不足成为"拦路虎"的背景，以相关产业人才培养试点为案例，重点从当下和长远发展考虑制订人才培养方案。当前，国家的一些政策措施中已逐步加大人才培养力度，例如采用了借助开展产学研联合办学试点、集中研讨培训、学术会议等形式。

第二篇是建筑产业现代化与科技创新，其实建筑产业现代化这个概念的重要特点就是以科技进步为支撑，以新型工业化建造方式为核心，广泛应用节能、环保的新技术、新材料和新产品。这部分提出了以提高建筑质量、夯实建筑产业现代化发展科技支撑的研究方向和战略建议，阐述建筑行业科技成果推广与应用的瓶颈问题与对策。只有科技的进步与推广，才能真正发挥产业化的优势并保持发展的强劲动力。

第三篇是建筑产业现代化与装配式结构，从研究现状综述角度主要介绍了装配式结构连接和体系中的重要关键技术。装配式结构是实现建筑产业现代化的重要途径和载体，这部分重点阐述了其类型、特点、研究进展及应用现状等。目前，装配式混凝土剪力墙结构、框架结构、框架 - 剪力墙结构、钢结构、钢 - 混凝土组合结构、木结构均有一定技术进步和推广应用。此外，我国《装配式混凝土结构技术规程》（JGJ 1—2014）已由住房和城乡建设部发布公告并于 2014 年 10 月 1 日实施，为设计出安全、适用、经济的装配式建筑奠定了基础。

第四篇是建筑产业现代化与绿色建筑。建筑产业化注重全产业链、全生命周期、全系统的发展，产业链的完善、协调程度、可持续性直接决定了建筑产业现代化的生命力和优势。本书从打造区域产业群、完善产业链，提升经济效益和社会效益的思路出发，结合国内外整体产业链、部品产业链运行与发展经验，阐述对我国建筑产业链的构建、完善、良性发展的战略建议。当前我国面临经济发展放缓、污染加重、农村与城市贫富差距加剧等问题，因而需要建设不同类型的"绿色节能屋"。其中以冀东发展集成房屋为例，对集成住宅特点及应用等方面进行实证分析，对集成住宅发展中的瓶颈问题予以阐述，并给出了对策和建议。

知识产权出版社编辑张冰女士，自始至终一直从出版的角度给予我们大力的支持，尤其是用词术语的整理方面提出许多宝贵意见，不厌其烦地对原稿进行审核，还为图表的整理付出了不少努力。本书完成过程中得到住房和城乡建设部科技与产业化发展中心处长刘美霞、研究员王洁凝，《中国建设报》新闻中心主任李迎，《住宅产业》副主编廖佳琳，上海城建集团置业公司总经理张凯，河北墙体改革与革新办公室主任郁达飞，河北墙体改革与革新办公室刘耀辉，北京工业大学教授曹万林，鸿盛集团董事长林国海，中国金属结构学会钢结构分会副会长胡育科，北京建谊投资发展（集团）有限公司总裁张鸣，中国二十二冶集团装配式住宅分公司总工程师李哲龙，河北博民复合板业股份有限公司董事长任怀玉，北京城市发展研究院院长金良浚，山东万斯达集团董事长张波、总经理张树辉，山东智筑侠信息科技有限公司总经理高清禄，深圳现代营造科技有限公司总经理谷明旺，深圳建筑产业现代化协会秘书长付灿华，河北省建筑科学研究院总工程师赵士永，邯郸建工集团有限公司总工程师张海新，河北软件职业技术学院招生就业处副处长石建国，以及奥润顺达总工程师魏贺东等的大力支持与帮助，他们以不同形式为本书内容增添光彩。

华北理工大学王兴国教授、封孝信教授、刘瑞兴教授、张玉敏教授、倪国葳教授、陈海彬教授对本书提出许多宝贵意见，感谢王宁博士、邱文彪博士、车文鹏博士、刘岩博士等付出的工作与汗水，同时感谢研究生闫文赏、冯宣铭、武立伟、边瑾靓、郑玲玲、龚唯、霍永刚、吴山、周彪等对本书做出的贡献，借此机会对前辈、导师和所有合作者表示最诚挚的谢意。

致妻子宋小青、女儿陈若兮，家人的理解是我前进的动力，特此致谢。

本书的出版得到国家自然科学基金项目（51278164、51478162、51678236）、河北省自然科学基金项目（E2014209221、E2015209020）、河北省重点基础研究项目（14965406D）及全省墙改与节能行业能力建设、建筑节能信息化建设项目（河北省住房和城乡建设厅）等的资助。本书也是唐山市绿色建筑产业技术研究院建设时期重要的阶段性成果。

　　本书在写作过程中，考虑问题叙述的系统性和逻辑性，引用并整理了国内外同行的研究成果，再次表示最衷心的感谢！

　　由于作者水平有限，书中难免有不妥之处，敬请读者批评指正，联系邮箱 heuu2010@163.com，或扫描关注微信号留言交流。

著　者

2016 年 5 月 18 日

目　录

第一篇

建筑产业现代化
与人才培养

1 实现国家建筑产业现代化，构建复合型人才培养战略[*]

2014 年 3 月 20～21 日，住房和城乡建设部科技与产业化发展中心组织召开了装配式混凝土结构建筑生产与施工技术现场交流大会，大会吸引了国内设计、施工、行政管理及高校、科研院所等部门的千余人参会，盛况空前（见图 1-1），引发了社会的广泛关注。

图 1-1　装配式混凝土结构建筑生产与施工技术现场交流大会

图片来源：中国住宅产业网，http://www.chinahouse.gov.cn/zzbp5/z1699.htm

装配式混凝土结构是实现建筑产业现代化的重要途径，建筑产业现代化是实现可持续发展和推进新型城镇化建设的重要动力。与传统建筑模式相比，采用装配式混凝土结构的前期规划、设计理念、施工工法、组织管理等方面有很大不同，例如装配构件的设计、生产、施工、运输、吊装、连接等方面均与现浇混凝土结构存在较大差异。近十年来，我国在装配式混凝土建筑方面的应用和研究也在逐渐升温，住房和城乡建设部批准建设国家住宅产业化基地，并成立国家住宅产业化基地技术创新联盟，对推进

＊　本文节选刊登于《中国建设报》2014 年 5 月 27 日。

建筑产业现代化，促进建筑产业技术创新体系建设起到了重要的推动作用，由政府主导的住宅产业现代化综合试点城市有三个，即深圳、沈阳和济南；园区有两个，即合肥经济技术开发区和大连花园口经济开发区，为建筑产业现代化稳步推进和技术示范发挥了带头作用。

要实现国家建筑产业现代化，管理型、技术型及复合型人才的培养与储备是其得以健康、持续发展的重要保障和关键要素。据东南大学建筑学院尹鸿玺博士介绍，现代建筑产业已成为建筑业发展的潮流趋势，但产业发展滞后的关键原因之一在于专业技术型人才短缺。临港集团副总裁兼临港奉贤公司董事长朱伟强也表示："高校作为科班人才的输出地，的确到了需要结合行业前沿和生产实践传授先进的专业技术知识的时候了"。据推算，我国新型现代建筑产业发展需求的专业技术人才已至少紧缺100万人。

据远大住宅工业有限公司主管人力与行政工作的副总裁黄治国表示："公司在快速扩张发展时，人才保障非常关键，但事实上，企业不太可能招到对口人才，只能择优录取再进行人才再培养。"这种局面将对建筑产业现代化的快速发展及高校毕业生就业产生不良影响。其实，在20世纪七八十年代，我国为学习苏联和南斯拉夫经验，已在全国建筑业推行预制化、装配化，开设过混凝土与水泥制品等相关专业。据华北理工大学材料科学与工程学院封孝信教授介绍："当时国内开设该专业的科研院所不是很多，如南京工学院（现东南大学）、武汉建材学院（现武汉理工大学）等，主要是从预制构件材料、级配、水化性能及外加剂等方面开展教学的，不涉及装配式结构及连接等问题，因专业改革和产业发展，目前统一称为无机非金属材料专业。随着像无砟轨道板、地铁管片（见图1-2）、

图1-2　无砟轨道板和地铁管片预制构件

管桩、压力管等预制构件的技术进步与革新，仍对该专业有较大的人才需求"。可见，过去类似专业培养的人才和目前建筑现代产业化的人才需求仍存较大错位。

据了解，针对推进我国建筑产业现代化所需要的装配式结构设计、生产、施工、管理等方面的高校人才培养仍然是空白。为此，笔者从高校培养人才和技术进步角度考虑，提出以下几方面建议，逐步构建适用于建筑产业现代化的复合型人才培养体系。

第一，突破常规思维，建立产学研合作制度，健全产学研互惠政策。目前建筑产业现代化相关人才分布相对分散，例如，设计技术主要在设计单位，施工工法及现场管理技术主要在施工单位，技术创新及结构性能研究侧重在高校、科研院所，如何整合分布资源是解决当前人才缺乏的首要前提。只有逐步推进产学研合作制度和互惠政策，才能使得各方优势资源（人、物、信息）有机衔接，有利于提高科技开发和研究的效率，加快人才队伍的建设与培养，为建筑产业发展奠定基础。

第二，拓展人才教育合理分流，促使高等教育与职业化教育协调发展。管理型、技术型及复合型人才的培养与储备是建筑产业现代化发展的关键，通过教育资源的优化配置，既要注重专业深造，也要加强实践锻炼；既要注重业务能力，也要注重职业素养；既要重视全日制教育，也要倡导职业技能培训。高等教育是为建筑产业现代化人才储备的长远考虑，短期技能培训或职业化教育可以解决当前人才缺乏局面，高等教育和职业教育协调发展能够进一步推动建筑产业从粗放型工种向"产业工人"的转型升级，巩固我国建筑产业现代化技术与管理的中坚力量队伍建设。

第三，重视专业特色与互补，深化机械、建筑、材料、冶金、管理等学科联动机制。据了解，科研院所与高校已经关注建筑产业的发展动态和趋势，并在一些专业上调整培养方向，在知识传输、强化实践、突出技能等方面进行了积极尝试。通过学科间的信息融合培养复合型人才，避免出现"材料专业只懂材料，工程专业只懂工程"的现象。据报道，北京建筑大学无机非金属材料工程专业开设建筑材料方向作为试点，以满足复合型人才需求。当然，实现建筑产业现代化是一个复杂的系统工程，同样地，无论是技能型产业化人才培养还是复合型产业化人才培养也是一个系统工程，需要产业链上各专业的有机协作，发挥学科特色优势，融合多元信息资源，积极反馈人才需求动向，推进科研成果转化和师资梯队建设，实现学科发展与产业发展的双赢战略。

第四，以产业发展引领学科改革，培植优质教学环境与资源。建筑产业现代化发展的最终目标是形成完整的产业链——投资融资、设计开发、技术革新、运输装配、销售物业等。独木不成林，整个产业链与高校的协作配合也是人才培养的关键，通过协作培植优秀专职、兼职教师队伍，制订培养规划，设计培养路线，把握学习培养机制，调整和优化专业结构，编写精品教材，逐步满足产业链上不同的人才需求。特别是要结合重要工程、重大课题来培养和锻炼人才，通过学术交流、合作研发、联合攻关、提供咨询等形式，走出去，请进来，增强优化教师梯队建设，缓解当前产业高歌猛进，而人才数量不足成为"拦路虎"的局面，也有利于解决短期人才培训和长期人才培养、储备的矛盾。

第五，建立健全建筑产业现代化职业资格认证制度和考核机制，提升行业技术水平和核心竞争力。提升建筑产业现代化人才的职业素质是产业化发展的关键因素和重要考验。据报道，美国建筑协会推行的绿色建筑专业人才认证标准被称为"绿领"认证，为提升行业技术水平、增强行业竞争力及形成人才队伍考核机制发挥了积极作用。据深圳海龙建筑制品有限公司副总经理张宗军介绍，通过专业技术培训、技能评比，设置奖罚标准，对保证产品质量和增强工作积极性均起到良好促进作用，更为公司发展提供了重要保证。建立健全我国建筑产业现代化职业资格认证制度，将有助于从根本上解决人才短缺难题。

第六，积极推进建筑产业科技创新，集中优势，提高生产力水平。建筑产业现代化的发展，技术支撑是第一位的，万科集团副总裁毛大庆表示，"日本连体育场都工业化了，而我们的商业地产却难以产业化。这背后，需要强大的科技支撑，很多甚至和云计算有关"。目前，我国建筑生产方式正发生着转型升级的巨大变化，技术创新体现在建筑设计标准化、部品生产工厂化、现场施工装配化、结构装修一体化、建造过程信息化，产业科技创新有利于推动产业结构优化升级，完善住宅产业链，形成新型工业化生产方式，提高工程质量，实现集约化、社会化大生产。集中高校、科研院所优势资源，在促进技术成果转让、拓展新兴产业、完善健全建筑产业化标准规范中发挥优势。据了解，中国建筑标准设计研究院、中国建筑科学研究院、清华大学、同济大学、哈尔滨工业大学、东南大学、合肥工业大学、华北理工大学等多家单位开展了相关技术研究，在技术研发、产业升级、成果转让中发挥了积极促进作用。

　　培养建筑产业现代化复合型人才是一个复杂的系统工程，需要众多要素的协调和配合，要注意面向建筑产业发展的需求，深化产学研合作，构建教学、科研、企业三位一体的教育格局。十年树木，百年树人，面临当前建筑产业现代化人才短缺的窘境，同样要遵循人才培养与成长的规律，逐步推进、构建合理有效的建筑产业现代化复合型人才培养体系，把握好当前人才短缺与长期人才培养储备的平衡，为促进国家建筑产业现代化的健康、良性发展贡献力量。

■ ■ ■ ■ ■ ■

2 再谈国家建筑产业现代化后备人才培养战略与整体思路

2014年5月27日《中国建设报》的一篇文章《建筑产业化须加强后备人才培养》刊发之后，新华网、中新网、中国日报网、中国工程项目网及预制建筑网等多家主流媒体纷纷转载，引起行业各界关注与认同。在大力推进建筑产业现代化发展的同时，部分国家住宅产业化基地、省市住房建设部门召开的工作会议上也都提到后备人才短缺、亟待培养的问题，一些工业化建筑设计、施工、部品生产企业正在和高校积极沟通，通过联合办学、专题讲座等形式，积极推进建筑产业现代化后备人才培养工作。然而，从可持续和整体发展战略考虑，需要对当下建筑产业现代化人才培养中存在的问题以及整体战略、思路有深刻的认识。

党的"十八大"报告提出新型城镇化建设、实现全面建设小康社会的奋斗目标为我国建筑产业现代化提供了强大的发展契机。当前我国建筑产业现代化发展不能与20世纪七八十年代的建筑工业化同日而语，新技术、新材料、新工艺的发展突飞猛进、日新月异，完整的建筑产业链需要从建筑规划、设计施工、新型材料、物流运输等方面协调配合，这就对产业化人才提出了更高的要求（见图2-1）。据了解，刚涉足工业化建筑行业的

图2-1　装配施工现场与岩石造型装饰

企业首要难题就是人才和项目策划，所以，只有解决人才培养问题，才能从根本上缓解产业高歌猛进而人才短缺成为"拦路虎"的局面。

那么，高校、科研院所作为建筑产业现代化人才的主要输出机构，是否可以马上在高校开设或拓宽相关专业从而解决人才培养问题呢？个人观点是否定的。目前高校从专业层面上开设专业仍存在一系列的问题。

第一，建筑产业现代化人才培养和推进建筑产业现代化类似，需要前期大量的技术、知识、经验积累。完善的建筑产业链涉及房地产、设计、施工、部品生产、模具制造、交通物流、工程管理等专业，建筑产业现代化是一个长期的历史过程，同样其人才的培养也不是一蹴而就的。目前，企业解决人才问题的办法多是自身进行二次培训，虽然产学研合作密切，但大都以解决技术难题、攻关为目的，开设相关专业需要考虑其教学计划、培养路线、教师队伍、专业结构、规划教材等，这些均有待完善与加强。

第二，教学资源分布不均衡。完善的教学资源是培养建筑产业现代化人才的基础，目前建筑产业化人才多在企业，他们是经过试点项目、出国学习、二次培训培养出来的，不可能付出太多的时间和精力参与到高校人才培养中来，因此，在高校、科研院所全面开设相关专业的时机尚不成熟。这也同时暴露出在高校培养人才长期存在的问题，即学生在课堂上所学的理论与工程建设实践要求有一定的差距，造成企业将员工聘用后还需花大力气进行二次培训。现在到了思考如何解决这一问题的时候了，如何在最短时间内使学生在校期间所学知识能和实际工作需要实现有效衔接。

第三，建筑产业技术应用推广投入不足。以国家自然科学基金资助项目为例，近些年来已陆续资助装配式结构等相关工业化建筑的技术研发和基础研究探索，但资助比例相对较少。建筑产业化技术作为我国住宅建设的重要发展趋势，需要社会、企业的广泛支持和宣传。但是从目前的情况来看，由于建筑产业技术的推广需要企业前期投入大量的资金、人力、物力，并且这些投入还不能立竿见影，所以在追求利润空间的前提下，要使企业耗费更多的时间、精力与资金投入，强化对工人的技术培训与产业培育，目前来看还为时尚早。

第四，生源与就业的社会影响因素复杂。生源在一定程度上和社会热点、家庭背景、个人爱好等因素息息相关。目前，建筑产业现代化发展势头迅猛，但仍然经历了准备期、初步发展期，到目前的加速发展期，大众对工业化建筑的接受过程相对滞后，也要经历一个逐步认可、接受的过渡阶段。就像一提及工业化建筑（装配式结构体系），第一个问题就是："装配出来的房子能结实吗？它的连接可靠吗？"可见大众对工业化建筑的认可是一个漫长的过程。因此，专家学者对装配式结构安全性问题解释的各类观点见诸报端。

综上所述，建筑产业现代化相关技术的推广应用需要从业人员的整体素质提高，不可避免地需要将企业、科研机构、工人自身三方面结合起来，从经济、社会长远发展的角度出发，提高工人的技术水平，提高建筑产业建设的科技含量和可持续性，亟须考虑制订国家建筑产业现代化人才的培养战略和实施举措。

考虑到目前我国高校教育资源和培养机制，笔者从满足不同层次人才需要求角度，建议可以开展"三轨制培养模式"，前期试点研究，逐步推进，切实使培养出的各层次人才尽快适应岗位和社会需求。

第一，"职技三本"院校：联合办学，开设试点专业，定向招生。

《关于加快发展现代职业教育的决定》（国发〔2014〕19 号 ）指出，"适应经济发展、产业升级和技术进步需要，建立专业教学标准和职业标准联动开发机制。推进专业设置、专业课程内容与职业标准相衔接，推进中等和高等职业教育培养目标、专业设置、教学过程等方面的衔接，形成对接紧密、特色鲜明、动态调整的职业教育课程体系；坚持产教融合、校企合作，坚持工学结合、知行合一，引导社会各界，特别是行业、企业积极支持职业教育，努力建设中国特色职业教育体系。"其中河北软件职业技术学院的门窗幕墙学院是典型的企业与高校联合办学模式，通过结合地方企业特色，找准突破口，实现素质教育与经济发展的共赢式发展。

近年来，随着我国政府的大力倡导和增加投入，我国职业技术教育开始步入快车道，中职、高职毕业生就业率连年保持较高水平，毕业生的工作态度和实际技能得到用人单位的广泛称赞和认可。《中国青年报》职业教育版主编梁国胜认为，国务院常务会议提出的"崇尚一技之长、不唯学历凭能力"的响亮口号，向社会传递了一种强烈的提振职业教育的信号，也将为很多渴望成才的青年学生提供一种新的启示和方向。

装配式建筑结构的发展需要各类、不同层次的技术人才，把握这一重要历史趋势，结合职业技术教育办学灵活、开放实用性的特点，可以开设试点专业，采取定向、委托或企业培训等方式，使专业教育和现场实践有机衔接，更快适应并满足当地相关企业转型升级的需求。这里为什么要说满足当地企业发展呢？据某企业管理人员了解，企业虽然可以进行毕业生的二次培训，但大都不愿意参与正规的高校教育，主要考虑到培养出的毕业生并不一定会选择该企业工作，来为企业发展做出贡献，同时企业考虑的是自身发展，从机构设置上也没有和学校合作的具体部门，所以，要真正实现产教融合，激发企业参与热情，双方签订或达成协议是十分必要的，这一点可以充分利用职业技术教育的特点，相对普通高等院校更容易实现。通常依据"就近原则"，利用企业发展特色与"职技三本"院校合作。

第二，普通高校：开设专题讲座、联合办学、校企培训→专业选修课→融入专业必修课→专业必修课→整合课程，开设专业试点→开设专业系统人才培养。

普通高校的专业设置是我国高等教育界乃至全社会关注的热点问题，目前仍然存在与社会经济脱节、滞后、雷同、过于"刚性"等问题，其中"淡化专业，强化课程"是从根本上解决学科专业及其人才培养的周期滞后性与人才市场需要迅变性矛盾的方法与出路。从普通高校的专业设置原则来看，目前不适于即刻开设装配式结构等相关专业，原因主要考虑两方面：一方面目前关于装配式结构设计、施工、构件生产、质量验收、预算定额等的标准匮乏，尚未形成统一的标准；另一方面是研究成果的规范梳理，特别是设计原则、施工工法、生产吊装等缺乏系统的书面成果，虽然各项技术突飞猛进，攻坚克难，取得了大量成果，但仍缺乏系统性、普及性、可读性。

深圳市现代营造科技有限公司总经理谷明旺告诉《中国房地产报》记者，建筑工业化的大规模工程应用需要技术前移、管理前置，因此不只需要构件厂，掌握设计能力的技术人员配备也很关键，不过当前这种人才还比较少。《装配式混凝土结构技术规程》（JGJ 1—2014）发布时，设计院能读懂的人就不多。一般发布新标准，都要组织开展行业宣讲。谷明旺说，现在大学教的还是现浇结构，教学与实际存在脱节。

就土木工程中的"预应力结构"来说，可谓用处广泛，建筑、交通等行业均有大量工程采用，但是目前仍未作为一个"专业"来进行教学。因此，建筑产业现代化人才培养问题需要走出一条稳步推进的路子，相信《装配式混凝土结构技术规程》（JGJ 1—2014）的实施会逐步推动将该部分内容写入教材，从选修或必修章节开始着手，使教师队伍和学生都形成宏观的认识和关注，随着建筑产业现代化人才缺口的扩大，暴露的问题也日趋明显，形成"教育倒逼"，不得不引起重视，加强校企合作，培养师资，"淡化专业、强化课程"的出路也就顺理成章了。

第三，普通高校、科研院所：依托科研项目，开设硕士、博士研究生培养方向。

对于装配式结构的关键技术攻关和科研工作早已在国内展开，较早开展工作的有中国建筑科学研究院、中国建筑标准设计研究院及清华大学、同济大学、合肥工业大学、东南大学等科研院所及高校，为相关技术的研发与推广培养了大批高端人才。与此同时，国家在相关技术研发的投入日益加大，包括国家科技攻关，国家级、省级的自然基金、专项基金等，为人才培养提供了强有力的保证。

当前，我国实施建筑产业现代化的目的是提高建筑总体质量，提高劳动生产率。搞好工业化生产的前提是提高科技发展水平，提高体系集成配套的水平，提升产业链上的联动服务水平。建筑产业现代化的健康、可持续发展离不开科技创新的动力，需要一批稳定的队伍为之倾心和付出。以国家自然基金项目资助为例，近些年来资助建筑产业化相关技术的基础研究经费不断增加，依托国家建筑产业化基地与高校、科研院所的合作科研成果正逐步推广示范，例如新型钢筋连接方式、新型装配式结构体系（见图 2-2）、新型绿色节能建筑材料及施工工法等。

"三轨制建筑产业现代化人才培养模式"是从整体考虑的，需要由试点向普及的积累，需要依托各自优势去培养多层次人才，需要高校培养更贴近社会经济发展需要的人才。

第四，规范装配式结构、建筑产业现代化等相关各类培训班、研讨班的开办。

笔者及所在团队从 2010 年开始关注国家建筑产业现代化的发展，注意到特别是从 2013 年、2014 年起建筑产业相关研讨会、培训班、论坛等逐渐增多，为建筑产业现代化相关概念和知识普及起到了很好的促进作用，

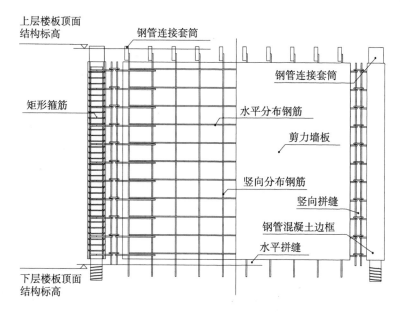

图 2 - 2　新型装配式钢 - 混凝土组合结构钢筋连接方式

引起社会广泛关注，也为一些企业增加知名度、开拓市场提供了交流的平台。然而，从当下来看，开办培训班、研讨班还应注意以下两个问题：一是强调专题性，例如施工工法专题、构件生产专题、围护材料专题、设计专题等，突出深度与重点，不然混杂无序，难以收到良好效果；二是科研与应用并举，目前笔者参加过的研讨会多为企业成果展示与产品推广，需要组织方适当选择专家，以满足不同参会人员的需求。

　　建筑产业现代化人才培养是一个循序渐进的过程，需要国家层面、高校院所、企业引起重视，达成共识，从联合办学、合作项目中解决难题、创新技术、培养人才、凝练知识、普及传播。临港集团副总裁朱伟强感慨地说："高校作为科班人才的输出地，的确到了需要结合行业前沿和生产实践，传授先进的专业技术知识的时候了。"所以相关高校、科研院所要肩负起培养建筑产业现代化人才的责任和使命，以培养出综合素质高、知识用得上、企业能解渴的复合型人才为目标，积极探索与协作，切实为解决建筑产业现代化人才短缺与储备、促进行业可持续发展做出扎实工作。

3 装配部品专业与职业技术教育示范
——门窗幕墙学院

　　加强后备人才的培养是建筑产业现代化得以健康、可持续发展的重要保障和关键要素。目前，我国倡导的建筑产业现代化，符合党的"十八大"提出的新型城镇化建设、实现全面建设小康社会的奋斗目标，具有重大而深远的意义。建筑产业现代化的根本目的是提高我国建筑产业的生产力水平，以提高建筑质量、施工效率为目标，使建筑产业各环节质量更可控、更易控是建筑产业现代化的首要任务和特色。

　　采用传统的建筑方式生产高品质的住宅需要大量的熟练技术工人，但我国一直存在熟练技术工人不足和流动性强的问题，随着东部地区外出务工人员的逐年递减和人口红利的淡出，靠廉价劳动力赚取高额利润的年代将一去不复返。据部分企业负责人介绍，目前施工工地工人年龄普遍在 40 岁以上，有的甚至在 50 岁以上，20～30 岁的年轻人员很少。这些年轻人员更愿意成为产业工人，不愿像其父辈那样从事那些"粗放型"工种。因此，劳动力成本低廉不再是影响行业发展的次要因素，将会提到不可忽视并且不可轻视的地位。

　　专业技术和管理人才的短缺将是影响行业发展的"瓶颈"问题，人才的培养与储备就显得尤为重要。针对当前我国建筑产业化发展迅速，笔者认为，开展职业技术教育应是建筑产业现代化人才培养的切入点，积累知识、经验，完善教师队伍建设，并逐步开展本科专业教育和专业学位研究生教育。

　　《住宅产业》杂志 10 周年技术交流会议组织了一行 40 余人赴河北高碑店中国国际门窗城考察参观（见图 3-1）。该门窗城拥有目前亚洲地区唯一的门窗博物馆，内设两馆两区，即门窗发展历程馆和当代门窗馆以及高科技门窗展示区和高性能门窗体验区，意在创建门窗文化、倡导门窗节能。同时引起专家注意的还有国际门窗城内的门窗幕墙学院，该学院作为国内为数不多的门窗幕墙专业本科学院，旨在培养门窗幕墙专业技术人才，开展制造工、安装工的分级教育工作，并进行门窗职业资格认定，为节能门窗行业发展储备源源不断的后备人才。

图 3 – 1　中国门窗博物馆和门窗幕墙学院

图片来源：中国国际门窗城，http://www.windowcity.com.cn

该门窗幕墙学院是与河北软件职业技术学院联合办学，目标就是培养从事节能门窗幕墙设计、生产、施工、检测和项目管理的基层技术人员和管理人才。20 世纪 90 年代末期，为应对亚洲金融危机对我国经济的影响，门窗作为采用产业化生产的产品研发之初，像其他建筑材料和产品一样，并不是以发展建筑产业化为初衷的，但在客观上起到了为建筑产业现代化发展提供基础条件的重要作用。该学院经历几十年的发展与变革，到目前已建立了一座集研发、检测、物流、文化、教育为一体的国际门窗产业基地，足见企业的远见卓识和战略眼光。企业的长足发展是硬道理，后备人才的培养与储备是关键，该门窗幕墙学院的出现，可以算是工业化建筑装配部品专业与职业技术教育的示范。

据河北软件职业技术学院招生就业处石建国副处长介绍，未来 20 年内，全国需要生产节能门窗幕墙的企业 800~1200 家，节能门窗幕墙产业是前景非常好的朝阳产业，毕业生将供不应求。目前该专业学生正处于学校基础课学习阶段，在校培养两年后赴企业培养专业技能，学生入学即签订企业聘用协议。

众所周知，人才就是竞争力，大力培育专业技术和管理人才，为建筑产业发展增添了智力支撑，指导和带动一批企业积极突破行业关键技术，在产业化住宅链条上逐步为解决新工艺、新材料、新技术的研发与成果推广奠定人才基础。结合当前我国建筑产业现代化发展与人才需求背景，开展职业技术教育无疑是理想的切入点。

一方面，高校、科研院所开设专业的时机尚不成熟。住宅产业链涉及房地产、设计、施工、部品生产、模具制造、交通物流、工程管理等专业，建筑产业现代化是一个长期的历史过程，其人才的培养同样也不是一蹴而就的。目前企业解决人才问题多是自身培养，因此，建筑产业人才多在企业，虽然产学研合作密切，但大都以解决技术难题、攻关为目的，开设相关专业需要考虑其教学计划、培养路线、教师队伍、专业结构、规划教材等，这些均有待完善与加强。

另一方面，生源与就业的社会影响因素复杂。生源在一定程度上和社会热点、家庭背景、个人爱好等因素息息相关。目前，建筑产业现代化发展势头迅猛，但仍然经历了准备期、初步发展期，到目前的加速发展期，大众对工业化建筑的接受过程相对滞后，也要经历一个逐步认可、接受的过渡阶段。就像一提及工业化建筑（装配式结构体系），第一个问题就是："装配出来的房子能结实吗？它的连接可靠吗？"可见大众对工业化建筑的认可是一个漫长的过程。为此，专家学者对装配式结构安全性问题的各类观点见诸报端，例如对于人们普遍担心的"搭积木式"建房，万科集团高级副总裁毛大庆解释说："建筑产业化下建造的房屋不但不比手工操作来得差，而且有的时候可能会更好。"

总体来说，当下开展职业技术教育，加强我国建筑产业现代化人才培养的实施途径可以概括为以下几点。

第一，校企合作，发挥各自优势育人才。在高等院校、科研院所与企业科研合作的基础上，逐步拓展合作空间，凝练科技成果，总结技术经验，组织联合办学，学校为企业定向培养人才。通过"工程师进课堂""教学实践基地"等形式，由产业化企业对教师进行培训，编写统一教材，师资培训完成后，在学校开设相关课程，使大学生和职业技术工人在校期间能参加系统学习和培训。校企合作的前提和目标是实现高校学科均衡发展与企业人才储备的双赢，学生入学伊始需要根据双方意愿签订就业协议，类似于"门窗幕墙学院的合作模式与思路"（见图3-2），使得毕业生真正能为行业发展注入新的活力。当然，企业可以主动与职业技术教育单位合作，根据企业实际人才需求，有针对性地培养亟须人才，将企业二次培训的时间与精力还原在职业技术学校完成。

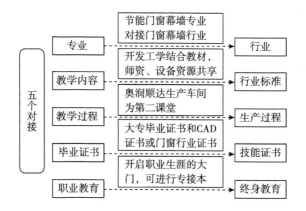

图3-2　门窗幕墙学院人才培养模式

图3-3　"三向对接"

第二，技术、项目、人才的"三向对接"。以项目为载体，以技术为手段，以人才培养为目标（见图3-3），积极营造高校与企业双赢环境，强调"双赢"是实现建筑产业现代化人才长久发展的强大动力。高校是培养和输送人才的场所，以敏锐的视角紧跟社会的发展和需求，促进学科均衡发展。只有不断探索高校与企业的合作方式、拓展合作渠道、丰富合作内容、分享合作成果、制订合作战略，才能使合作成果惠及更多人群。

第三，积极钻研，加强高校教师队伍自身建设。"打铁还需自身硬"，建筑产业现代化方向的教师队伍有待加强，记得母校北京航空航天大学怀进鹏校长经常说的一句话："在创造知识当中培养人才，在培养人才当中创造知识；有什么样的教授就有什么样的大学。"都说书本知识比实际工作需要相对滞后，但可改善这一局面的只有教师队伍的自身素质加强，瞄准社会发展需求，了解行业发展前沿，优化更新知识结构，增强毕业生的专业技术和掌握技能水平。因此，作为建筑业相关高校教师要积极关注行业发展动态，加强校外合作、调研考察，形成教学素材，为实现建筑产业现代化人才培养奠定基础。

第四，突出特色，以专业技能提高作为有效抓手。特色就是品牌、亮点，特色就是优势、生命。建筑产业现代化是一项涉及面广、协调关系复杂的新兴行业，人才需求量大，专业种类多，从职业教育入手，结合授课教师专业特长、科研项目的专题攻关、产学研协作试点以及地域建筑产业现代化发展进程等，突出办学特色，以点带面，逐一攻破，不断拓宽知识结构，在行动中不断完善补充。

第五，教学反馈，不断完善教学模式与培养路线。教学反馈是教学的重要环节，通过改变传统以实践教学为主的模式，鼓励教师队伍走出去，请进来，通过视频、案例、现场等多类型授课模式来培养专业技术人才。充分利用职业技术教育的办学灵活、机动性强等特点，积极探索教学模式，让学的知识用得上，教的学生有人招。通过教学模式更新、培养路线优化，稳步推进当前建筑产业现代化人才培养举措的实施。

4 行业转型、人才先行
——山东省建筑产业现代化教育联盟

　　随着城镇化加速及经济转型升级需求加大，建筑产业现代化获得了前所未有的重视，并上升为国家战略。国家层面出台了一系列政策、措施和条例等，大力推进建筑产业现代化进程。建筑产业现代化因其巨大的社会效益、经济效益和环保效益，将为社会经济和建筑产业创新发展带来一个新的战略支点。

　　为深入贯彻落实党和国家相关文件精神，提高山东省建筑产业现代化人才队伍建设水平，培养适应建筑产业现代化发展需求的技术和管理人才，打造规模化、专业化的建筑产业化工人队伍，促进建筑产业现代化技术推广和应用，保障山东省建筑产业现代化可持续健康发展并在全国保持领先水平，在上级领导的关心支持下，在山东省建筑产业现代化发展联盟、山东省建筑职业教育专业建设指导委员会的指导下，由39家院校、科研院所、行业学会、出版单位、企业机构等部门共同发起，成立全国性、开放性、非营利性的山东省建筑产业现代化教育联盟（以下简称"联盟"）。联盟涵盖国内建筑产业化相关院校与企业机构，旨在引领建筑产业化教育改革，构建立体化的建筑产业化人才培养体系，为全省乃至全国建筑产业现代化发展提供有力的人才保障。

　　联盟集中优势教育资源，建设优质建筑产业现代化课程，通过建筑产业化教育平台推进联盟成员间优势教学资源在一定范围内的共建共享，促进建筑产业化教学和人才培养模式的创新与变革。

　　联盟充分践行开放、共享、共赢的理念，与在校建筑产业化教育有机融合，并兼顾建筑产业化在职人员教育和培训需求，提升建筑产业化人才培养成效。

　　联盟顺应建筑产业发展需要，紧密围绕教育改革与人才培养需求，通过实施数字化战略，在建筑产业化教育传统和新兴互联网技术融合发展创新方面，实现三步跨越：第一步，以建筑产业化数字教材与人才培养标准为引领，构建立体化建筑产业化教育体系；第二步，建立建筑产业化在线教育平台，开启中国建筑产业化在线教育元年；第三步，建立建筑产业化线上开放大学与职业服务平台，助推数字化建筑产业化教育改革。大力推进智慧智能、终身服务的建筑产业化人才教育与服务结合体。同时，联盟与各位有志之士一道，以服务行业发展为准则、以提升人才培养质量为核心，加快建设中国特色的高质量建筑产业化在线教育平台和课程体系，共同致力于我国建筑产业现代化教育事业的长久发展！

据山东万斯达科技股份有限公司董事长张波介绍，十几年前就对这个行业十分关注与执着，建筑行业占国民经济的 20%，从业人口逾 5000 万人，建筑产业现代化影响了 1 亿以上人口。国家在 2013 年启动了《绿色建筑行动方案》，在政策层面导向上表明了要大力发展节能、环保、低碳的绿色建筑。面对行业从业者老龄化而年轻人不愿从事原来的建筑行业工种的局面，培养建筑产业现代化工人势在必行，推动建筑产业现代化教育成为重中之重。

山东省教育厅职业教育处处长梁斌言指出：参与建筑产业现代化教育联盟的单位涉及了产业上下游、生产与服务、管理的全产业链、全教育层次和全教育类型，通过联盟内的合作更好地协调人才培养的类型、规格，共同经营课程改革，对职业教育的质量提高将发挥巨大的作用。

联盟发布的首套建筑产业现代化系列教材将对构建和创新适应建筑产业化需求的课程体系，提升我国建筑产业现代化人才培养速度和质量具有非常深远的意义。同时，联盟还创新建筑产业现代化教育模式、教学方法、教学手段；更好地促进优质教育资源重组，促进教育公平，提升学术共享与知识创新，提升教育质量，共同致力和服务于我国建筑产业现代化教育事业的改革和发展，对山东省乃至全国建筑产业现代化人才培养具有重要意义。

5 山东省建筑产业现代化
人才培养进展

为了深入贯彻落实党和国家关于教育体制改革、大力发展职业教育、大力推进建筑产业现代化发展的方针政策，山东省不断适应新型教育模式的发展，引领建筑产业现代化高等教育的改革方向，服务建筑产业现代化人才培养，推动建筑产业现代化事业、建筑产业现代化教育事业、人才培养的改革和创新发展。

一、共同发起成立山东省建筑产业现代化教育联盟

山东省建筑产业现代化教育联盟由山东万斯达建筑科技股份有限公司联合山东大学、山东建筑大学等 39 家从事建筑产业现代化教育相关的高等院校、科研院所、行业学会、出版单位、企业机构等部门单位自愿组成。共建共享、协同发展，共同致力于建筑产业现代化人才培养。为促进教育联盟工作发展，成立教学指导部、网络教学部、学习交流部、科研应用部和职业发展部五个部门。

（一）教学指导部

组织联盟成员顺应建筑产业现代化发展需要，围绕教育改革与人才培养需求，制订专业规范或教学质量标准，配合引导职业院校科学合理设置专业，优化建筑产业发展的专业布局，推动建筑产业现代化发展急需的示范专业建设，就学科专业建设、教材建设、教学实验室建设和教学改革等工作提出咨询意见和建议。教学指导部服务于构建科学、合理的建筑产业现代化教育体系建设。

（二）网络教学部

（1）开展我国首套建筑产业现代化数字教材开发、遴选、更新和评价机制，推进教材编写、审定和发布建设工作，并在实际教学中大力推广，提升信息化教学能力。

（2）加强区域联合、优势互补、资源共享，构建全国建筑产业现代化教育教学资源信息化网络。

（3）组织开发一批优质的专业教学资源库、网络课程、生产实际教学案例等。

（4）广泛开展教师信息化教学能力提升培训，不断提高教师的信息素养。

（三）学习交流部

建立健全高校与行业企业间学习交流与协同培养教师的新机制，组织高校与行业企业的交流活动，提供交流机会，共享行业、技术与教育经验。建设一批在职教师教学发展基地和教师企业实践基地，为教师提供建筑产业现代化相关线上线下学习和发展机会，加强教师专业技能、实践教学、信息技术应用和教学研究等能力的提升培训，并根据实际需要实施高校师资培养项目。

（四）科研应用部

组织和管理联盟承担的科研工作，收集、筛选各级各类项目申报信息，并提供咨询服务；策划、组织和实施各类学术交流和科技项目活动，提升联盟成员单位的科研能力；收集、整理并推广应用联盟单位的科研成果资料信息。

（五）职业发展部

推进建筑产业现代化职业教育紧密衔接，拓宽建筑产业现代化技术技能应用人才成长通道和终身学习通道。对接最新职业标准、行业标准和岗位规范，紧贴岗位实际工作过程，调整课程结构，更新课程内容，深化多种模式的课程改革。加强与职业技能鉴定机构、行业企业的合作，积极推行

"双证书"制度，把职业岗位所需要的知识、技能和职业素养融入相关专业教学中，将相关课程考试考核与职业技能鉴定合并进行。

二、设立建筑产业现代化专业课程方向，培养建筑产业现代化人才

新兴建筑产业现代化给建筑业带来了新的课题与挑战，传统人才培养模式已无法适应建筑业的转型与升级。目前，我国高校在建筑产业现代化后备人才培养方面几近空白。山东万斯达建筑科技股份有限公司自 2015 年起已在高校中开设建筑产业现代化相关专业，以服务产业发展为宗旨，以促进就业为导向，坚持走内涵式发展道路，适应建筑产业现代化发展新常态和技术技能应用人才成长成才需要，完善产教融合，协同育人机制，创新人才培养模式，构建线上与线下相融合的教学标准体系，健全教学质量管理和保障制度，以增强学生就业创业能力为核心，加强思想道德、人文素养教育和技术技能培养，全面提高建筑产业现代化人才培养质量。

目前，山东万斯达建筑科技股份有限公司已与山东城市建设职业学院等九所院校合作，在建筑工程技术、建设工程管理、工程造价、建筑装饰工程技术四个专业增加建筑产业现代化方向，优化建筑产业现代化专业布局。

三、编制建筑产业现代化相关教材

山东万斯达建筑科技股份有限公司于 2015 年起，组织开展我国首套建筑产业现代化系列教材与数字教材的开发、遴选和更新，推进教材编写、审定和发布建设工作，并在实际教学中大力推广，配合建筑产业现代化立体化、标准化、应用型的人才培养。

山东万斯达建筑科技股份有限公司与华北理工大学、山东建筑大学、济南工程职业技术学院等五所院校及企业合作，共同编写建筑产业现代化系列教材共 8 册，分别为《建筑产业现代化概论》《装配式混凝土结构工程》《装配式钢结构工程》《木结构及其他装配式结构工程》《装配式建筑的内外装饰及部品系统集成》《BIM 在建筑产业现代化中的应用》《装配式建筑工程管理》《装配式建筑成本控制》。本套教材是全国第一套紧密对接

建筑行业发展和技术进步的建筑产业现代化系列教材。

四、深化校企合作，协同育人

（1）坚持深化校企合作，协同育人。山东万斯达建筑科技股份有限公司不断创新校企合作育人的途径与方式，充分发挥企业的重要实践主体作用。校企共建校内外生产性实训基地、技术服务和产品开发中心、教育实践平台等。以产业或专业（群）为纽带，推动专业人才培养与岗位需求相衔接，人才培养链和产业链相融合。促进校企联合招生、联合培养、一体化育人的现代学徒制培养方式。完善建筑产业现代化教育指导体系，创新机制，提升行业指导能力，定期发布建筑产业现代化行业人才需求预测，制订行业人才评价标准。积极吸收行业专家进入学术委员会和专业建设指导机构，在专业设置评议、人才培养方案制订、专业建设、教师队伍建设、质量评价等方面建立行业指导。

（2）坚持产教融合、校企合作。推动教育教学改革与产业转型升级衔接配套，加强基于大数据分析的行业指导、评价和服务，发挥企业实训服务与应用指导作用，推进行业企业参与人才培养全过程，实现校企协同育人。

（3）坚持工学结合、知行合一。注重教育与生产劳动、社会实践相结合，突出做中学、做中教，强化教育教学实践性和职业性，促进学以致用、用以促学、学用相长。

五、建筑产业现代化后备人才培养

（一）已开设建筑产业现代化专业方向的院校

济南工程职业技术学院从 2014 级开始开设建筑工程技术专业（建筑产业现代化）方向班；从 2015 级开始与山东万斯达集团实施现代学徒制人才培养，开设建筑工程技术专业产业化方向班，实施校企人才互兼互聘；2016 级继续招生建筑工程技术专业产业化方向班。

（二）计划开设建筑产业现代化专业方向的院校

2016 年开设建筑产业现代化专业方向的院校有青岛理工大学、山东城市建设职业学院、山东农业工程学院、枣庄科技职业学院、山东水利职业技术学院、烟台职业学院、山东科技职业技术学院、威海职业技术学院、山东圣翰财贸职业学院等。

（三）校企共同制订建筑产业现代化人才培养标准、人才培养方案

结合建筑产业现代化人才需求及学院全产业链专业教育的优势，多次组织专家对建筑产业现代化方向（现代学徒制）人才培养标准及人才培养模式进行论证并实施运行，人才培养标准的制定为建筑产业现代化人才培养提供了教学指导方向和人才培养目标。

（四）创新课程体系，构建核心课程

山东万斯达建筑科技股份有限公司与众高校联合，校企共同编写首套针对中高职教育的建筑产业现代化系列教材，主要从建筑产业现代化基本概念、几种不同的装配式建筑形式的设计及施工方法、信息化技术、装配式装修等方面建立课程体系，并根据人才培养标准构建专业核心课程，进一步优化课程结构、教学内容、教学方法、教学手段及建筑产业现代化系列教材课程标准。

（五）实施全国规模招生，实现千人招生计划

目前山东城市建设职业学院等 9 所院校在建筑工程技术、建设工程管理、工程造价、建筑装饰工程技术四个专业增加建筑产业现代化方向，实施全国规模招生，实现千人招生计划。

六、借助产业化平台，积极开展产业化人才培养与培训

（一）师资培训

2015 年 7 月，山东万斯达建筑科技股份有限公司举办全国第一期"建筑产业现代化卓越教师"培训班，培训人数达 31 人；2016 年 1 月举办第二期培训班，培训人数达 85 人。2016 年 1 月 20 日，由山东省建筑产业现代化教育联盟、山东万斯达集团、建筑产业现代化联盟、预制建筑网、建筑通等 17 家企业单位联合主办的第二期建筑产业现代化开放日公开课在山

东济南顺利结课。在为期五天的课程和交流中，共吸引来自全国20余省市，全产业链各个领域的逾百名专业学员。课程旨在整个建筑产业发生深刻变革以及面临产业生态再造的当下，为推动本土建筑产业现代化从业者集思广益，寻求更加积极的变革，提供思想交锋与实践交流的平台。力求能够使大家在最短的时间内掌握建筑产业现代化的内涵，并建立系统的装配式建筑技术知识体系，共同迎接建筑业这一颠覆性的大变革。2016年计划继续在华东、华北地区完成千人次师资培训，储备建筑产业现代化师资队伍。

（二）企业管理人员培训

济南市城乡建设委员会于2014年10～11月组织了第一期、第二期建筑产业现代化企业项目经理、技术负责人等人员培训班，培训人数达500余人。2015年11月，组织了第一期、第二期建筑产业现代化企业项目经理、技术负责人等人员培训班，培训人数达200余人。

（三）产业化技术工人培训

山东省将济南、青岛、潍坊等6个设区市和滕州、荣成、嘉祥、平邑4个县级市，以及山东万斯达集团等54个生产基地，列入试点范围。先后举办了3期建筑产业现代化标准规程宣贯培训，邀请全国一流专家，对838名监督管理人员和生产施工一线技术人员进行培训。山东万斯达集团利用自身的技术优势开展产业化技术工人培训，培训人数达200余人。

建筑产业现代化人才培养是全社会的一项庞大系统工程，需要集中全行业、全社会的力量，调动巨大的社会资源与人力物力。为了充分发挥市场在资源配置中的决定性作用和更好地发挥政府作用，逐步使社会力量成为发展建筑产业化人才培养的主体，建议争取相关领导部门通过政府财政扶持、购买服务、协调指导、评估认证、政策优惠等方式，鼓励建筑产业化相关机构、单位或企业、院校、科研院所等参与建筑产业现代化的人才培养，并完善投入机制。健全以政府参与投入、受教育者合理分担培养成本、培养单位多渠道筹集经费的人才培养投入机制。培养单位按国家有关规定加大人才培养经费投入的力度，统筹财政投入、科研经费、学费收入、社会捐助等各种资源，确保对建筑产业化人才培养的投入。

6 深圳市建筑产业现代化进展调研侧记

深圳是首个"国家住宅产业现代化综合试点城市",目前正全面推进新型建筑工业化,主要做法是通过"政策引导、市场运作、创新驱动、示范引领、信息化融合"来加快推进建筑产业现代化。近年来,深圳已涌现出一大批建设科技创新和产业化建筑领军企业,形成了规模超千亿元的新型建筑产业集群。

针对建筑产业现代化新型人才的培养需要,本着走出去的学习态度,深入研发中心、工地、工厂及高校,探讨学习深圳建筑产业现代化发展模式,包括深圳质量、深圳效率等,重点探讨如何构建和优化建筑产业现代化人才培养模式,为加快全国建筑产业现代化新型人才培养进行有益的探索。因此,山东省建筑产业现代化教育联盟(目前华北理工大学是唯一加盟的外省单位)组织第一期深圳学习研修班。以下是随行的记录和浅显体会,稍加整理,不吝指正。

2016 年 4 月 23 日下午首站来到深圳万科建筑研究中心,参观其中构件生产车间、装配式建筑示范模型、万科建筑实验塔、万科装配式建筑示范楼、青年之家示范建筑、零能耗示范楼等,如图 6-1 所示。该研究中心目前是万科在国内规模化的研究示范基地,通过听取讲解及现场考察,深刻感受到万科在我国建筑产业化进程中发挥的积极作用,从经营理念、规模化生产、人员投入、辐射范围等角度充分展现出行业引领作用,了解万科为探索适合于中国的建筑工业化之路所付出的艰辛与代价。

图 6 - 1　万科建筑研究中心

4月24日上午，参观万科云城示范项目，如图 6 - 2 所示，深圳万科云城是为未来深圳"硅谷"重点打造的项目，作为中国首个互联网创新城，承载着万科转型使命，项目总面积约为 133.5 万平方米。在现场，可以看到万科云城的外墙、门板、楼梯全部采用铝合金建筑模板，整个墙面、门板面、楼梯面平整如镜。铝合金建筑模板具有重量轻、强度高、精度高、板面幅面大、拼缝少、施工方便、周转次数高、均摊费用低、应用范围广、成型混凝土表面质量高、回收价值高和综合经济效益好等特点，同时绿色环保，可循环利用。按照深圳市出台的文件，采用该模板均可计入单体装配率。

4月24日下午，在深圳平安金融酒店会议室听取深圳现代营造科技有限公司总经理谷明旺和深圳市住房和城乡建设局副处长岑岩的报告，报告题目分别为《国内外 PC 建筑形式特征及 PC 住宅技术要点》和《建筑产业化和装配式建筑概述》，详细阐述了国内外装配式建筑发展历程及各自特点，介绍了我国建筑产业化试点城市发展概况，并指出了发展中存在的问题及经验，如图 6 - 3 所示。

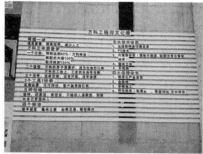

图6-2　万科云城

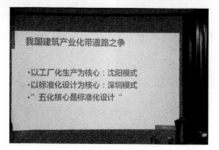

图6-3　学术报告

4月25日上午，参观华阳国际设计集团。该集团成立于2000年11月，总部位于深圳，设有深圳、广州、上海、长沙、重庆、香港六家区域公司及建筑产业化公司、造价咨询公司，现有员工1600余人。2016年4月18日正式挂牌新三板。该集团已在国内部分地区开设华阳订单班，为其输送人才，目前该集团下设四个分公司（设计、BIM研究院、建筑产业化、造价），发展势头强劲（见图6-4所示）。

图6-4 华阳国际设计集团

4月26日上午，参观深圳市鹏建混凝土预制构件厂，该厂主要针对内浇外挂结构体系生产外墙板，目前一条生产线在进行构件生产，独立模台生产。企业负责人希望政府能在一些工程项目上强制推广应用新产品，并监管工程质量。据介绍，该构件厂目前监理进场办公。

4月26日下午、4月27日上午，分别参观深圳信息职业技术学院、深圳职业技术学院，在两所学院领导的热情接待下，研修班教师一行重点参观了学院的专业实训室建设、教学模型展示及BIM实训室软件设备。本次学习研修班针对建筑专业新型职业技能人才培养标准、培养方法及校企合作模式进行了深度交流，并对加快建筑产业现代化职业技术人才培养方法展开了深刻讨论。

结合自身高校工作的经历，笔者着重从建筑产业现代化人才培养和科技创新角度，谈一下体会，现简要总结如下。

（1）大型企业的订单班式培养模式，可以在普通高等院校尝试开展，据了解，通过定期工程师进课堂、实习基地共建，根据不同人才需求、行业发展进行对口人才培养，切实打造几个样板企业合作平台，真正让学生受益。

（2）高校实训室（校外实训基地）建设。这次在高职类院校发现，等比例建筑实体模型、缩尺模型等都可以在普通高等院校尝试（见图6-5），在学生认识实习阶段更有针对性，更能够帮助学生全面了解专业知识，这无论对培养科研型人才还是实践型人才都将产生积极影响。

图6-5 职业教育实训室

（3）顶层设计的重要。从承接河北省住房和城乡建设厅课题以来，为制定相关政策，进行大量走访调研，顶层设计不仅对政府决策、行业发展以及学院发展都有着举足轻重的作用。

（4）BIM技术的人才培养。虽然BIM目前在行业中发挥作用有限，但仍将是发展趋势，未来需要各专业协同开发配合，在高校适当开展相关课程或举行竞赛，为将来积累经验，为学生提供敲门砖。

第二篇

建筑产业现代化与科技创新

7 以技术创新提升建筑产业链服务水平

　　装配式建筑是实现建筑产业现代化的重要途径。通向实现建筑产业化、规模化发展的路并不平坦，仍有很多因素制约着我国建筑产业化发展。提到相关制约因素，住房和城乡建设部前副部长仇保兴给出了答案："技术标准滞后、建造成本偏高、项目建设管理体制不利于工业化住宅发展是三大瓶颈。"只有不断提升工业化建筑的科技含量与技术创新，攻关建筑设计、施工、管理中的关键技术难题，才能逐步改善建筑产业链的服务水平，从新型结构体系、节点与接缝连接、部品生产、施工工法、新型材料研发、软件研发及住宅集成技术等方面，探讨我国建筑产业现代化的技术创新方向，通过产业链的技术创新和成果转化，不断提高体系集成配套的水平，提升产业链上的联动服务水平。

　　2014 年 3 月 20～21 日，住房和城乡建设部科技与产业化发展中心主办的"全国建筑工业化生产方式——装配式混凝土结构建筑生产与施工技术现场交流大会"在合肥举行。大会吸引了国内设计、施工、管理、部品企业、科研院所及高等学校等部门千余人参会，盛况空前。同年 4 月 9 日 "装配式低层住宅建筑"研讨及课题启动会议在河北省唐山市举行，引发了社会的广泛关注。

　　党的"十八大"报告强调指出："科技创新是提高社会生产力和综合国力的战略支撑，必须摆在国家发展全局的核心位置。"当前，我国实施建筑产业现代化的目的是提高建筑总体质量，提高劳动生产率，以适应当前我国新型城镇化建设的发展需求，其基础是搞好工业化生产，实现集约化、社会化大生产，而搞好工业化生产的前提是提高科技发展水平，提高体系集成配套水平，提升产业链上的联动服务水平。

　　据业内人士透露，我国建筑科技含量非常低，科技对建筑业的贡献率仅为38%。另据2000年年底数据统计显示，科技对住宅产业的贡献率为31.8%，远低于科技对农业发展的贡献率，并且与一些发达国家仍存在不小差距。我国规模以上工业企业研发投入仅占营业收入的0.69%，而建筑企业的投入更低。

近些年来，国内建筑科技交流空前频繁，信息扩散速度加快，范围加大。目前，住房和城乡建设部批准国家住宅产业化基地，并成立了国家住宅产业化基地技术创新联盟，为推进建筑产业化技术创新体系建设起到了重要推动作用，为建筑产业化稳步推进和技术示范发挥了带头作用。据中国二十二冶集团装配式住宅分公司总工程师李哲龙介绍，"通过国家住宅产业化基地建设，不断加大科研投入，与科研院所和高等院校合作，解决影响产业化发展的关键技术问题，不断提升行业竞争力"。

要推进建筑产业现代化的发展，必须着眼于建筑产业化科技创新体系建设，加强原始创新、集成创新和引进消化吸收再创新，目前无论国家层面，还是地方层面都在积极探索与推进。2014年，河北省建筑产业现代化重点工作之一就是组织建筑产业现代化关键技术科研攻关，推动建筑生产方式转变，推动混凝土搅拌站延伸产业链。通过技术创新和产业结构的升级改造，逐步实现建筑设计标准化、部品生产工厂化、现场施工装配化、结构装修一体化、建造过程信息化的技术创新体系。

笔者从工业化建筑全生命周期、全产业链协作的角度考虑，提出通过以下七个方面开展技术创新，逐步夯实国家建筑产业现代化发展战略支点的科技支撑。

第一，结构体系设计。新型装配式建筑结构体系的研发是实现建筑产业现代化的重要基础，更是满足建筑产业化发展不同需求的基本保障。我国《装配式混凝土结构技术规程》（JGJ 1—2014）中列出了剪力墙结构、框架结构体系的设计标准。据报道，2011年在上海成立了装配式钢结构建筑产业技术创新战略联盟；2014年4月9日，在河北唐山召开了"装配式低层住房课题启动会"；适用于高层建筑的装配式钢管混凝土组合剪力墙结构体系已经在华北理工大学完成结构节点（见图7-1，拥有自主知识产权）、接缝设计研发及试验工作。通过结构体系的技术研发与创新，为满足不同地域、不同居住空间要求提供核心技术支撑。

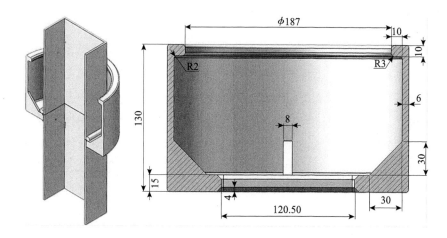

图 7-1 钢管混凝土暗柱节点连接构造示意

第二，节点、接缝连接技术。相比传统现浇建筑结构，装配式结构存在大量的节点、水平接缝和竖向接缝连接，这些连接是结构的薄弱环节。例如，装配式框架结构中梁与柱，装配式剪力墙中水平接缝、竖向接缝连接均需要从其抗震性能、力学功能等方面考虑，并与抗震设计规范的"强节点、弱构件"的设计原则相吻合，从而保证装配式结构体系的整体性能。

第三，施工工法。装配式建筑结构的优势主要体现在施工工法上，如具有施工速度快、对环境影响小、受环境制约小等特点。装配式结构涉及复杂工况下构件的吊装、翻转、就位、固定等施工技术，以及安全施工措施与防护标准的制定、构件校正技术等环节，如何提升施工效率，进行安全施工，对有效缩短施工总工期，实现建筑的高效节能、低碳环保起到决定性作用，也是真正实现绿色工地和绿色施工的重要保障。装配式剪力墙现场施工如图 7-2 所示。

图 7-2 装配式剪力墙现场施工

第四，部品生产。部品生产不仅要考虑自身设计能力的发展，更要注重与结构设计及施工协作联动，共同推进装配式建筑结构体系发展，不断提升市场竞争力。要确保部品构件的高精度，开发更高精度预制混凝土模具是部品生产的前提和关键技术。河北雪龙机械制造有限公司副总经理王立宁说："无论是从成本角度、生产效率还是构件质量方面考虑，模具设计是关系到工业化建筑成败的关键性因素。"此外，各类预埋件的精确定位技术、流水线自动化生产技术、特殊施工工艺的自动化技术及部品标准化、模数化、通用化生产技术均需要不断提升科技水平，为降低施工综合成本、确保部品构件质量奠定基础。

第五，新型建筑材料研发。新型建筑材料是建筑产业现代化发展的必然要求，建筑产业现代化也将推动新型建筑材料业的发展。工业化建筑必将围绕新型建材的使用而全面展开，建筑产业现代化对新型建筑材料从规格、质量、性能上都将提出新的要求，建筑材料质地要采用密度小、易加工、方便运输、易成型的新型建筑材料，这就要求建筑材料行业必须进行相应的技术研发、设备

图 7 - 3　轻质硅镁墙板

改造（见图 7 - 3），不断根据市场的需求调整产业结构和产品结构，提高建筑材料生产的技术与管理水平，提高产品质量与技术含量，由粗制产品向精细加工的半成品、成品方向发展。

第六，软件开发。住房和城乡建设部印发的《2011—2015 年建筑业信息化发展纲要》中指出，"加快推广 BIM（Building Information Modeling）、协同设计等技术在勘察设计、施工和工程项目管理中的应用，提升企业的生产效率和管理水平"。通过软件开发，将信息技术、自动化技术、现代管理技术与生产技术相结合，提高生产效率、产品质量和企业的创新能力。据唐山市规划建筑设计研究院正高级工程师高春荣介绍，加强适用于装配式结构设计、施工、管理的软件技术研发，将为装配式结构的技术进步和推广应用注入强劲动力。BIM 技术模型如图 7 - 4 所示。

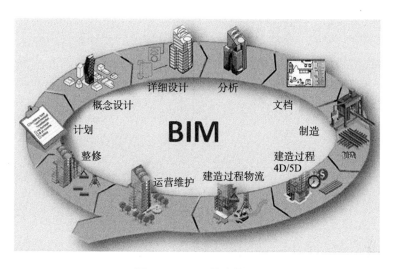

图 7 - 4　BIM 技术模型

　　第七，住宅集成技术。集成住宅是我国建筑产业化发展的重要方向，是满足我国新型城镇化建设中多样化、个性化需求的必然选择。发展住宅集成技术主要围绕结构主体、围护材料、室内装修及设备安装进行，是我国建筑产业化发展的最大瓶颈。据唐山冀东发展集成房屋有限公司总经理王术永介绍，目前困扰集成住宅的问题包括集成住宅设计缺乏标准、围护材料需要轻质高强、工业化的建造模式，只有解决了瓶颈问题，才能更好地体现装配式集成住宅的优势。

　　党的十八届三中全会指出，深化科技体制改革，健全技术创新市场导向机制，发挥市场对技术研发导向，促进科技成果资本化、产业化的作用。目前，我国建筑生产方式正发生着转型升级的巨大变化，产业科技创新有利于推动产业结构优化升级。在积极推进建筑产业化科技创新的同时，适应市场导向需求，注重科技成果转化与推广，全面提升建筑产业链的服务水平和科技含量，逐步推进产学研合作制度和互惠政策，使得各方优势资源（人、物、信息）有机衔接，提高科技研发效率和速度，为建筑产业现代化发展奠定基础。

　　据住房和城乡建设部科技与产业化发展中心副主任文林峰表示，建筑产业化的发展方向日趋明显，各地政府的热情也逐渐高涨，建筑产业化正步入发展机遇期。通过建筑产业链协作与产业化建筑全生命周期的技术创新，提升建筑产业化发展水平与科技含量，推动产业化建筑整体水平上台阶，发展符合节能、节地、节水、节材等资源节约和环保要求的建筑产业化成套技术与建筑体系，促进产业化建筑生产、建设和消费方式的根本性转变，全面提升我国建筑产业现代化发展水平。

参考文献

［1］秦珩. 万科北京区域工业化住宅技术研究与探索实践［J］. 住宅产业，2011，131（6）：25 – 32.

［2］樊骅. 叠合板式混凝土剪力墙结构体系技术应用［J］. 住宅产业，2011，131（6）：19 – 24.

［3］黄小坤，田春雨. 预制装配式混凝土结构的研究进展［J］. 住宅产业，2010，（9）：28 – 32.

［4］薛伟辰，王东方. 预制混凝土板墙体系发展现状［J］. 工业建筑，2002，32（12）：57 – 60.

［5］李晓明. 装配式混凝土结构关键技术在国外的发展与应用［J］. 住宅产业，2011，131（6）：16 – 18.

［6］陈建伟，苏幼坡. 预制装配式剪力墙结构及其连接技术［J］. 世界地震工程，2013，29（1）：38 – 48.

■ ■ ■ ■ ■ ■

8 建筑产业化科技成果转化与推广示范

科技成果转化与推广是指为提高生产力水平而对具有实用价值的科技成果进行的后续试验、开发、应用、推广直至形成新产品、新工艺、新材料以及发展新产业等的活动。作为国家科技创新体系的重要组成部分，高校院所具有人才培养、科学研究和社会服务三大基本功能，而科技成果转化正是高校实现其社会服务功能的重要途径之一。通常科技成果转化采用两种形式：一种是科技成果在现有企业中转化，促进现有产业技术进步；另一种是科技成果通过创立新兴企业向产业形态转化。

然而，科技成果的有效转化与推广仍然是长期未能有效解决的老问题。当前影响科技成果转化的直接原因可以概括为三个方面：

（1）各主体并未成为有能力的主体来发挥作用。一些企业自主创新意识缺乏，自主创新能力不足导致科技成果转化承接力弱；一些高校、研究所需求意识缺乏，研发成果成熟度低、与市场需求有差距，导致科技成果转化的有效供给不足；支撑服务体系还基本上处于缺位状态，使意识与能力都有较大落差的科技成果转化承接和供给两主体缺乏有效对接平台。

（2）各主体之间联系不紧，科技成果转化承接主体和供给主体更是相互离散，企业已有的实际需求和研究机构的成熟成果也经常擦肩而过。

（3）新型科技成果推广应用的评价、质量验收及激励机制有待完善，通过规范新技术、新材料及新工艺的准入机制，使科技成果转化成为企业可持续发展的核心动力。

当今建筑产业现代化的快速发展为科技创新与成果转化提供了土壤，无论从节能环保、性能可靠、工艺合理等角度，还是从节约成本、拓宽应用、优化设计等方面，都需要不断融入科技成果，促进其健康可持续发展，以下从国内外经验借鉴与启示、存在问题等角度分析出发，探讨我国建筑产业现代化科技成果转化的建议。

一、国外科技成果转化与推广经验借鉴

美国、日本、德国、英国等国家为使大学的科研项目能够更好地适应社会和企业发展的需要，迅速转化科研成果，大学的科研活动十分注重与企业的合作，其合作方式大体有两种：一种是合作研究，另一种是委托研究。在不妨碍教学科研任务的情况下，通过接受企业的资助，开发应用科研成果，促进科研成果向经济界转化。

美国设立专门联络机构，例如联络办事处、大学专利公司、综合服务机构等，负责校企合作事宜，以加强校企之间的交流，提高大学的技术创新能力。许多高校的技术创新中心除了从事技术与基础理论的研发之外，还从事科研成果的转移工作。

国外科技成果转化机制对比分析情况如表 8-1 所示。

表 8-1　国外科技成果转化机制对比分析

国家	校企合作	转化机构	创业转化	外部环境
美国	（1）单一、多个企业与高校（2）共建研发中心、实验室	咨询公司、联络办事处、大学专利公司、综合服务机构、技术创新中心	高校派生企业公司	政府部门参加的联合公司、美国科学基金会搭桥赞助
日本	联合、委托项目研究	广域型转让机构、科技转让事业促进机构	—	教育科学技术省，《科学技术基本法》《产业教育振兴法》
德国	合作研究	技术转让处	技术转让培训班、创业竞赛计划	《关于研究和发展条例》
英国	企业资助	工业联络办公室		科技白皮书

通过学习和借鉴国外校企联合、科技成果转化的成功经验，对促进我国高校科技体制创新和科技成果顺利转化，提高我国高校科技成果转化对国民经济发展的贡献率具有重大意义。

二、国内科技成果转化与推广经验借鉴

从历年的财政科学技术支出情况报告（其中中央和地方的支出见图 8−1）来看，我国科技经费投入继续保持稳定增长，国家财政科技支出稳步增加，研究与试验发展经费投入力度、强度不断加大。

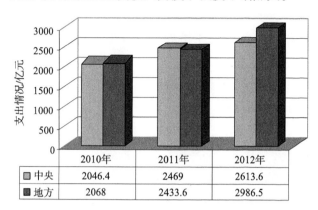

支出情况/亿元	2010年	2011年	2012年
中央	2046.4	2469	2613.6
地方	2068	2433.6	2986.5

图 8−1　2010～2012 年财政科学技术支出情况（中央和地方）

谈及国内科技成果推广经验不得不提及农业方面，虽然其科技贡献率并不高，但相对其他行业要高出不少。影响科技成果转化的影响因素众多，首先与转化环境有关，环境从根本上制约着成果转化能否受到外部的有力支持，以及从某种意义上来说决定了主体的态度和行为。科技成果转化是一项复杂的系统工程，需要科技成果、资金、市场、保障体系以及各参与方在成果转化中共同发挥作用。如果科研机构、企业、政府不积极参与，现存体制和机制不能保证科技成果转化的顺利进行，那么科技成果转化的现状就不能得到改观。这不但要求各主体协同合作，更重要的是转化环境必须有所突破。可以说，完善的转化环境是科技成果转化的重要前提和条件。因此，政府能否采取有效措施，促进转化环境的根本改变是科技成果转化的关键。

三、建筑产业化科技成果转化与推广中存在的问题

2014 年 7 月，住房和城乡建设部发布《关于推进建筑业发展和改革的若干意见》（建市〔2014〕92 号），在"提升建筑业技术能力"方面明确

指出，完善以工法和专有技术成果、试点示范工程为抓手的技术转移与推广机制，依法保护知识产权；积极推动以节能环保为特征的绿色建造技术的应用；推进建筑信息模型（BIM）等信息技术在工程设计、施工和运行维护全过程的应用，提高综合效益；推广建筑工程减震、隔震技术；探索开展白图替代蓝图、数字化审图等工作；建立技术研究应用与标准制定有效衔接的机制；促进建筑业科技成果转化，加快先进适用技术的推广应用；加大复合型、创新型人才培养力度；推动建筑领域国际技术交流合作。

目前，我国在建筑产业现代化科技成果转化与示范方面仍存在科技成果转化率低、科技进步对住宅产业贡献率低的问题，其原因主要包括以下几个方面：

（1）建筑产业化技术、部品构件缺乏集成化、模数不协调。单项技术的技术创新、性能可能并不落后，但对提高住宅的整体性能和质量效果不明显。例如，轻质墙板产品技术不断更新，但缺乏与之相配套的结构类型，导致室内出现变形、开裂等质量通病。

（2）基础研究、关键技术研究力度不足。例如，对装配式结构细部连接、拆分原则、吊装原则、模数协调等方面仍有待深入研究。此外，国外先进技术和产品纷纷涌入中国市场，但由于技术标准、自然环境等的差异，与我国现行的建筑体系并不匹配，导致先进的技术、产品适用性差，阻碍了新技术的推广。

（3）装配式结构施工发展可以说进入了快速发展时期，但仍然存在部品生产、施工质量和水平参差不齐的现象，企业为降低发展之初的增量成本，难以摆脱传统生产与施工的作业方式，虽然实现了现场的装配化施工，但是仍然没有利用先进的生产技术、施工工法、新型建材等，造成增量成本偏高。

（4）建筑产业化科技成果的准入和评价机制不健全。虽然最新的装配式结构设计规程已于2014年10月实施，与之配套的《混凝土结构工程施工质量验收规范》（GB 50204—2015）已发布，但预算定额等规范有待出台，如果延续落后的生产施工方式，势必会使建筑产业发展陷入恶性循环，只有从中央到地方，设立完善的新技术、新工艺、新材料的准入技术和评价办法，以及国家、省市的激励政策，才能构建科技成果转化与推广的良好环境。

四、建筑产业化科技成果转化与推广示范建议

建筑产业化的健康、可持续发展，离不开建筑产业的科技进步，更离不开科技成果的转化。科技成果转化需要发挥政府引导、主体配合等多方协作的力量。杭州市化工研究院院长姚献平建议，应建立成果转化前期评价考核和评估机制，对不适合转化的成果及时弥补或者淘汰，以免造成更大的浪费。"科技人员有了新鲜的想法，可以发表论文或申请专利，但这和产品是两码事。我们很多科技成果与市场的结合比较差，还停留在方程式上。而好的项目应该是从市场到市场。"因此，依据当前建筑产业化发展态势与特点，提出以下建筑产业化科技成果转化与推广示范建议，供决策者参考：

（1）建立建筑产业新技术、新工艺、新材料信息发布平台。例如，"预制建筑网""中国住宅产业网"等网络媒体提供了广泛的资源平台，为宣传、普及建筑产业化知识与信息起到了良好作用，但在技术交流、沟通协作等方面仍有较大发挥的空间，可以通过提供最新科技成果备案与检索功能，搭建企事业单位研发需求发布平台。

（2）建立完善的建筑产业技术淘汰、准入及评价机制。随着建筑产业化步伐的加快及新技术、新方法的涌现，过去落后的设计方法、施工技术、检测手段都将不适应产业的发展，首先反映到企业的是标准、规程落后与产品技术更新的矛盾，因此，通过标准、规程的修订更新与实时更新，实现新技术、新工艺及新材料的推广示范。国家及地方设立促进技术革新的扶持政策、措施及评价机制，鼓励企事业单位进行自主创新、引进创新，切实发挥科技成果实施主体的积极性和能动性。

（3）不断加大科技投入，实施技术专题攻关，避免资源闲置与重复浪费。例如，装配式结构研发的专题方向包括新型建筑结构体系，与之配套的有结构类型、抗震性能、连接性能、构造图集、计算分析、推广示范等，或针对围护结构与材料的质量通病，开展技术攻关专题，融入新的实验手段，反复验证探寻安全、可靠、经济的围护结构等。

参考文献

[1] 李林. 关于促进科技成果转化产业化的几点思考 [J]. 安徽科技，2011 (4)：4-5.

［2］迟宝旭．国外高校科技成果转化机制及借鉴［J］．科技与管理，2005（1）：118 -
   122.

［3］何如喜．国外科技成果转化成功经验及其启示研究［J］．中国新技术新产品，
   2014（5）：160.

［4］李友生，李玉清．高校科技成果转化的问题与对策建议［J］．中国高等教育，
   2005（23）：26 - 27.

［5］陈建伟，苏幼坡．建筑产业化须加强后备人才培养．中国建设报，2014 年 5 月 27
   日，第 2 版.

［6］周亚庆，许为民．我国科技成果转化的障碍与对策［J］．中国软科学，2000
   （10）：61 - 64.

［7］田灵江．住宅产业与建筑产业化［M］．北京：中国城市出版社，2010.

［8］冯凯，李忠富，关柯．我国住宅产业科技进步贡献率现状与预测分析［J］．科技
   进步与对策，2000（11）：65 - 67.

［9］高杰，周敬馨．我国高校科技成果转化的现状、影响因素与对策研究［J］．中国
   科技信息，2005（23）：17，8.

［10］陈建伟，苏幼坡．夯实国家建筑产业现代化发展的科技支撑［N］．河北日报，
   2014 年 5 月 22 日，第 7 版.

■■■■■■■

9 借力建筑产业现代化，助推京津冀低碳可持续发展*

低碳可持续发展是"低碳"与"可持续发展"的有机结合，一方面要降低二氧化碳排放，另一方面要实现经济社会发展。低碳可持续发展并非一味地降低二氧化碳排放，而是要通过新的经济发展模式，在减碳的同时提高效益或竞争力，促进经济社会发展。未来十几年间，京津冀要在不影响经济发展大趋势的前提下实现低碳可持续发展目标，需要大力推进技术创新和产业结构调整，大力发展战略性新兴产业，而当前国家建筑产业现代化战略将为实现这一目标提供强有力的保证与支撑，正如住房和城乡建设部前副部长仇保兴所说："我国发展装配式住宅正当其时。"

党的"十八大"报告提出新型城镇化建设、实现全面建设小康社会的奋斗目标为我国建筑产业化提供了强大的发展契机。当前我国建筑产业化发展水平不能与 20 世纪七八十年代的建筑工业化同日而语，新技术、新材料、新设备、新工艺的发展突飞猛进、日新月异。河北省是较早推进建筑产业化工作的省份之一，特别是在实施国家京津冀一体化发展战略的大背景下，如何借力建筑产业化，实现京津冀低碳可持续发展就成为当前有待深入研究的重要课题，以下从国内及省内建筑产业化发展现状出发，就影响行业发展的瓶颈与若干关键问题展开分析和论述。

一、国内建筑产业化发展现状

我国对建筑产业化的关注与发展速度，从"预制建筑网"和"中国住宅产业网"上发布、更新的国家、地方政策信息以及业内动态等大量数据

---

* 本文节选刊登于《河北房地产》2014 年第 10 期。

就可以看出，为政策的宣传和技术交流搭建了广阔的平台。

自 2006 年批准建设国家住宅产业化基地以来，一批过去单一部品生产型企业逐步发展成为集住宅建设开发、设计、建筑施工、部品生产为一体的大型企业。特别是自 2011 年以来，混凝土预制构件装配式住宅建造技术不断完善与成熟，其技术在沈阳及各地保障性住房的建设应用，更加加快了装配式技术在市场推广应用的速度，对全国一些地方开发、生产、应用混凝土预制构件装配式住宅建造技术产生了极大的推动力。《装配式混凝土结构技术规程》（JGJ 1—2014）已在各地宣贯，标准规程的实施与完善将为实现我国建筑产业化的健康稳步发展提供重要的技术保证。

二、河北省建筑产业化发展现状

河北省推进建筑产业现代化相关工作起步较早，通过积极开展调研和试点工作，使得全省建筑产业化工作稳步推进。2000 年 10 月成立了河北省建设厅建筑产业化促进中心，致力于全面推进河北省建筑产业现代化，推进河北省节能省地环保型住宅建设，以满足广大居民渴望不断改善居住状况的需求，提高河北省住宅建设的综合质量，实现住宅发展的经济、环境、社会综合效益。例如，"中科·紫峰"在 2012 年获批廊坊首个国家康居示范工程，秦皇岛的"在水一方"项目是我国首家被动房屋低能耗建筑示范项目，2013 年《关于加快推进全省建筑产业化工作的指导意见》颁布，2014 年我省第一个装配式住宅项目——唐山市丰润区浭阳新城五区一期 9 号楼正式封顶，4 个国家建筑产业化基地、6 个省级建筑产业化基地的获批，由 140 余人的省级建筑产业现代化专家队伍、60 余家企业参加的基础创新联盟成立，2014 年 5 月 21 日起陆续在《河北日报》专题或专刊报道河北省建筑产业化的相关工作动态，地方技术规程和相关课题积极研究，2015 年创建建筑节能省目标等，特别是全省建筑产业现代化交流会在邯郸的召开，都在河北省推进建筑产业现代化进程中留下了深深的印记，无不展现出河北省建筑产业现代化稳步推进中的重大举措与发展战略。

面对国家建筑节能减排、绿色建筑推广及建筑产业现代化的发展背景，围绕京津及省内地区两大建筑产业化市场需求，在河北省定位和打造一批住宅产业群势在必行。据河北省住房和城乡建设厅王舟副厅长介绍，建筑产业现代化是推动河北省实现转型升级、绿色崛起的有效抓手，通过目前向京津和河北省内提供砂石、水泥、钢材等原材料到将来提供混凝土预制构件的转型，将大大提高产品附加值，扩大税收。河北省墙材革新和建筑节能管理办公室主任郁达飞指出："今后我们将抓好和创造我省的比较优势、后发优势和规模优势这三大优势，向制造业看齐，用工业化生产搞住宅建设，通过标准化建筑部品的大规模生产，实现建筑业从'工程时代'到'工厂时代'，从'数字城市'到'智慧城市'的历史性变革。最终改变建筑施工现场噪声轰隆、泥沙飞扬的传统现状，让盖房子就像搭积木一样既简单又轻松。"

三、影响当前建筑产业现代化发展的主要因素

虽然国家范围内的建筑产业现代化发展进程迅速，但仍然存在一些问题影响着建筑产业现代化的整体推进和可持续发展。下面从企业发展角度出发，分析影响推进建筑产业现代化发展的若干关键因素。

（一）长期战略与短期规划

我国建筑产业现代化的发展趋势在业界已基本形成共识，目前发展最为活跃的是依托国家的住宅产业化基地或产业联盟单位，集设计、生产、施工等功能于一体，在政府积极引导下快步推进。更多的企业也想加入建筑产业化发展的队伍中，对他们来说，欠缺的是如何进行企业长期规划和切入点的把握及选择。面临企业转型升级、市场压力与前期人力物力的投入，使他们不得不在观望中难以前行，因此，如何制订切实的战略规划、突出特色与优势就成为快速融入建筑产业现代化发展的首要前提。

（二）市场前景

住房和城乡建设部前副部长仇保兴说，目前我国城镇化到了中后期，大规模的建设可能还会有十几年，再往后会逐步递减，留给我们大规模施展产业化的时间已经不多，在时间和空间上都有一定局限性。但是目前由政府积极引导的因素仍占有较大份额，真正的市场需求仍然没发挥应有的作用，目前国内产业化建筑所占比重仍较低，因此，若要从根本上摆脱老观念、老传统的束缚仍需要时间。

（三）技术攻关

《装配式混凝土结构技术规程》（JGJ 1—2014）中规定了装配式框架结构、剪力墙结构、框架-剪力墙结构的设计要求与规定，受不同地域、不同市场、不同需求等因素的影响，亟待研发新型适合于建筑产业化的建筑结构体系，其中不仅仅是结构体系问题，还涉及诸如连接、围护结构、抗震性能、物理性能及可靠性等问题。建筑产业化的可持续发展需要强大的科技支撑，只有不断进行技术攻关，解决新旧问题，才能不走老路，走上建筑产业化良性发展轨道。

（四）增量成本

成本问题好像是当前建筑产业化发展所关心的首要问题，北京市发布的基于装配式结构的保障性住房增量成本，以及一些地区的优惠政策，也从侧面向社会传递着产业化建筑相比传统建筑增加造价的信号，然而如何控制成本的问题是与规模化有直接关系的，规模化又与能否享受国家、地方节能减排优惠政策、能否协同合作有关系。要解决增量成本这个瓶颈问题，除了共同争取国家的优惠政策以外，必须把行业发展的问题分析透彻，分析影响增量成本的主要因素及降低造价的措施，通过技术改进、政策扶持及开拓市场逐步实现我国建筑产业化"自发式"的发展。

（五）人才队伍

目前，建筑产业化相关人才分布相对分散，不断推进产学研合作制度和互惠政策，有利于提高科技研发和人才培养效率。人才的培养与储备是实现建筑产业化，并使其得以健康、可持续发展的重要保障和关键要素。只有加强人才队伍培养战略才能缓解当前产业高歌猛进而人才短缺成"拦路虎"的局面。

（六）产业链脱节

仇保兴在2014年8月19日的"中国建筑产业化联盟筹备会"上总结说：在整个建筑产业化的产业链中，整体设计与局部和单体设计脱节；建筑结构与部品部件设计脱节；新材料与传统大宗建材综合应用设计脱节；

前期施工与后期装修设计脱节；还有木结构、钢结构、PC 结构互补性综合设计脱节；生产与施工脱节等。

四、关于加快推进河北省建筑产业化发展若干问题的分析

（一）依托区域与资源优势，积极拓展市场，助推企业转型升级，实现经济与社会效益双赢

目前，建筑能耗占全社会总能耗的比重达 28%，连同建筑材料生产和建筑施工过程的能耗所占比重接近 50%，因此建筑能耗的高低与国家节能减排战略目标实现息息相关。京津冀一体化的深度发展，必将提供给建筑产业化强大的市场潜力与契机，变材料输出为部品部件输送，变粗放建造为工厂制造现场安装，变散布试点为产业群，都将为提高资源利用效率、培育河北省新的经济增长点提供重要手段。

（二）省级住宅产业技术攻关中心的成立

当前我国实施建筑产业化目的是提高建筑总体质量，提高劳动生产率。搞好工业化生产的前提是提高科技发展水平，提高体系集成配套的水平，提升产业链上的联动服务水平。技术攻关与成果转化的有效衔接是实现建筑产业化可持续发展的重要保证，因此建议河北省率先在国内成立省级住宅产业技术攻关中心，旨在组织、协调建筑产业化发展中相关技术攻关、协同合作、成果转化等问题，不断提升建筑产业化的科技含量。

（三）"小规模建筑实现产业化"配套技术与设备研发

随着我国新型城镇化、新农村建设的深入开展，特别是从区域性建设开发来看，组织研发配套"小规模建筑实现产业化"的技术和设备尤为必要。当前数千万元甚至数亿元的前期投资令大多数企业望而却步，况且如此巨额投入引进的设备也并不完全适合我国国情及行业发展现状，因此，深入研发适合于我国国情、真正实现节能环保的生产建造方式更为实用和适用。

建筑产业现代化是一项复杂的系统工程，欲想将应用了几千年的传统建筑建造材料和建造方式进行彻底变革，涉及社会经济、组织管理、政策

支持等众多学科和领域。因此，房地产企业需要制定一种新的"开发函数"，以工业化生产方式对住宅产业链中核心组成要素和供应条件重新组合，以推动和拉动相结合的方式，实现"自主、自发式"发展，使其既能通过规模生产实现规模经济，同时满足多样动态需求，实现良好的社会效益。

参考文献

[1] 陈建伟，苏幼坡. 预制装配式剪力墙结构及其连接技术 [J]. 世界地震工程，2013，29（1）：38-48.

[2] 仇保兴. 我国发展装配式住宅正当其时 [J]. 建筑，2014（5）：26.

[3] 陈建伟，苏幼坡. 建筑产业化须加强后备人才培养 [N]. 中国建设报，2014 年 5 月 27 日，第 2 版.

[4] 陈建伟，苏幼坡. 夯实国家建筑产业现代化发展的科技支撑 [N]. 河北日报，2014 年 5 月 22 日，第 7 版.

[5] 李洪峰. 河北积极推进建筑产业化发展 [N]. 中国建材报，2014 年 6 月 17 日，第 1 版.

10 建筑产业现代化与 BIM 信息化技术

一、BIM 是什么?

我们一般说"BIM"是指"Building Information Modeling",即建筑信息模型,是利用数字技术表达建设项目几何、物理和功能信息以支持项目全生命周期建设、运营、管理决策的技术、方法或者过程。从另外一个方面来讲,BIM 是指在规划设计、建造施工、运营过程的整个或者某个阶段中,应用 3D 或者 4D 信息技术,进行系统设计、协同施工、虚拟建造、工程量计算、造价管理、设施运行的技术和管理手段。

应用 BIM 技术可以消除各种可能导致工期拖延和造价浪费的设计隐患,利用 BIM 技术平台强大的数据支撑和技术支撑能力,提高项目全过程精细化管理水平,从而大幅提升项目的效益。

BIM 和 CAD 是两个常见的概念,目前,在工程建设行业,应用更多的依然是 CAD,BIM 虽是新概念,但其使用的频率将会越来越高。BIM 与 CAD 在技术、方法、过程、软件工具及工作成果的区别,如表 10 - 1 所示。

BIM 与 CAD 的关系如图 10 - 1 所示,表示 CAD 和 BIM 的两个圆画成相切而不是相交的原因是因为目前二维图纸仍然是表达建设项目的唯一法律文件形式,中间的过渡部分就是我们不容易说清楚是不是 BIM 的那部分建立在 CAD 平台上的专业应用软件。美国是以国家 BIM 标准(National Building Information Modeling Standard)的判断方法为依据,达到一定的指标就是 BIM,否则还不能称为 BIM。

表 10 - 1　BIM 与 CAD 的对比

名称	技术、方法、过程	软件工具	工作成果
BIM	Building Information Modeling 建筑信息模型	BIM 软件，如 Revit，Bentley Architecture，ArchiCAD	BIM 模型，如 . RVT，. DGN，. PLN
CAD	Computer Aided Design 电脑辅助设计	CAD 软件，如 AutoCAD，MicroStation	图形（图形文件），如 . DWG，. DGN

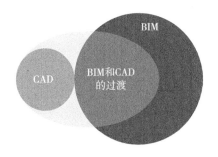

图 10 - 1　CAD 与 BIM 的关系

　　事实上，美国国家 BIM 标准提供了一套衡量产品或者应用 BIM 到什么程度的模型和工具——BIM 能力成熟度模型（BIM Capability Maturity Model），该模型可以根据以下 11 个方面的指标来判断一个 BIM 产品或 BIM 应用达到了怎样的 BIM 程度，这 11 个维度包括数据丰富性（Data Richness）、生命周期（Lifecycle Views）、变更管理（Change Management）、角色或专业（Roles or Disciplines）、业务流程（Business Process）、及时性/响应（Timeliness/Response）、提交方法（Delivery Method）、图形信息（Graphic Information）、空间能力（Spatial Capability）、信息准确度（Information Accuracy）、互用性/IFC 支持（Interoperability/IFC Support）。

二、BIM 能带来什么?

　　当今建筑市场的变革战略有多种形式，最重要的两大途径就是进军新的细分市场或服务领域，以及整合创新技术和方法。设计和施工流程将转变为以 BIM 技术为基础的流程，这一过渡过程为企业实施变革提供了千载难逢的良机。BIM 是一种基于三维模型的智能设计过程，能够在整个项目生命周期中利用协调一致的信息，以虚拟方式探索项目的物理特性和功能特性，从而帮助用户提高效率、削减成本，并降低环境影响。BIM 流程提供的平台可供企业利用创新技术手段打入住宅产业化新市场，推出新服务，提升服务质量。

通过 BIM 实施变革战略能帮助公司跟上工程建设行业的两大重要趋势——可持续设计和施工以及替代性项目交付。绿色市场推动因素和相关法令已经影响了客户对项目的期望。基于 BIM 流程的创作工具现在可以在设计初期阶段提供概念化能源分析反馈，用以对不同的概念设计备选方案进行权衡取舍。BIM 在设计早期阶段的价值就在于它能支持工作人员对不同方案进行缜密分析，例如对可持续性或其他重要因素开展分析，以及随着设计和模型的细化对可施工性进行分析。

"设计/投标/建造"的传统型工程建设行业项目交付方法存在着效率低下的固有缺陷，因此，越来越多的客户都在改用"设计/建造"或综合项目交付等替代方案，借以改善住宅产业化低效问题。Erin Rae Hoffer 表示："'设计/建造'和综合项目交付这两种发展趋势代表了客户期望，而且能够为设计和施工流程提供创新支持的技术也已纷纷面世，这不仅预示工程建设行业在未来将经历一场变革，同时也有力地昭示了 BIM 充当工程建设行业协作平台的前景将一片光明。"

三、BIM 与建筑产业化的发展

建筑产业化的终极目标是要把工程项目的建设过程从自古以来的"设计→现场施工"模式进化为"设计→工厂制造→现场安装"模式，事实上工程项目机电系统的设备部分从有史以来就是采用"设计→制造→安装"模式的。此外，钢结构也基本上是采用"设计→制造→安装"模式，但遗憾的是，这两种比较先进的模式，前者几乎跟工程建设行业沾不上边，那是我们兄弟行业——制造业的功劳；而后者估计也只跟建筑业有一半的关系，另一半光荣仍然属于制造业。

从上面的分析我们清楚地认识到，建筑产业化的主要任务是要解决占国内房地产项目绝对比例的钢筋混凝土结构土建工程的"设计→制造→安装"模式转型问题，可以这么说，没有解决钢筋混凝土结构土建工程的"设计→制造→安装"问题，就不能说中国的住宅产业化这件事做好了。

　　我国十年推行建筑产业化的效果不够理想，这其中有经济的原因（如成本不比现场施工低），也有技术的原因，但归根结底是技术原因和管理原因。

　　目前，建筑产业化采用的实施方法总体上来看有设计主导和制造主导两种，下面我们分别来对这两种方法做一个简单的分析。

　　图 10 - 2 是设计主导建筑产业化的典型流程，设计过程中没有充分考虑制造和安装的需求，在进入实际制造和安装环节时，碰到没法制造或安装以及制造安装方法不合理、不经济的情形，就需要修改设计，导致制造厂商和安装现场的待工待料，如果这种情况影响到需要调整已经安装好的部分，问题会更加严重，工程质量也会受到影响。

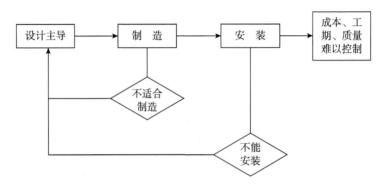

图 10 - 2　设计主导的建筑产业化流程

　　反之，如果以制造作为主导（见图 10 - 3）又会如何呢？在这种情形下，对工期、成本、质量的控制能力会比设计主导的情况要好，但由此带来的问题可能比设计主导的情况还要糟糕，那就是制造主导往往导致产品死板，不受市场欢迎，其结果是业主宁愿选择传统的"设计→现场施工"方案。

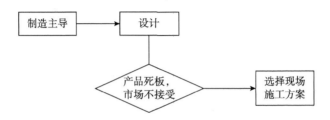

图 10 - 3　制造主导的建筑产业化流程

很显然,要真正解决建筑产业化的问题,就必须协调好设计、制造、安装之间的关系,在设计阶段充分考虑制造和安装的需求,从而在保障产品本身具有市场竞争力的前提下控制好工期、造价和质量。

这个任务的完成,如果仅期望依靠设计、施工和安装当中的任何一方,都由于各方利益立场的原因,成功的可能性不大;而由业主对这三方进行协调,也不会有实质性的效果,因为无论采用何种项目建设模式,业主的协调一天也没有间断过。

而以 BIM 为核心的信息主导方法将有效解决建筑产业化面临的上述技术和管理问题,如图 10 - 4 所示。

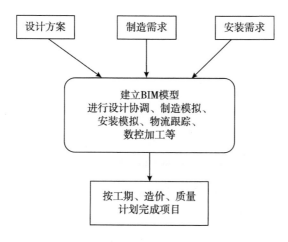

图 10 - 4   BIM 模型主导的建筑产业化流程

借助 BIM 技术,在实际开始制造以前,统筹考虑设计、制造和安装的各种要求,把实际的制造安装过程通过 BIM 模型在电脑中先虚拟地做一遍,包括设计协调、制造模拟、安装模拟等,在投入实际制造安装前把可能遇到的问题消灭在电脑的虚拟世界里,同时在制造安装开始以后结合 RFID、智能手机、互联网、数控机床等技术和设备对制造安装过程进行信息跟踪和自动化生产,保障项目按照计划的工期、造价、质量顺利完成。

11 BIM 信息化技术助推 建筑产业现代化

信息化技术在建筑生产及施工过程中应用越来越广泛，信息化和建筑工业化在发展过程中互相推进。现阶段，信息化的发展主要表现在全流程信息化管理和建筑信息模型（简称 BIM）技术在建筑工业化中的应用。BIM 技术作为信息化技术的一种，已随着建筑工业化的推进在我国建筑业逐步推广应用。

采用 BIM 技术可以比较容易地实现模块化设计和构件的零件化、标准化，因此，其在建筑工业化中的应用具有天然的优势。建筑工业化的管理要求与 BIM 技术所擅长的全生命周期管理理念不谋而合。工业化建筑建设过程中对 BIM 技术也存在实际需求，如建筑设计过程中的空间优化、减少错漏碰缺、深化设计需求、施工过程的优化和仿真、项目建设中的成本控制等。信息化技术对建筑工业化的推动大致可概括为三个方面。

一、设计标准化

设计标准化是建筑工业化的前提。要求设计标准化与多样化相结合，构配件设计要在标准化的基础上做到系列化、通用化。

产业流程是指产品的生产全过程。建筑业的产业流程被人为地分开，作为建筑产品最为关键的初始环节——"建筑设计"——被列为独立行业，与建筑施工处于不同的过程之中。在具体工程实践中，施工方必须严格执行设计文件，按图施工。如果设计本身并无明显错误，施工方一般不可以按照自己的意图提出相应的设计变更。每一个建设工程的设计方都可能是不同的，对于具体建筑物的理解也千差万别，所确定的工艺做法也就会不一样，因此施工方以固定的、程序化的、工业化的施工工艺或零部件来应对不同的建设项目是难以实现的。

可见，设计与施工过程的割裂，使得施工方不得不面对千差万别的建筑物，也使得设计方在设计时无须考虑也无法考虑具体的工艺过程。这种工作的独立性，更使得每一次建筑物的建设过程均成为个案，无法实现工业化。

利用 BIM 技术既可以进行土建设计、结构设计、安装设计，还可以利用 BIM 进行建筑物的性能分析，例如日照性能分析、采光性能分析、能耗性能分析、结构性能分析，更可以利用 BIM 软件进行碰撞检测等，使建筑物在尚未施工前就解决现场可能出现的各种问题。这样利用 BIM 制图几乎可以达到无错设计。通过 BIM 模型自动生成平立剖专业施工图，不仅可以避免重复工作还可以最大限度地避免错误。

二、构件标准化

总体上说，我国工业化建筑的标准化和通用化水平都还不高。建造方式仍以现场施工为主，这就出现了建设工程的独特性与建筑工业化的标准化之间的矛盾。工业化的基本特征则是标准化，标准化是大批量生产的前提，而大批量是低成本的保证。因此，差异化的建设项目与大批量生产之间必然存在着相应的矛盾，这些矛盾也使得建筑工业化的发展受到制约。虽然建筑物是千差万别的，但建筑物宏观状态的独特性并不意味着建筑物微观构成的独特性。由于建筑材料的特定性、同类建筑荷载的相似性、同类建筑微观功能的相似性，建筑物的微观状态必然是相类似的。尤其是在同一地区的同类建筑物中，这种相似性表现则更加明显。

经过多年的发展，建筑设计已经形成完整的规范化体系，除非如水立方、鸟巢等特定的项目，大量的普通建筑，如办公楼、教学楼等的跨度、层高、荷载模式、使用材料、结构体系等关键参数已经趋于标准化或至少是准标准化。设计经验表明，某一个地区的同类建筑在微观的构造与处理上几乎是相同的，或至少同一设计单位、设计者的相关做法是相同的。国内很多地方都存在着地方性的标准图集或施工工艺标准，如果在此基础上经过有意识的处理，完全可以针对某一特定的建筑类别，实现标准化的构配件，并进而实现预制化。

采用装配式建造方式，预先在工厂生产出各种构配件运到工地进行装配，混凝土构配件实行工厂预制、现场预制和工具式钢模板现浇相结合，发展构配件生产专业化、商品化，有计划、有步骤地提高预制装配程度。在建筑材料方面，积极发展经济、适用的新型材料，重视就地取材，利用工业废料，节约能源，降低费用。

利用 BIM 技术，将组成工程的每个部分分解成为尺寸、形状都标准化，并可以定型生产的构件。在 BIM 中根据构件的特点，建立构件库，构件库可以包括建筑材料库、预制构件库（预制梁、预制板、柱、栏杆、门、窗等）、家具库（桌椅、厨卫、洁具、灯具等）等。建立 BIM 模型时可以利用构件库搭建整个建筑工程。建立构件库时，完善每个构件的信息。这些信息包含构件的编号、构件的尺寸信息、构件的材质信息、构件的位置信息，从而解决构配件标准化的问题。

利用 BIM 技术解决工程构件标准化的问题，彻底解决了构件不规则、不规范的情况，从而实现构配件的生产专业化、商品化，实现工程装配式施工，推进建筑产业化向标准化、精细化方向发展。

三、管理信息化

运用计算机等信息化手段，从设计、制作到施工现场安装，全过程实行科学化组织管理，这是建筑工业化的重要保证。

信息化技术是集成建设系统实现系统集成与组织集成的基本前提与有效保证。从管理模式来看，集成建设系统并非实体企业，而是很多企业所构成的松散联合体，生产与施工组织过程中的地域限制、空间隔阂、标准差异、沟通障碍等问题，会使信息指令的传递速度比实体企业缓慢，偏差也会大大增加。因此，全面、快捷地沟通与交流，减少信息沟通中的障碍、偏差与损失至关重要。

信息集成是通过信息平台与信息门户的构建，使得集成系统与产业链中的相关分包商、供应商与核心企业能够实现信息共享、及时沟通与办公自动化；实现基于信息系统的辅助建设过程。

BIM 模型是虚拟的建筑，通过这个虚拟建筑，可以把工程现场在计算机里展现出来并进行模拟和分析，如果发现问题可以方便解决，这样既可以减少施工过程中的返工次数，避免资源浪费，还可以对不同的施工方案进行对比从而选出最优方案。这些过程由于只是计算机计算模拟，所以不会浪费太多时间更不会浪费资源。

此外，在 3D（模型）的基础上又采用 4D 更进一步模拟施工。4D 是指在 BIM3D 模型的基础上增加时间的维度，可以对施工方案和工序进行检测，确保工程正常有序地进行。BIM 模型不仅可以进行 4D 的施工模拟还可以在 4D 模型的基础上增加成本的维度建立 5D 模型，通过 5D 模型可以实现精细化的预算和项目成本的可视化，通过对工程项目进行 5D 仿真模拟，得到所有建筑构件的准确工程量，实现造价控制。

除此之外，信息化不仅仅意味着信息的流转过程，更意味着建筑物与预制构件的信息化。通过信息处理技术，将实体建筑物信息化，并进而借助相关技术实现建筑物施工过程的虚拟化（Virtual Construction，虚拟建设），对建筑物的"可施工性"进行度量与评估——构建预期建筑物与现实的标准化的零部件、构配件、建筑模块之间的相关关系，实现模拟拼装与施工流程模拟，从而有效指导现实的施工过程。

同时，在施工组织中，通过信息集成与编码控制系统，实现从实体建筑的拆解、标准化构配件的成组化、委托加工，到零部件的验收、工作包拆分到构配件在具体建筑上的还原过程中，对相关零部件、构配件的全过程跟踪与监测的全过程信息化管理。

■ ■ ■ ■ ■ ■

第三篇

建筑产业现代化
与装配式结构

12 建筑产业现代化、新型建筑工业化与装配式建筑

　　建筑业是指专门从事土木工程、房屋建设和设备安装以及工程勘察设计工作的生产部门，其建筑产品表现为各种工厂、矿井、铁路、桥梁、港口、道路、管线、房屋以及公共设施等建筑物和构筑物。建筑业是国民经济各产业部门进行物质生产和提供服务的手段，是国家经济发展、人民生活水平提高和社会进步的重要物质基础。纵观人类发展历史，特别是社会分工的发展历史，建筑业演变的进程是从原始建筑业到传统建筑业，再发展到现代建筑业，这是历史发展与社会进步轨迹的必然规律。

　　那么，什么是"建筑产业现代化"呢？**建筑产业现代化**是指以绿色发展为理念，以现代科学技术进步为支撑，以工业化生产方式为手段，以工程项目管理创新为核心，以世界先进水平为目标，广泛运用信息技术、节能环保技术，将建筑产品生产全过程联结为完整的一体化产业链系统。以BIM实现建筑全生命周期方案设计为例，如图12-1所示，这个过程包括融投资、规划设计、开发建设、施工生产、管理服务以及新材料、新设备的更新换代等环节，以达到提高工程质量、安全生产水平、社会与经济效

图 12 –1　BIM 实现建筑全生命周期方案设计

益，全面实现为用户提供满足需求的低碳绿色建筑产品。

因此，简单来说，建筑产业现代化是一个动态过程，是随着时代进步与科技发展而不断发展的。当前，从国家政策与发展要求来看，自2013年以来陆续发布一系列的文件，可以看出国家对此高度重视。

2013年年初，国务院办公厅发布1号文件《国务院办公厅关于转发发展改革委、住房和城乡建设部〈绿色建筑行动方案〉的通知》，《绿色建筑行动方案》中第八项工作就明确提出要推进建筑工业化。2013年下半年以来，中央多次批示要加强以住宅为主的建筑产业现代化的一些要求。2013年11月，全国政协主席俞正声亲自主持全国政协双周协商会，提出"发展建筑产业化"的建议。2013年年底，住房和城乡建设部召开的建设工作会议上谈到十项重点工作，其中第七项就明确提出要促进建筑产业现代化。

2014年3月，国务院印发的《2014—2015年节能减排低碳发展行动方案》中明确提出要以住宅为重点，以建筑工业化为核心，加大对建筑部品生产的扶持力度，推进建筑产业现代化。国务院出台的《国家新型城镇化规划（2014—2020年)》当中也明确提出，要大力发展绿色建材，强力推进建筑工业化。2014年7月，住房和城乡建设部出台的《关于推进建筑业发展与改革的若干意见》在发展目标中明确提出转变建筑业发展方式，推动建筑产业现代化的要求。2014年9月，陈政高部长出席会议并部署了六项重点工作，其中第四项工作就明确提出要大力推进建筑产业现代化。

由中国建筑标准设计研究院组织编制的《预制混凝土剪力墙外墙板》等9项标准设计为国家建筑标准图集，如图12-2所示，自2015年3月1日起实施。为贯彻落实《国务院办公厅关于转发发展改革委住房和城乡建设部〈绿色建筑行动方案〉的通知》（国办发〔2013〕1号）和《住房和城乡建设部关于进一步推进工程造价管理改革的指导意见》（建标〔2014〕142号），加快推进绿色建筑发展和建筑产业现

图12-2　标准图集

代化，住房和城乡建设部在 2015 年年底就编制绿色建筑和建筑产业现代化计价依据，推进有关建筑产业现代化工程定额的编制工作。2016 年 2 月 15日，住房和城乡建设部关于批准由中国建筑标准设计研究院有限公司等 3 个单位编制的《全国民用建筑工程设计技术措施建筑产业现代化专篇——装配式混凝土剪力墙结构住宅设计》等 4 项标准设计为国家建筑标准设计，并自 2016 年 3 月 1 日起实施。

建筑产业现代化发展历程相关政策如表 12 - 1 所示。

表 12 - 1　我国建筑产业现代化发展历程相关政策

时　间	文件或会议名称	发布或组织单位	政策要点
1999 年 8 月	《关于推进住宅产业现代化提高住宅质量若干意见的通知》（72 号文）	国务院	明确推进住宅产业现代化的指导思想、主要目标等
2013 年 1 月	《绿色建筑行动方案》	住房和城乡建设部	明确提出要推进建筑工业化
2014 年 3 月	《2014—2015 年节能减排低碳发展行动方案》	国务院	明确提出要以住宅为重点，以建筑工业化为核心，加大对建筑部品生产的扶持力度，推进建筑产业现代化
2014 年 3 月	《国家新型城镇化规划（2014—2020 年）》	国务院	明确提出要大力发展绿色建材，强力推进建筑工业化
2014 年 7 月	《关于推进建筑业发展与改革的若干意见》	住房和城乡建设部	明确提出转变建筑业发展方式，推动建筑产业现代化
2014 年 9 月	《工程质量治理两年行动方案》	住房和城乡建设部	新建政府投资工程和保障性安居工程应率先采用建筑产业现代化方式建造 全国以建筑产业现代化方式建造的住宅新开工面积占住宅新开工总面积比例逐年增加，每年比上年提高两个百分点

续表

时　间	文件或会议名称	发布或组织单位	政策要点
2014 年 12 月	全国住房城乡建设工作会议	住房和城乡建设部	2015 年努力实现建筑产业现代化新突破，这是一项带有革命性、根本性、全局性的工作，为建筑产业现代化发出了动员令、吹响了冲锋号
2015 年 6 月	《关于推进建筑信息模型应用的指导意见》	住房和城乡建设部	提出到 2020 年年底，建筑行业甲级勘察、设计单位以及特级、一级房屋建筑工程施工企业应掌握并实现 BIM 与企业管理系统和其他信息技术的一体化集成应用
2015 年 8 月	《促进绿色建材生产和应用行动方案》	工信部、住房和城乡建设部	方案从 10 个行动计划入手部署任务，旨在促进绿色建材生产和应用，推动建材工业稳增长、调结构、转方式、惠民生，更好地服务于新型城镇化和绿色建筑发展
2015 年 11 月	《建筑产业现代化发展纲要》	中国工程建设项目管理发展大会	明确了未来 5～10 年建筑产业现代化的发展目标
2016 年 2 月	《中共中央、国务院关于进一步加强城市规划建设管理工作的若干意见》	国务院	加大政策支持力度，力争用 10 年左右时间使装配式建筑占新建建筑的比例达到 30%

　　建筑产业现代化，既符合新时期全面深化改革的总要求，又有利于建筑业在推进新型城镇化、建设美丽中国，实现中华民族伟大复兴的历史进程中，进一步强化和发挥作为国民经济基础产业、民生产业和支柱产业的重要地位及其带动相关产业链发展的先导和引领作用。促进和实现建筑产业现代化既是一个漫长的历史发展过程，又是一个系统工程，需要政府、主管部门、行业协会、广大企业、大专院校共同关注、强力推进，最终才能得以实现。

　　建筑工业化、住宅产业化、建筑产业化等概念对于中国建筑行业从业人士而言并不陌生，国际组织、国内外学者都曾从不同角度给出过自己的定义和理解。中国建筑行业对此也有着几十年的探索和实践，行业权威部门提出的"建筑产业现代化"概念既涵盖了建筑工业化、住宅产业化的内涵与外延，又从更高的行业角度进行了诠释。

一、建筑产业现代化相关概念的沿革

(一) 建筑工业化

建筑工业化是伴随西方工业革命而出现的概念，工业革命让制造轮船、汽车的生产效率大幅提升。在建设领域，随着欧洲兴起的新建筑运动，实行了工厂预制、现场机械装配，逐步形成了建筑工业化最初的理论雏形。1900 年，美国创制了一套能生产较大的标准钢筋混凝土空心预制楼板的机器，并用这套机器制造的标准构建组装房屋，实现了建筑工业化。工业化建筑体系是从建造大量的建筑如学校、住宅、厂房等开始的。第二次世界大战后，西方国家面临着亟须解决大量的住房需要建造而建造住房的劳动力严重缺乏的情况，这为推行建筑工业化提供了实践基础，因其工作效率高而在欧美风靡一时。

1956 年 5 月 8 日，国务院出台《关于加强和发展建筑工业的决定》，这是我国最早提出走建筑工业化的文件。这个时期的建筑工业化主要解决建筑业以手工为主的生产方式不能适应建设需求问题，手工建设速度完全落后于工业生产需要。鉴于当时的建设重点是工业建筑，在标准柱网下很多构件可以预制生产，同时可以实现机械化吊装，加快建设速度，为此全国建立了 70 多家预制生产厂，专门生产各种预制构件，供建设工地使用。

1962 年 9 月 9 日，梁思成先生在《人民日报》发表文章，指出"结合中国条件，逐步实现建筑工业化"，并在"设计标准化，构件预制工厂化，施工机械化"的前提下圆满地处理建筑物的艺术效果的问题，在"千篇一律"中取得"千变万化"。

1974 年，联合国出版的《政府逐步实现建筑工业化的政策和措施指引》中定义了"建筑工业化"，即按照大工业生产方式改造建筑业，使之逐步从手工业生产转向社会化大生产的过程。它的基本途径是建筑标准化、构配件生产工厂化、施工机械化和组织管理科学化，并逐步采用现代科学技术的新成果，以提高劳动生产率，加快建设速度，降低工程成本，提高工程质量。

我国建筑工业化主要发展阶段及驱动因素如表 12 - 2 所示。

表 12 - 2   建筑工业化发展阶段及驱动因素

三个阶段	标志性政策 文件及活动	驱动因素	解决问题	关注重点
新中国成立 初期	《关于加强和发展建筑工业的决定》	大规模建设需求	建设速度与效率	工业建筑
改革开放初期	《建筑工业化发展纲要》	大规模建设需求	劳动生产率不高、质量问题较多、整体技术进步缓慢	住宅
转型期 （2013 年以来）	《绿色建筑行动方案》	多种因素	劳动力成本增加、公众对建筑品质要求提高、可持续发展成为共识	全方位整合（须科学规划、理性发展）

（二）住宅产业化

住宅是居民的基本生活资料，"衣食住行"是人类生存的四大基本需求，所以住宅问题是重大的社会问题之一。此外，在各类建筑形式中，住宅建筑结构相对简单，功能统一，内部分隔有规律，易于形成标准化设计、批量化的构件生产与机械化施工，因此，住宅建筑最宜、最易实现工业化建设。

对于住宅产业化的概念，住房和城乡建设部住宅产业化促进中心副主任童悦仲是这样介绍的："住宅产业化是 1968 年日本人提出来的。20 世纪 90 年代初，我们开始和日本有关机构合作。我曾问他们的专家，到底什么叫住宅产业化？你能不能用最简练的语言来描述一下？他就讲，很简单，三句话：第一，资金和技术的高度集中；第二，大规模生产；第三，社会化供应。"

住宅产业化本来只是强调住宅领域的产业化，但不应局限于住宅建设领域的产业化，而应是包括住宅在内的，也包含其他一切用途物业的产业化。因此将"Housing Industrialization"译为"住宅产业化"，似乎不尽准确，有收窄其含义之嫌。事实上"住宅产业化"中的"住宅"，应理解为一切建筑产品。但在我国部分省市出台的政策文件中仍沿用住宅产业化等相类似概念。

所谓住宅产业化，实际上包括两方面的含义：一方面是住宅科技成果的产业化，另一方面是住宅生产方式的产业化。科技成果的产业化是指应该把住宅领域里的一些最新的科技成果尽快转化为生产力，使之产生经济效益和社会效益。这与我国科技体制改革有关，而科技体制改革仍旧在深化过程中。

而我们通常所说的住宅产业化，更多的是指住宅建造方式的产业化。在这方面，日本已达到了很高的水平，例如日本积水化学工业株式会社设在埼玉县的一座住宅工厂，是用工业流水线的方式生产房子，他们把住宅分拆成一个个盒子式的构件，在生产线上制造完成一栋住宅所需要的全部构件，只需要花费四十多分钟，然后运到施工现场，在一天之内组装完毕。在我国，住宅产业化也取得了比较大的进展，浙江宝业集团、浙东建材集团、远大住宅工业有限公司、万科集团、黑龙江宇辉集团、山东万斯达集团都在住宅产业化方面取得了较大的成绩。

（三）工业化建造方式

工业化建造方式是指采用标准化的构件，并用通用的大型工具（如定型钢板）进行生产和施工的方式。根据建筑构件生产地点的不同，工业化建造方式可分为工厂化建造和现场建造两种。

1. 工厂化建造

工厂化建造是指采用构配件定型生产的装配施工方式，即按照统一标准定型设计，在工厂内成批生产各种构件，然后运到工地，在现场以机械化的方法装配成房屋的施工方式。工厂化建造的主要优点是构件工厂生产效率高，质量好，受季节影响小，现场安装的施工速度快。其缺点是需以各种材料、构件生产基地为基础，一次性投资很大；构件定型后灵活性小，处理不当易使住宅建筑单调、呆板。

2. 现场建造

现场建造是指直接在现场生产构件，生产的同时就组装起来，生产与装配过程合二为一，但是在整个过程中仍然采用工厂内通用的大型工具和生产管理标准。根据所采用工具模板类型的不同，现场建造的工业化住宅主要有大模板住宅、滑升模板住宅和隧道模板住宅等。采用工具式模板在现场以高度机械化的方法施工，取代了繁重的手工劳动。与工厂化建造相比，现场建造的优点是一次性投资少，对环境适应性强，其建筑形式多样，结构整体性强。其缺点是现场用工量大，所用模板较多，施工容易受季节的影响。

（四）建筑产业化

2013 年 11 月 17 日，全国政协在北京召开第二次双周协商座谈会，围绕"建筑产业化"进行协商座谈。全国政协主席俞正声说：建筑业是国民经济的重要物质生产部门，与整个国家经济的发展、人民生活的改善有着密切的关系。通过协商座谈会，大家对推进建筑产业化在节能节水、降低污染、提高效率等方面的重要性达成了共识。要按照转变经济增长方式、调整优化产业结构的要求，制订和完善推进建筑产业化的相关政策法规，积极抓好落实。这是我国建筑产业化发展历程中第一次真正落实到政策层面的推动举措。

建筑产业化是指运用现代化管理模式，通过标准化的建筑设计以及模数化、工厂化的部品生产，实现建筑构部件的通用化和现场施工的装配化、机械化。发展建筑产业化是建筑生产方式从粗放型生产向集约型生产的根本转变，是建筑产业现代化的必然途径和发展方向。

沈阳卫德住宅工业化科技有限公司指出了建筑产业化相关概念关系，如图 12 - 3 所示。

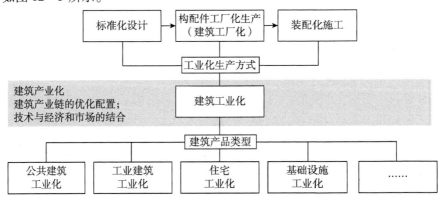

图 12 - 3　建筑产业化相关概念关系

"建筑工业化"的概念常常与"建筑产业化"混淆，首先对这两个概念进行区分。"建筑工业化"是指有效发挥工厂生产的优势，建立从建筑可行性研究、设计、构件部品生产、施工安装等全过程生产实施管理的系统；而"建筑产业化"则是指整个建筑产业链的产业化。因此，两者的区别就是建筑产业化是整个建筑产业链的产业化，建筑工业化是指生产方式的工业化。

两者的联系是建筑工业化是建筑产业化的基础和前提，只有工业化达到一定的程度，才能实现建筑产业现代化。由于产业化的内涵和外延高于工业化，建筑工业化主要是建筑生产方式上由传统方式向社会化大生产方式的转变，而建筑产业化则是从整个建筑行业在产业链条内资源的更优化配置方面理解。建筑产业化是建筑工业化的目标，而建筑工业化是实现建筑产业化的手段和基础。

（五）装配式建筑

2016年2月6日，国务院印发的《关于进一步加强城市规划建设管理工作的若干意见》中提出，发展新型建造方式，加大政策支持力度，力争用10年左右时间，使装配式建筑占新建建筑的比例达到30%。随着相关政策标准的不断完善，作为建筑产业现代化重要载体的装配式建筑将进入新的发展时期。

在国家大力提倡节能减排的政策之下，我国建筑业正向着建筑产业现代化发展转型，李克强总理在2016年《政府工作报告》中强调，积极推广绿色建筑和建材，大力发展钢结构和装配式建筑，提高建筑工程标准和质量。

装配式建筑是指把传统建造方式中的大量现场作业工作转移到工厂进行，在工厂加工制作好建筑用部品部件，如楼板、墙板、楼梯、阳台等，再运输到建筑施工现场，通过可靠的连接方式在现场装配安装而成的建筑。装配式建筑主要包括装配式混凝土结构、装配式钢结构及现代木结构等建筑。装配式建筑采用标准化设计、工厂化生产、装配化施工、信息化管理、智能化应用，是现代工业化生产方式。大力发展装配式建筑，是落实中央城市工作会议精神的战略举措，是推进建筑业转型发展的重要方式。

因此，装配式建筑仅仅是推进建筑产业现代化的一个特征表现，或者说，仅仅是工业化生产方式的一种生产手段、一个有效的技术方法和路径，不是建筑产业现代化的最终目的和全部。

发展装配式建筑是实施推进"创新驱动发展、经济转型升级"的重要举措，也是切实转变城市建设模式，建设资源节约型、环境友好型城市的现实需要。发展装配式建筑是推进新型建筑工业化的一个重要载体和抓手。要实现国家和各地方政府目前既定的建筑节能减排目标，达到更高的节能减排水平、实现全寿命过程的低碳排放综合技术指标，发展装配式建筑产业是一个有效途径。

二、建筑产业现代化概念上的认识误区

就我国建筑产业现代化发展而言，从西方发达国家建筑产业现代化发展历程和经验来看，当前业内在"建筑产业现代化和新型工业化发展方式"的认识和实践上还存在很多问题。总体来说，目前的误区主要体现在以下四个方面：

（1）把建筑工业化等同于主体或结构的预制化。从世界建筑产业化发展来看，"建筑工业化"主要是建筑主体结构工业化和内装工业化的两大领域，两者相互依存，缺一不可。国内当前的建筑工业化主要是单一的建筑主体结构工业化，但对内装工业化的研究和实践还很缺乏。所谓的内装工业化产品的开发和研究涉及领域广泛，将会带动相关产业的发展，相信在今后的发展中，内装产业将会成为未来的发展趋势。

（2）把主体工业化等同于混凝土的工业化。

（3）把工业化等同于工厂生产。

（4）国内目前所做的预制并不是真正意义上的预制化。例如梁板柱，当前国内常见的现象是基本采用现浇方式，仅仅实现外挂墙板、阳台等部品的工厂预制，而这与真正的预制化还有很大的距离。

13 装配式结构连接技术研究与进展

建筑产业化是当今建筑技术的重要发展趋势之一，而装配式结构是实现建筑产业化的建筑生产方式，正在促进建筑向功能多样化和建设工业化方向发展。发达国家预制混凝土结构在土木工程中的应用密度也越来越大，例如，美国占35%，俄罗斯占50%，欧洲占35%～40%。在装配式混凝土结构中，柱、梁、板、墙的连接方式是装配式混凝土结构与现浇式混凝土结构的根本区别，连接方式的不同导致了整体结构性能的差异，由于连接部位是整体结构抗震的薄弱环节，其性能的优劣直接影响并决定了结构整体性能与推广示范，因此，深入研发安全可靠、施工便捷的连接方式对装配式结构的发展有着重要意义。

装配式结构中的连接主要包括墙墙连接、梁柱连接、柱柱连接及钢－混凝土组合结构节点等，目前国内外主要连接方式的分类如表13－1所示。

表13－1　国内外装配式结构连接方式分类对比

国家	连接类型
美国	主要针对框架结构，分为整体连接（连接节点现浇）和强连接（连接部位保持弹性，做法有柱面连接、锚接和拼接）
日本	"等同现浇设计"，框架梁柱节点及楼板叠合层均采用现浇处理；墙内竖向和水平分布钢筋在接缝处采用少量粗钢筋代替细钢筋连接
新西兰	现浇混凝土柱与预制混凝土梁，预制楼板放置在预制梁上；预制连续梁穿过现浇或预制柱；预制T形和双十字形构件，采用焊接或机械套筒连接
中国	连接方式主要有浇筑混凝土、机械直锚、钢筋窄间隙、电弧焊、熔槽帮条焊、挤压套筒、套筒注胶、锁母套筒等

由于各国规范的不同，连接方式的分类也各不相同，从施工方法上大都归于干连接和湿连接两种。干连接，即干作业的连接方式，连接时不浇

筑混凝土，而是通过在连接的构件内植入钢板或其他钢部件，通过螺栓连接或焊接，从而达到连接的目的；湿连接，即湿作业的连接方式，连接时浇筑混凝土或水泥浆与其锚固。

一、国内外装配式混凝土结构连接研究

（一）国外装配式混凝土连接研究

Sami H. Rizkalla 等对预制混凝土剪力墙板中常用的七种水平连接进行了试验研究，从而确定多键连接的性能和承载能力，连接包括两个外形不同的多键及一个平面连接。试验结果用于推导预测多键连接的开裂、最大及极限抗剪力的分析模型。

G. Annamalai 等通过压出试验，研究了预制预应力混凝土框架结构中后张多键连接的剪力传递性能。试件的性能通过以下要素来体现：剪力 – 滑移关系、刚度、破坏机理及极限剪切强度。

Cheok 对 10 个预制节点和 4 个现浇节点进行了反复加载试验研究，预制节点全部为预应力拼接，在拼接界面填充纤维砂浆。试验表明：预应力节点破坏特征为预应力筋屈服、梁端混凝土压碎、梁柱拼接界面开裂，界面开裂宽度与预应力筋种类和黏结或非黏结关系不大，但预应力筋位置对裂缝宽度影响较大。

为评价多层预制结构在地震作用下半刚性节点的效应，Haluk Sucuoglu 对预制混凝土结构和相应的现浇混凝土结构的非弹性地震反应做了计算。在分析过程中，把预制混凝土结构梁柱节点的固定系数作为变量。分析发现，当预制混凝土结构半刚性梁柱节点的固定系数大于 0.8 时，预制结构与现浇结构的地震反应差异是很小的。并且通过试验再次肯定，强柱弱梁的设计思路有利于减少这种差异。

Priestley 对部分黏结预应力拼接节点进行了理论研究，他指出由于预应力筋在节点内和节点两边一定范围内不与混凝土发生黏结，因此在节点产生较大变形时预应力筋仍可保持弹性。这种节点在大变形后强度和刚度的衰减及残余变形都较小，节点复原能力强，由于预应力的夹持约束作用，对节点区抗剪有利，可以减少节点区箍筋用量。

Sergio M. Alcocer 等曾对预制混凝土框架中的两类足尺寸梁－柱节点进行了试验，研究其在模拟地震运动的单向和双向反复荷载作用下的性能相同与不同之处。这两类节点都是按"强柱弱梁"的理念设计，一类节点用低碳钢筋箍连接，另一类节点则用一根穿过并嵌入重叠预应力钢丝束的钢筋来连接，其构造措施和所用框架的类型也不同。

Morgen 针对无黏结预应力框架节点耗能较差的缺点，提出了在框架节点安装摩擦阻尼器的改进方案。其研究表明：这种节点由于附加了摩擦阻尼器，因而具有很好的耗能能力，同时由于预应力作用又具有很好的复原能力，节点残余变形很小。

Dennis Lam 对带栓钉的预制空心板组合梁结构提出标准的推力试验方法。一共进行了 7 组测试性试验，试验结果显示新方法符合钢筋混凝土楼板规范要求。在确定这个新的标准方法后对栓钉进行了 72 个足尺寸推力试验，确定了该类型连接件的性能，通过分析试验结果，还指出了各类参数对连接件强度和延性的作用。该文还提出了这种剪力连接件的设计公式。

Sudhakar A. Kulkarni、Bing Li、Woon Kwong Yip 等人提出了一种用于钢－混凝土混合连接的非线性有限元分析方法，提出了一种基于有限元模型和 WK939 程序的分析方法，有限元模型通过新加坡南洋理工大学钢－混凝土混合连接的试验结果证实有效，并对影响节点性能的参数，如柱子的轴压力、连接板厚度、梁底部纵筋进行了研究。

以上研究参考了黄宇星等发表的《预制混凝土结构连接方式研究综述》，详细内容可以参考其原文。

（二）国内装配式混凝土梁柱连接研究

王啸霆等为考察外套预制加固法中螺栓连接节点的抗震性能，设计了 4 组剪力墙（设计图见图 13 - 1）拟静力试验，得出了试验体的强度、刚度、延性和耗能性能参数。试验结果表明：墙片的滞回曲线比较饱满，承载力接近极限时出现捏拢现象。螺栓连接件能够充分传递竖向应力和剪力，将预制剪力墙片连接成一个整体。型钢边缘构件可以有效地增加构件的延性和耗能能力，各构件承载力突降前位移角至少达到 2%。

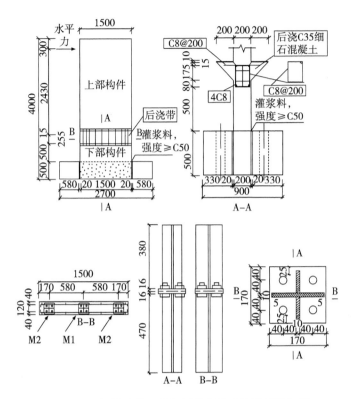

图 13 - 1　螺栓连接预制钢骨剪力墙试件设计及细部

王墩等采用钢筋混凝土接缝连接梁（见图 13 - 2）来实现预制墙体竖向钢筋的连续性连接，进行了 6 个高宽比为 1.7、不同截面高度和位置的接缝连接梁预制混凝土剪力墙的低周反复加载试验。试验结果表明：预制墙体试件与整体现浇墙体试件的破坏模式、破坏形态基本相同，均为墙体角部混凝土压碎、钢筋拉断或屈曲，预制墙体试件的水平承载力相当，略低于现浇墙体，接缝连接梁的位置及截面高度对承载力有一定程度的影响；预制墙体试件的变形能力略小于现浇墙体试件，但极限位移角均超过 1/100。

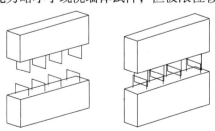

图 13 - 2　预制墙板钢筋环交错搭接

李进等提出一种由复合螺旋箍约束的混凝土通过外包钢板箍和横穿螺栓连接形成的新型装配整体式柱（见图13-3）。通过不同轴压比下2个装配试件的拟静力加载试验和相同条件下2个整体试件的试验对比，以及采用有限元软件ABAQUS对部分构件的试验数据进行验证，得知该装配式柱的整体性和整体柱相当。该装配式柱抗震性能好，且绿色、高效，可在实际工程中代替整体柱。

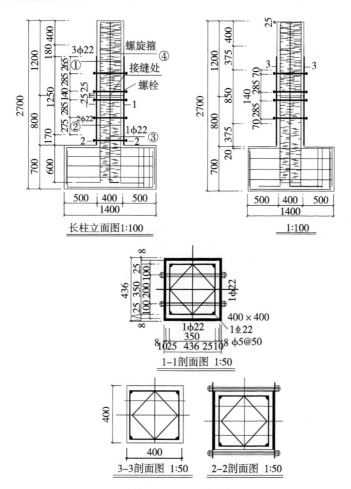

图13-3　钢板箍螺栓连接的预制构件

孙金墀对预制混凝土钢筋的浆锚连接做了一系列试验，对锚固和锚固用砂浆的性能做了多方面探讨。例如，对比了不同直径钢筋的锚固强度，测试了钢筋浆锚与焊接结合的强度，模拟了节点实际条件下的钢筋浆锚连接等，并给出了一系列建议，为未来的预制构件的连接研究做出了贡献。

于长海等进行了两根外伸梁（整体和企口连接）、两根简支梁（整体和企口连接）的对比试验。试验表明，企口连接梁局部刚度下降，挠度、转角增加，但对构件的整体变形影响较小。该文提出了较精确的刚度降低的计算方法。

章文纲、程铁生、迟维胜等通过 10 个齿槽式节点足尺寸试件的试验证明，利用钢纤维混凝土作为齿槽的后浇混凝土材料，可以大幅度提高节点的承载能力，减小裂缝宽度并提高整体刚度，扩大齿槽式节点的应用范围，并提出了齿槽式节点的计算公式和设计建议，供工程实践参考。

赵斌、刘学剑、吕西林采用端部带转动弹簧的梁单元力学模型，对柔性节点预制混凝土框架结构的动力学特性及其在地震作用下的动力反应规律进行了系统研究。

刘海峰、桂顺军、张红霞将现浇整体式混凝土节点 J1、预制结构装配整体式普通混凝土节点 J2 和不同体积含量的钢纤维混凝土节点 J3、J4 在低周反复荷载作用下的足尺寸模型进行了对比。而东南大学朱洪进完成了 3 个不同键槽长度的世构体系中节点的低周反复加载试验，对试验的现象进行了分析，对试验的数据进行了处理，分析了不同键槽长度的世构体系节点的滞回曲线、节点延性、耗能能力和刚度强度退化等情况，对世构体系的抗震性能得出了一个大致的评价。

黄祥海、梁书亭、朱筱俊应用拉压杆模型和剪力摩擦等理论对刚性企口连接中缺口梁的各种破坏形式进行分析，推导出相应的承载力公式，然后应用有限元分析软件 ANSYS 对该连接中钢筋混凝土缺口梁进行有限元分析，并对承载力公式进行了验证。

范力进行了 4 个混凝土平面框架梁柱节点的拟静力试验，包括 1 个现浇节点，1 个后浇整体式节点，2 个采用橡胶垫螺栓连接的装配式节点，对比研究了现浇、后浇、装配式三种节点的抗震性能，并进行了 3 个采用橡胶垫螺栓连接梁柱节点的装配式预制混凝土框架结构的拟动力试验，验证了此类结构较好的抗震能力。

李楠、刘波、张季超等采用足尺寸模型试验方法，对采用新型连接方式的混凝土后浇整体式梁柱节点构件在低周反复荷载作用下的开裂破坏形态、滞回特性、骨架曲线、延性性能、耗能能力等进行了系统研究。

丁里宁等研究了预制装配式混凝土框架柱脚预应力节点在工业建筑中的可实现性，通过对两个柱脚施加预应力的节点足尺寸模型在水平低周反复荷载下的试验，分析了柱脚节点的承载能力、破坏形态、耗能能力等抗震性能，以及实际施工工艺流程。

刘炯通过对新型预制钢筋混凝土梁柱抗震节点采用五环螺旋箍、一笔箍和在套筒中灌注无收缩高强砂浆的制作方法进行了抗震性能试验和理论研究，为预制混凝土抗震节点设计和工程应用提供了依据。

马修斯对预制再生混凝土的 3 种不同连接方式进行了详细分析，并在此基础上设计并完成了 4 个不同预制混凝土梁柱节点在恒定轴向荷载和单向水平荷载作用下的受力试验。通过不同钢筋布置方式下的框架节点抗震性能对比分析，研究了预制再生混凝土框架节点在受力作用下的破坏形态、滞回特性、延性、刚度退化等问题。

蔡建国、赵耀宗、朱洪进等研究了一种采用 U 形钢筋来连接梁柱构件并提供抗弯能力的预制混凝土框架体系的抗震性能，主要分析了试验中测量的各种钢筋的应变。

闫维明、王文明、陈适才等为研究多高层预制混凝土结构的抗震性能，选取某住宅楼的典型节点进行试验研究，并采用足尺寸模型试验方法，对结构底部高轴压、大尺寸的预制梁 – 柱 – 叠合板装配边节点试件在低周反复荷载作用下的开裂破坏形态、滞回特性、骨架曲线、延性性能、耗能能力、拼缝等进行了研究。

黄远等对 5 个设置界面软索连接（见图 13 – 4）的全装配式混凝土试件进行静力加载试验研究，包括 3 个墙与墙连接试件及 2 个楼板与楼板连接试件，并采用目前已有的界面抗剪承载力计算方法对试验结果进行对比计算。研究结果表明，拼缝抗剪承载力主要由软索受拉产生的界面抗剪摩擦力和软索自身的销栓力组成，试件呈现良好的延性。

陈泽书提出了预制混凝土柱机械式连接方式（见图 13 – 5），其抗弯曲、抗拉、抗压、抗剪及抗扭等具有与柱子相同的强度，对于工厂生产或现场施工都很有利。连接件可大量生产，供钢筋混凝土柱、预应力钢筋混凝土柱使用。

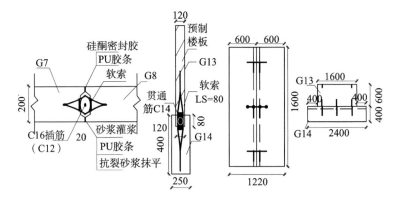

图 13 - 4　界面软索连接拼缝试件

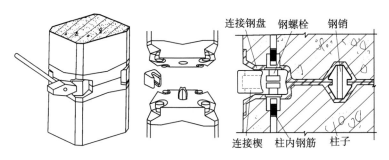

图 13 - 5　预制柱的机械式连接

徐国强、苏幼坡等提出了一种装配式钢管混凝土柱机械连接方法，该连接方式的节点承载力和刚度大于连接构件，实现超强连接，适宜复杂环境施工（见图 13 - 6）。

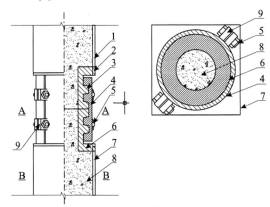

图 13 - 6　装配式钢管混凝土柱的机械连接

1—上钢管；2—坡口焊缝；3—上连接套筒；4—卡箍；5—螺栓；

6—下连接套筒；7—下钢管；8—自密实混凝土；9—凸耳

薛伟辰等提出了 FRP 连接件是连接内外叶钢筋混凝土板的关键部件，如图 13-7 所示，其受力性能直接影响墙体的安全性。以上海市某安居工程为背景，基于拔出试验对 FRP 连接件的抗拔承载力、破坏形态、荷载 - 滑移关系及荷载 - 应变关系等进行了较为系统的研究。研究表明，试件均发生了混凝土劈裂破坏；试件的抗拔承载力为 23.5kN，为抗拔荷载设计值的 14.3 倍，满足工程设计要求，并具有较大的安全储备。

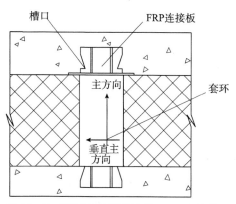

图 13-7　预制夹芯保温墙体 FRP 连接件

李哲龙等提出一种装配式住宅剪力墙结构墙体竖向连接施工方法，其示意图如图 13-8 所示，该方法能减少套筒连接的数量，既节约了成本，又提高了连接的质量和连接速度，克服了传统剪力墙竖向连接安装过程中成本高、施工速度慢、质量不易控制等缺点。

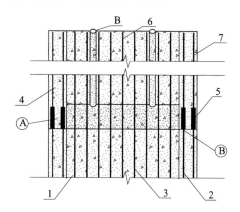

图 13-8　新型装配式住宅剪力墙结构墙体竖向连接施工方法

1—下层墙体；2—下层套筒锚固连接钢筋；3—下层搭接连接钢筋；4—上层墙体；
5—锚固连接套筒；6—上层搭接连接钢筋；7—上层套筒锚固连接钢筋

二、装配式结构规程中建议的钢筋连接

钢筋连接技术是预制装配式混凝土结构的关键技术之一，据国内专家对日本预制装配式结构的调查结果显示，其装配式结构中墙内竖向和水平分布钢筋在接缝处并不是每根均进行连接，而是仅将少量粗钢筋进行连接，多数分布细钢筋不进行连接，而目前我国几个装配式剪力墙试点项目中也采用该钢筋连接方式，清华大学、哈尔滨工业大学等单位对其中粗钢筋的连接进行了大量研究。经过对大量相关文献的搜集与整理，装配式混凝土结构中钢筋连接主要采用套筒连接、浆锚连接和机械连接三种方式。

（一）套筒连接

套筒连接技术是将连接钢筋插入带有凹凸槽的高强套筒内，然后注入高强灌浆料，硬化后将钢筋和套筒牢固结合在一起形成整体，通过套筒内侧的凹凸槽和变形钢筋的凹凸纹之间的灌浆料来传力。

套筒连接技术在美国和日本的应用广泛，1970 年美国结构工程师 Yee 博士发明了 NMB 连接套筒技术，当时连接套筒是锥形的（见图 13 – 9），并获得专利。这项技术已应用于 38 层的 Ala Moana 旅馆（檀香山）建筑中，用于连接弯矩抵抗框架中的预制混凝土柱。

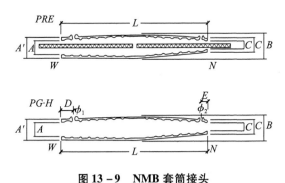

图 13 – 9   NMB 套筒接头

该套筒连接分为 Y 型（屈服强度型，承载力可达钢筋屈服强度的 125%）和 U 型（极限强度型，承载力可达钢筋极限强度），屈服点大于 420MPa，抗拉强度大于 600MPa，延伸率大于 6%，实现了钢筋的可靠连接，并用于装配式大板结构和框架结构中。

该专利在 1972 年被日本一家公司购买，后经过大量研究和改进，于 1986 年发明了 X 型连接套筒，在北美和日本应用广泛。最新的套筒连接是将套筒一端的连接钢筋在预制厂通过螺纹完成机械连接，另一端钢筋在现场通过灌浆连接，如图 13 – 10 所示。对套筒连接的试验研究包括套筒应力－应变关系，循环张拉的疲劳性能，以及钢筋偏位、灌浆料扰动对连接性能的影响等问题。

图 13 – 10　现代套筒灌浆连接

钱稼茹等采用日东工业生产的 D – 16 套筒，对预制剪力墙的竖向钢筋进行连接，与现浇剪力墙对比进行抗震性能试验研究。研究结果表明，采用此套筒连接的剪力墙能够有效传递竖向钢筋应力，破坏形态和现浇试件的相同。

（二）浆锚连接

浆锚连接技术又称为间接锚固或间接搭接，是将搭接钢筋拉开一定距离后进行搭接的方式，连接钢筋的拉力通过剪力传递给灌浆料，再通过剪力传递到灌浆料和周围混凝土之间的界面上去。

姜洪斌提出了插入式预留孔灌浆钢筋搭接连接方法［见图 13 – 11（a）］并获得专利。该方法施工简单，省去了钢筋焊接或套筒连接等复杂的连接方式，并通过 81 个钢筋锚固试件、108 个钢筋搭接试件研究其承载力及影响因素。试验及讨论结果表明，插入式预留孔灌浆钢筋搭接连接方法是一种连接可靠、方便施工、价格低廉的适合于预制混凝土结构的钢筋连接方法。赵培针对该方法进行了不同配箍率对钢筋搭接长度影响的试验研究，涉及钢筋直径尺寸有 12mm、16mm、20mm，共 123 个试件。试验结果表明，对搭接钢筋配置螺旋箍筋约束，可以有效降低搭接长度。

钱稼茹等进行了 4 片预制剪力墙的抗震性能试验，其中竖向钢筋采用留洞浆锚、间接搭接的连接方式。试验结果表明，该搭接方式能够有效传递钢筋应力，钢筋受拉屈服，混凝土受压破坏，滞回曲线饱满。钢筋搭接试件如图 13 – 11（b）所示。

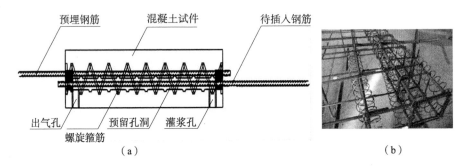

预埋钢筋　　　混凝土试件　　　待插入钢筋

出气孔　　预留孔洞　　灌浆孔
螺旋箍筋
（a）　　　　　　　　　　　（b）

图 13 – 11　钢筋浆锚搭接

（三）机械连接

机械连接技术是通过钢筋与连接件的机械咬合作用或钢筋端面的承压作用，将一根钢筋中的力传递至另一根钢筋的连接方法。据日本焊接学会调查，目前钢筋连接方法已有 64 种，其中 60% 是机械连接法。20 世纪 80 年代，我国开始了对钢筋机械连接的研究，常用的钢筋机械接头有套筒挤压接头、锥螺纹接头、镦粗直螺纹接头、熔融金属充填接头等，在《钢筋机械连接技术规程》（JGJ 107—2010）中规定了相关连接方法及参数。

图 13 – 12　ERICO 钢筋机械连接

美国 ERICO 公司是一家世界级的钢筋连接设计和生产公司，其钢筋连接方法被广泛应用于建筑结构中，有代表性的几种钢筋机械连接方法如图 13 – 12 所示。

三、结论

装配式混凝土结构是一种重要的建筑结构体系，由于其具有施工速度快、制作精确、施工简单、减少或避免湿作业、有利于环保等优点，许多国家已把它作为重要的甚至主要的结构形式。预制混凝土结构在未来的建筑行业的发展中一定会起着举足轻重的作用。

装配式混凝土结构的连接形式种类繁多，各类规范的不同也导致各种连接形式分类的不同，不利于研究人员对其连接方式的深入研究，希望早日出台更完整的规范将其分类形式统一起来。

目前，关于装配式混凝土墙板连接的研究太少，应多在此方面深入研究，提出新型连接方式，研究结构的整体抗震效果。国内外对装配式混凝土连接的研究尚处于初级阶段，建筑产业化的迅速发展迫切要求我们跟紧时代的步伐，对此类研究必须不断完善深入，才能使建筑产业化发展得更好。

参考文献

[1] RIZKALLA S H, SERRETTE R L, HEUVEL J S, et al. Multiple shear key connections for precast shear wall panels [J]. PCI Journal March-April, 1989 (1): 104 – 119.

[2] ANNAMALAI G, BROWN R C, Jr Shear-Transfer. Behavior of post-tensioned grouted shear-key connections in precast concreteframed structures [J]. ACI, Structural Journal, January 1, 1990: 53 – 59.

[3] CHEOK G S, LEW H S. Model precast concrete beam-to-column connections subject to cyclic loading [J]. PCI Journal, 1993 (4): 80 – 92.

[4] SUCUOGLU H. Effect of connection rigidity on seismic response of precast concrete frames [J]. PCI Journal, January – February 1995.

[5] M. J. Nigel Priestley, Gregory A. Mac – Rae. Seismic tests of precast beam-to-column joint subassem-blages with unbounded tendons [J]. PCI Journal, 1996 (1): 64 – 81.

[6] SRITHARAN S, IGARASHI A, PRIESTLEY M J N, et al. Test design of the PRESSS five-story precast concrete building [C]. Proceedings. 68th Annual convention. Structural Engineers Association of California. Snata Barbara. CA, 1999: 255 – 261.

[7] ALCOCER S M, CARRANZA R, et al. Seismic tests of beam-to-column connections in a

precast concrete frame [J]. PCI Journal, 2002, 47 (3): 70 – 89.

[8] MORGEN B G, KURAMA Y C. Seismic design of friction-damped precast concrete frame structures [C]. Proceedings of the Structures Congress and Exposition, Metropolis and Beyond-Proceedings of the 2005 Structures Congress and the 2005 Forensic Engineering Symposium, 2005: 2007 – 2018.

[9] LAM D. Capacities of headed stud shear connectors in composite steel beams with precast hollowcore slabs [J]. Journal of Constructional Steel Research, 2007, 63 (9): 1160 – 1174.

[10] KULKARNI S A, LI B, YIP W K. Finite element analysis of precast hybrid-steel concrete connections under cyclic loading [J]. Journal of Constructional Steel Research, 2008, 64 (2): 190 – 201.

[11] 黄宇星, 祝磊, 叶桢翔, 等. 预制混凝土结构连接方式研究综述. 混凝土, 2013 (1): 120 – 125.

[12] 北京市建筑工程局. 建筑施工手册 (中) [M]. 北京: 中国建筑工业出版社, 1981.

[13] 李进, 李小杰, 李青宁. 钢板箍螺栓装配连接混凝土柱抗震性能研究 [J]. 地震工程与工程振动, 2013, 33 (5): 197 – 203.

[14] 孙金墀. 装配式结构钢筋浆锚连接的性能 [J]. 混凝土, 1986 (4): 24 – 267.

[15] 于长海, 吕志涛, 冯健. 预制混凝土企口连接梁刚度的试验研究 [J]. 江苏建筑, 1994 (3): 48 – 50.

[16] 章文纲, 程铁生, 迟维胜, 等. 装配式框架钢纤维混凝土齿槽节点 [J]. 建筑结构学报, 1995, 16 (3): 52 – 58.

[17] 赵斌, 刘学剑, 吕西林. 柔性节点预制混凝土结构的动力反应 [J]. 同济大学学报 (自然科学版), 2005, 33 (6): 716 – 721.

[18] 刘海峰, 桂顺军, 张红霞. 预制结构钢纤维高强混凝土节点抗剪能力及其计算方法 [J]. 青海大学学报 (自然科学版), 2006, 24 (1): 25 – 28.

[19] 黄祥海, 梁书亭, 朱筱俊. 预制装配式框架干式企口连接中缺口梁的受力性能分析 [J]. 工业建筑, 2007, 37 (10): 46 – 49.

[20] 范力. 装配式预制混凝土框架结构抗震性能研究 [D]. 上海: 同济大学, 2007.

[21] 李楠, 刘波, 张季超, 等. 预制混凝土结构后浇整体式梁柱节点抗震性能试验研究 [C]. 第17届全国结构工程学术会议论文集, 2008.

[22] 丁里宁, 郭正兴, 梁培新, 等. 预制装配式框架预应力柱脚节点抗震性能试验研究 [C]. 第二届结构工程新进展国际论坛论文集, 2008.

[23] 刘炯. 新型预制钢筋混凝土梁柱节点抗震性能测试与研究 [J]. 特种结构,

2009, 26 (1): 16 - 20.

[24] 马修斯. 预制再生混凝土框架边节点受力性能试验研究 [D]. 上海: 同济大学土木工程学院, 2009.

[25] 蔡建国, 赵耀宗, 朱洪进, 等. 预制混凝土框架中节点抗震性能的试验研究 [J]. 四川大学学报. [工程科学版 (增刊)], 2010, 42 (9): 113 - 118.

[26] 闫维明, 王文明, 陈适才, 等. 装配式预制混凝土梁 - 柱 - 叠合板边节点抗震性能试验研究 [J]. 土木工程学报, 2010, 43 (12): 56 - 61.

[27] 黄远, 许铭, 张锐. 全装配式混凝土结构界面软索连接拼缝抗剪性能试验研究 [J]. 湖南大学学报 (自然科学版), 2014, 41 (6): 22 - 27.

[28] 陈泽书. 预制混凝土柱机械式连接 [J]. 建筑工人, 1983 (6): 23.

[29] 徐国强, 高林, 苏幼坡. 新型钢管混凝土连接节点及其施工方法 [P]. CN102966185B, 2014.

[30] 薛伟辰, 杨佳林, 王君若. 预制夹芯保温墙体 FRP 连接件抗拔性能试验研究 [J]. 玻璃钢/复合材料, 2012 (4): 55 - 59.

[31] 余宗明. 日本的套筒灌浆式钢筋接头. 建筑技术, 1991 (2): 50 - 53.

[32] 李晓明. 装配式混凝土结构关键技术在国外的发展与应用. 住宅产业, 2011 (6): 16 - 18.

[33] 赵培. 约束浆锚钢筋搭接连接试验研究 [D]. 哈尔滨: 哈尔滨工业大学, 2011.

[34] 武江传. 混凝土预制装配框架结构梁柱柔性连接初探. 安徽建筑, 2011 (4): 59 - 161.

[35] 范力, 吕西林, 赵斌. 预制混凝土框架结构抗震性能研究综述. 结构工程师, 2007 (8): 90 - 97.

[36] 王慧英. 预制混凝土工业化住宅结构体系研究 [D]. 广州: 广州大学, 2007.

[37] LI Zhen - qiang, RIGOBERTO R C. Precast prestressed cable style pedestrian bridge for bufalo industrial park. PCI Journal, 2000 (3): 22 - 33.

[38] STEWART H, HAMVAS S M, GLEICH H A. Curved precast facle adds elegance to IJL financial center and parking structure. PCI · 124 · Journal, 2000 (3): 34 - 35.

[39] GHOSH S K, Suzanne Dow Nakaki, Kosal Krishman. Precast structures in regions of high seismicity. In 1997 UBC Design Provision. PCI Journal, 1997 (6): 76 - 93.

[40] 雎文静. 预制混凝土框架结构的连接方法概述. 四川建材, 2011 (6): 38 - 41.

[41] BSSC. NEHPR (National Earthquake Hazards Reduction Program) Recommended Provisions for the Development of Seismic Regulations for New Buildings and Other Structures. Building Seismic Safety Council, Washington, DC, 2000.

[42] Robert Park. A perspective on seismic design of precast concrete structures in new zeal-

and. PCI Journal，1995.

［43］深圳市住房和建设局．预制装配整体式钢筋混凝土结构技术规范．2009.

［44］郑海．预制预应力剪力墙抗震性能试验研究与 ABAQUS 分析［D］．济南：山东建筑大学，2011.

［45］刘正勇，应惠清．装配式混凝土框架结构节点构造方法简介［J］．施工技术，2008，37（增刊）：26－29.

［46］徐梅梅，窦祖融，孙仁范．预制外墙偏心影响的研究．深圳与土木建筑，2011，8（4）：22－25.

［47］刘跃伟，王森，魏琏．预制外墙结构抗震计算时的周期折减系数研究．深圳与土木建筑，2011，8（4）：29－31.

［48］刘跃伟，王森，魏琏．预制外墙按剪力墙计算时刚度折减系数的研究．深圳与土木建筑，2011，8（4）：26－28.

［49］姜洪斌，张海顺，刘文清，等．预制混凝土插入式预留孔灌浆钢筋搭接试验［J］．哈尔滨工业大学学报，2011，43（10）：18－23.

［50］北京榆构有限公司，中国建筑标准设计研究院．预制混凝土外挂墙板．2008.

［51］钱稼茹，彭媛媛，秦珩，等．竖向钢筋留洞浆锚间接搭接的预制剪力墙抗震性能试验［J］．建筑结构，2011，41（2）：7－11.

［52］中华人民共和国行业标准，钢筋机械连接技术规程 JGJ 107—2010［S］．北京：中国建筑工业出版社，2010.

14 装配式剪力墙结构体系研究与进展

　　长期以来，混凝土建筑主要采用现场施工的传统作业方式，工业化程度低，水耗、能耗、人工垃圾、污水排放量大，不符合国家节能和环保的可持续发展政策。采用装配式结构，可以工厂预制、现场装配，实现建筑产业化，同时可以有效提高材料在建筑节能和结构性能等方面的效率、节约能源与资源，减少建筑垃圾和对环境的不良影响、降低施工场地限制等。近十年来，我国在装配式混凝土建筑方面的研究也在逐渐升温，为提高预制装配式结构性能和实现建筑产业化提供了重要技术基础。中国建筑科学研究院、清华大学、东南大学、哈尔滨工业大学、万科企业股份有限公司、黑龙江宇辉建设集团、天津住宅集团等多家单位开展了相关技术研究，并在一些房地产开发项目中得到了一定规模的示范和应用。

　　剪力墙结构是多高层住宅建筑最常用的结构形式，预制装配式剪力墙结构是实现建筑产业化和建筑节能减排的有效途径之一，因此开发适合于产业化的预制装配式剪力墙结构住宅建筑，是建筑产业化的发展趋势。从国内外的研究和应用经验来看，与装配式框架结构相比，装配式剪力墙结构中存在更大量的水平接缝、竖向接缝以及节点，将预制构件连接成整体，使得整个结构具有足够的承载能力、刚度和延性，以及抗震、抗偶然荷载和抗风的能力，这些节点和接缝的受力性能直接决定了结构的整体性能，因此，受力合理、施工方便的墙板节点和接缝设计是装配式剪力墙结构设计的关键技术，是决定该结构形式能否推广应用的重要影响因素。

　　预制装配式剪力墙结构可以分为部分预制剪力墙结构和全预制剪力墙结构。部分预制剪力墙结构主要指内墙现浇、外墙预制的结构，该结构目前在北京万科的工程中已经示范应用。由于内墙仍为现浇，其预制化率较低。全预制剪力墙结构是指全部剪力墙采用预制构件拼装装配。该结构体系的预制化率高，但拼缝的连接构造比较复杂、施工难度较大，难以保证完全等同于现浇剪力墙结构，目前的研究和工程实践已经取得很多研究成果，本文通过对国内外学者的相关研究成果进行系统的归纳与分析，重点对预制装配式剪力墙结构的构件、节点、接缝以及整体受力性能的研究现状进行综述，并对推广应用预制装配式剪力墙结构而需要进一步研究的问题进行探讨。

一、国内外预制装配式墙板结构的发展概况

在国外，预制装配式剪力墙结构多用于低层、多层和高层建筑，欧洲国家（如丹麦、德国、法国、英国等）的预制装配式结构可达 16～26 层，而日本的装配式剪力墙结构一般在 10 层以内，并且该结构形式在地震中表现出良好的抗震性能，例如，日本阪神大地震中的很多预制混凝土剪力墙结构几乎没有破坏，或者修复设备连接后可以马上恢复使用。

预制装配式剪力墙结构是实现建筑产业化的有效途径之一，19 世纪末期，欧洲首先提出预制混凝土墙板结构，并在一些工程中得到应用，但早期预制墙板结构多用于非结构构件。第二次世界大战结束以后，欧洲一些国家出现住房紧张、资源紧缺、劳动力不足等问题，逐步开始推行建筑产业化改革，使得预制装配式结构得到快速发展，到 20 世纪 60 年代，装配式结构已成为某些国家的主要建筑形式。日本的装配式大板结构始于 20 世纪 60 年代，其中 3～5 层的中层建筑占主导地位，而在高层建筑中采用高强型钢或钢筋混凝土框架组合施工。目前，美国、日本、新西兰等国均颁布了相关的装配式混凝土结构技术规程。美国联邦政府和城市发展部颁布了美国工业化住宅建设和安全标准。发达国家的预制装配式混凝土结构在建筑中所占比重较大，瑞典新建住宅中通用构件占 80%，欧洲其他国家为 35%～40%，美国约为 35%，日本则超过 50%。

在国内，预制装配式结构始于 20 世纪 50 年代，多用于工业厂房、办公楼等建筑。然而 80 年代中期后，由于预制装配结构的造型单一、防水技术落后、构件生产企业规模小等问题，该结构形式的应用逐渐减少，进入低潮阶段。进入 21 世纪后，装配式结构的优点重新得到重视，并且随着建筑节能减排和建筑产业化的发展和要求，预制装配式结构的研究正在逐步升温，并且在一些试点项目中得到应用。

近年来，万科集团、黑龙江宇辉建设集团、中南控股集团有限公司、天津住宅集团、黑龙江建设集团等被批准为国家建筑产业化基地，建造了多栋装配式剪力墙结构试点工程。例如，哈尔滨新新怡园小区4号楼、5号楼及洛克小镇14号楼，北京市丰台区万科假日风景项目D1/D8号楼，中南控股开发的四幢全预制装配式短肢剪力墙结构住宅楼，均为预制装配式剪力墙结构。图14-1所示装配式剪力墙结构施工现场。

图14-1　预制装配式剪力墙结构装配施工

中国建筑科学研究院、清华大学、哈尔滨工业大学等也纷纷进行了相关的研究工作，并与国家建筑产业化基地合作，将最新研究成果进行应用，例如清华大学提出的竖向钢筋套筒连接技术、哈尔滨工业大学提出的插入式预留孔灌浆钢筋连接技术分别在万科北京公司和黑龙江宇辉建设集团开发的试点项目中得到应用。

二、国外预制装配式剪力墙结构性能与理论研究

（一）结构体系的研究

Pekau等指出为保证预制装配式结构的整体性，当时的波特兰水泥协会提出了一个简化设计方法，并指出相关研究都是在静力荷载下得到的，因此需要对工程常见的持续时间短的非正常荷载作用下受力性能进行研究。文中对一受损的6层预制混凝土剪力墙结构在瞬时荷载模拟室内煤气爆炸作用下的动态响应进行研究，并进一步基于有限元分析，对遭遇局部墙板破坏后的整体结构抗连续倒塌性能进行研究。研究发现：当考虑所有响应参数，并在全部倒塌时间内进行分析时，动态响应因子的变化幅值较大，参数的平均动态响应因子影响受损整体结构的承载力，即竖向连接的

延性要求和水平连接的最大承载力应在 1.4～2.0 的范围内，个别值达到 4。

Mochizuki 对多层预制混凝土剪力墙竖向接缝的抗震性能进行了试验研究。文中指出日本多采用周围柱现浇、预制剪力墙板竖向接缝无销键连接方式。七个试件均为 3 层单跨预制剪力墙，缩尺比例约为 1/8，研究的参数为竖向接缝中水平分布筋数量、水平接缝有无销键和传力杆。通过试验结果分析得出，预制混凝土剪力墙的最大荷载受到水平、竖向接缝约束条件的组合影响，极限荷载与水平接缝的约束条件（包括销钉作用）有关，对于水平接缝布置销键的试件，达到最大荷载的刚度与是否布置传力杆无关。

Pekau 通过谱分析和有限元分析研究一幢 12 层预制剪力墙结构的抗震性能。通过分析得出，含竖向接缝的预制剪力墙对其抗震响应影响不太显著，与相等基本周期的整体墙响应很接近。竖向接缝设计主要考虑其抗剪承载力，相比而言轴力很小，不超过抗剪承载力的 60%。

Harry 等针对预制混凝土大板结构，提出了一种适用于预制混凝土剪力墙的缩尺动力模型，包括设计、施工、测试等过程。缩尺模型的比例为 3/32，在一个小振动台上对一个 3 层和 5 层的预制混凝土剪力墙模型分别进行了振动试验，另外对一个 6 层的预制剪力墙结构进行了模拟地震荷载试验。试验考察的主要参数是竖向接缝中的配筋率、单调荷载以及周期荷载。通过拟静力试验发现，相比结构连续倒塌设计要求的抗剪承载力，试验值随着接缝配筋率的不同而变化幅值较大，可以达到设计值的 3.6 倍。同时，随着竖向接缝面积的增大，模型的抗剪延性进一步提高，捏拢效应更加明显。基本周期与抗剪承载力的比值随着竖向接缝处钢筋的增加而降低，但是无论是单调荷载还是周期荷载，其承担的总荷载并没有降低。

Oliva 等分别在美国和南斯拉夫进行了大板结构（试件均为 3 层）振动台和拟静力试验，通过理论和试验分析了这两种不同试验的相关性。对比分析试验结果得出，振动台试验和拟静力试验所得位移－承载力曲线、破坏机理较一致。但同时存在三个本质不同点，即拟静力试验表现出更好的耗能性、翼缘的受力响应存在不同、振动台试验中墙板两端的破坏特征不对称。

Nazzal 研究了轴向荷载对多层预制承重剪力墙结构滞回性能的影响，

试验研究得出滞回环的大小随着轴向荷载的增加而减小。文中建立了一个弹簧支撑的简化刚性杆模型，分析结果显示轴向荷载对其滞回性能绝对值并没有影响，与试验结果不一致的原因是由于轴力的存在导致输入结构的能量增加，使得滞回环大小明显减小。最后提出一个耗能因子 α_N，基于该因子的计算结果与试验结果吻合较好。

（二）结构构件的研究

Yahya 对无黏结后张法预制混凝土墙的水平荷载性能及抗震设计进行研究，试验中利用后张钢筋穿过水平接缝将预制混凝土墙连接在一起，如图 14 - 2 所示。通过试验研究了开洞对预制混凝土填充墙的受力性能影响，研究得出，无黏结后张法预制混凝土墙在强度和初始刚度方面类似于整体现浇的混凝土墙，延性较好，经历很大的非线性水平位移后只发生很小的破坏，这种非线性的性质主要是由于水平接缝的张开和闭合。通过纤维单元模型建立分析墙模型，对这些接缝的张开和闭合在周期荷载作用下进行分析，发现构件表现出非线弹性。通过研究，提出了一种无黏结后张法预制混凝土墙的抗震设计方法，基于此，能够使结构在规范设计水平的地震动时仅发生较小破坏，经历逃生水平地震动时，结构发生破坏但不至于全部失效。

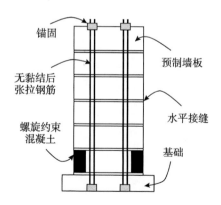

图 14 - 2　无黏结后张预制混凝土墙立面图

Pekau 提出了一种改进的离散单元模型来模拟预制剪力墙板，其中考虑了局部墙板倒塌持时的影响，研究得出局部倒塌的持时在性能分析中不容忽视。基于该模型，文中对一 12 层、三跨的预制剪力墙结构进行模拟分析，分别考虑了地震荷载和连续倒塌作用下竖向接缝处的抗剪延性性能。研究表明，如果预制剪力墙满足抗震设计，则对抗连续倒塌（不考虑地震作用影响）设计中竖向接缝的抗剪延性和水平接缝的抗剪切滑移能力均满足要求。

Khaled 等对五种不同钢筋连接方式的预制混凝土剪力墙进行压弯拟静力试验研究。RW 方式，即将下部结构竖向钢筋焊到预制墙体中预留的角钢上，最后在接缝及孔洞位置灌注混凝土，这种方式广泛应用于加拿大的预制混凝土结构；RS 方式，即上下钢筋均放在套筒里，安装后向钢套筒里灌注无收缩高强的砂浆，这种方式主要应用于美国和日本的预制混凝土结构；RSU 方式的纵筋连接方式与 RS 方式相同，仅在锚固区域上方设置了一段钢筋与混凝土无黏结的范围；RSK 方式的竖向钢筋连接方法与 RS 方式相同，另外水平连接处制作了 5 个键槽以保证抗剪；RT 方式，将上下钢筋均通过螺栓连接到一个钢管上。试验分析表明，五种水平连接的强度、刚度、延性、耗能性能、变形性能都令人满意。其中 RSU 方式延性最好，RSK 方式承载力最高，RSK 方式和 RT 方式承载力与延性均较差，RSK 方式耗能能力较低，极限位移角均大于 1/100。

Chakrabarti 等进行了预制墙板竖向接缝的 29 个试件试验研究，考察了竖向接缝的抗剪能力和剪切刚度。对抗剪性能的评估是基于剪摩假定（shear friction hypothesis）和摩尔 - 库伦破坏准则。研究指出，预制剪力墙的竖向接缝在结构中发挥更重要的作用，因为其性能类似于双肢剪力墙的外墙托梁，结构中其水平接缝虽然也是弱连接，但是由于自重和上部荷载的作用，受到正应力的作用，所以刚性相对竖向接缝要大。研究结果表明，竖向接缝的抗剪承载力与填充墙混凝土强度、接缝处配筋率、抗剪键的面积以及收缩、徐变、滑移等因素有关。此外，还建立了剪切刚度与混凝土强度、配筋率、滑移之间的经验公式。

Bhatt 基于纽瓦克不完整的耦合理论（Newmark's incomplete interaction theory），对开洞和未开洞预制剪力墙中竖向接缝对连接刚度的影响进行了分析，主要考察的参数有连接刚度、节点数量和预制墙的高度，并提出预制剪力墙结构设计的一些建议。

Hashim 等对大板结构竖向接缝的极限剪切强度进行了计算分析，文中对比了相关的经验公式、理论公式以及剪摩设计公式估计极限剪切强度的计算结果。根据摩尔-库伦破坏准则，给出适用于花键节点和平面节点的建议公式，并且根据73个花键节点和13个平面节点试验数据对建议公式进行修正，考虑了节点混凝土的贡献和钢筋的销栓作用。其中对花键节点的建议公式如下[20]：

$$V_\mathrm{u} = 0.0442 A_\mathrm{k} f_\mathrm{cu} + 0.4901 A_\mathrm{s} f_\mathrm{y} \qquad (\eta_k \geqslant 0.051) \qquad (1)$$

$$V_\mathrm{u} = A_\mathrm{k} f_\mathrm{cu} \sqrt{(0.17 - 0.7\eta_\mathrm{k})0.7\eta_\mathrm{k}} \qquad (\eta_k \leqslant 0.051) \qquad (2)$$

其中
$$\eta_\mathrm{k} = A_\mathrm{s} f_\mathrm{y}/A_\mathrm{k} f_\mathrm{cu}$$

对于平面节点的建议公式为

$$V_\mathrm{u} = 0.0144 A f_\mathrm{cu} + 0.433(A_\mathrm{s} f_\mathrm{y} + N) \qquad (\eta \geqslant 0.0166) \qquad (3)$$

$$V_\mathrm{u} = A f_\mathrm{cu} \sqrt{(0.05 - 0.75\eta)0.75\eta} \qquad (\eta \leqslant 0.0166) \qquad (4)$$

其中
$$\eta = A_\mathrm{s} f_\mathrm{y}/A f_\mathrm{cu}$$

式中：V_u 为极限抗剪承载力；A_k 为抗剪切面积；f_cu 为混凝土立方体抗压强度；A_s 为横向钢筋的面积；f_y 为钢筋的屈服强度；A 为平面节点的有效剪切面积；N 为抗压承载力。

通过计算表明，该公式对设计花键和平面节点具有良好的安全性和经济性。

Hashim 又考察了大板结构竖向接缝中采用钢纤维增强混凝土对抗剪强度的影响，共进行了12个全尺寸的平面、花键、槽式节点试验。试验结果表明，通过增加钢纤维能够显著改善抗剪性能，并且根据 ACI 规范和 BS8110 的修正公式得出的抗剪强度与试验值吻合较好。

三、国内预制装配式剪力墙结构性能与理论研究

（一）结构体系的研究

尹之潜等对一个 1/5 缩尺的 10 层装配式大板结构模型和一个 1/6 缩尺的 14 层装配式大板结构模型进行了振动台试验，当输入 EI - Centro 地震波后，发现结构的破坏主要发生在预制构件连接的部位，说明连接位置是装配式结构的薄弱部位。当输入双向地震作用时，对应模型的边缘构件破坏比单向地震输入时要严重，建议实际结构的角柱应适当加强。

姜洪斌对一个 3 层足尺预制混凝土剪力墙进行了拟静力子结构、拟动

力子结构试验研究，试验原型为一幢 12 层的预制混凝土剪力墙结构，试验的 3 层为底部 3 层，上部 9 层为计算子结构。拟静力子结构试验主要是对插入式预留孔钢筋搭接连接性能进行研究，并通过结构的整体抗弯性能反映钢筋连接性能，同时对子结构施加水平往复荷载来研究结构抗震性能。研究结果表明，采用插入式预留孔灌浆钢筋搭接连接的结构具有良好的恢复力特性，结构开裂后刚度下降缓慢，无突变，开裂部位出现在底部弯矩最大处，可以采用现浇混凝土设计规范进行受力计算，层间位移比满足高层结构水平位移限制。根据 PKPM 试算结果得出，在规定的高度范围内，结构在小震作用不会发生明显破坏。

此外，通过拟动力子结构试验研究预制剪力墙结构在地震作用下的破坏过程、破坏特征以及抗震性能。试验和模拟均采用 El - Centro（S - N）地震动记录，合理设置等效力控制器，解决子结构为多自由度体系的位移控制问题。试验结果表明，预制混凝土剪力墙结构在地震作用下具有良好的抗震性能，属于延性结构，结构的侧向刚度没有突变，没有薄弱层。结合拟静力、拟动力子结构试验结果，文中认为采用插入式钢筋连接方式制作的预制混凝土剪力墙结构可以具有和现浇结构相同的抗震性能，因此，可以根据《高层建筑混凝土结构技术规程》（JGJ 3—2010）进行结构设计。

中国建筑科学研究院陈惠玲等对预制整体带边框剪力墙在水平往复荷载作用下的强度和延性进行了研究，试验为一个 1/2 缩尺的 3 层预制带边框剪力墙结构。通过试验结果，对预制剪力墙的抗裂性、裂缝开展、带边框剪力墙强度计算、墙的恢复力曲线、水平位移和延性进行了分析，提出该结构形式既可用于新建的预应力、普通钢筋混凝土多高层框架房屋的抗震结构体系，也可用于旧建筑震后的修复与加固。

陈彤等介绍了一栋抗震设防烈度为八度的装配整体式剪力墙结构高层住宅建筑的设计。对其结构性能目标、整体设计原则、结构抗震验算、预制墙板设计等问题给予阐述。文中指出，完全等同现浇剪力墙结构、不考虑预制墙板的结构功能的做法都会使问题简化，然而对结构设计都是不经济和不合理的。建议规范修编时适当考虑基于性能目标的设计方法。

陈锦石等对一个 4 层的全预制装配整体式剪力墙结构空间模型进行了低周反复荷载试验研究，模型为 1/2 缩尺。试验结果表明，试件承载力及刚度均远高于规范要求及设计结果，屈服荷载远高于设计地震剪力，试件在中震作用下仍保持弹性状态，满足大震不倒的设防目标。张军等对全预制装配整体式剪力墙结构进行应用研究，以南通市海门中南世纪城 33 号楼为试点工程，对该结构形式的基本原理、技术特点及节点连接构造等施工工艺加以介绍。

孙金墀等进行了一个 6 层装配整体式剪力墙结构体系模型试验，缩尺比例为 1/4，其竖向结构为预制墙板，水平结构采用叠合板，研究其在低周往复荷载作用下高层剪力墙下部的受力状态，以改进全装配大板结构的抗震性能。试验结果表明，试件整体具有良好的整体工作性能，水平接缝的荷载均匀传递，在反复荷载作用下，具有稳定的恢复力曲线和可靠的延性。

（二）结构构件的研究

钱稼茹、张薇敬等分别对 5 个剪跨比为 2.25 和 3 个剪跨比为 2.32 的预制钢筋混凝土剪力墙试件进行了拟静力试验。墙体竖向钢筋采用了不同的连接方法，对其破坏特征、耗能能力等抗震性能进行分析，试验观察预制墙试件和现浇墙试件破坏特征相同，均为竖向钢筋受拉屈服、底部混凝土压弯破坏，并且给出预制装配式剪力墙可靠连接的一些建议。张薇敬等进行了设置现浇边缘构件的单片和双片预制圆孔板剪力墙试件拟静力试验。试验表明，剪力墙试件与基础梁连接部位均出现开裂，边缘构件均沿高度方向出现水平裂缝，试件破坏形态均为弯剪破坏。两类试验均表明可以按照现行规范计算其承载力，设置现浇的边缘构件预制圆孔板剪力墙可以作为建筑抗震结构构件。

张家齐进行了 9 个预制混凝土剪力墙受压性能试验，其中 2 个为轴压试验，用于研究试件弹性阶段的力学性能，分析钢筋和混凝土的工作状态；7 个为偏压试验，用于分析不同钢筋直径对承载力的影响。试验结果表明，采用插入式预留孔灌浆钢筋连接的预制剪力墙和现浇剪力墙具有相同的受力性能和破坏模式，并且可以按照现浇剪力墙结构理论计算承载力。

杨勇进行了 3 片带竖向结合面的预制剪力墙试验研究。对试件的破坏过程和形态、受力性能、变形能力等与现浇墙进行了对比分析，结果表明，两者的抗震恢复力曲线相比，带竖向结合面的预制试件承载力稍低，但延性更好，因此表现出更好的抗震性能。考虑钢筋剪摩和销栓作用的影响下，提出竖向结合面的预制混凝土剪力墙抗剪设计计算公式。

台湾集集地震发生以后，对原来抗震水平不足的建筑拟采取预制剪力墙加固，来提供建筑抗震性能。为此，颜万鸿完成了6个大尺寸传统配筋方式的钢筋混凝土预制剪力墙构件试验［见图 14－3（a）］，考察混凝土强度、配筋率、排筋方式等因素对其承载力及抗震性能的影响。结果表明，剪力墙的混凝土强度越大、钢筋量越大，其极限强度、极限位移与延性均有所提高，并且试件本身耗能较大。为考察不同配筋方式对试件抗震性能的影响，谢忠龙完成了5个大尺寸扇形配筋方式的钢筋混凝土预制剪力墙构件试验［见图 14－3（b）］。结果表明，与传统配筋方式剪力墙试验结果相差不大。为此，从施工便捷考虑，建议选用传统配筋方式的预制剪力墙加固原有建筑物。

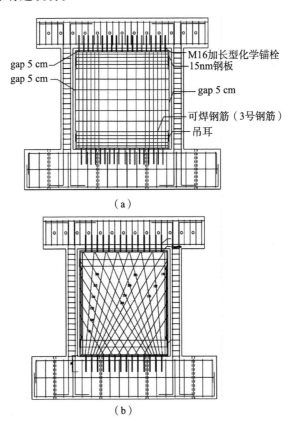

（a）

（b）

图 14－3　不同配筋方式的预制剪力墙试件

国外预制剪力墙的研究中多引入了预应力技术，而我国考虑到预应力技术成本昂贵，应用范围受到限制，提出了预制叠合墙的结构形式。

叶献国等完成了 3 片预制叠合板式混凝土剪力墙拟静力试验，考察不同边缘构件对剪力墙承载力、变形特征以及耗能能力进行研究。结果表明，叠合板式混凝土剪力墙的破坏形态、滞回曲线、裂缝等性能较接近，水平承载力比现浇墙略低，但预制部分和底部是薄弱环节，建议设置抗剪槽或抗剪斜钢筋。

朱张峰等完成了 3 个预制装配式剪力墙结构中间层边节点（即为 T 形墙、梁、板节点试件）的抗震性能试验，试件为足尺构件，在低周往复荷载作用下，预制试件表现出良好的抗震性能，较现浇试件其承载力和位移延性均有所提高，刚度和耗能能力基本接近。

从上述国内外对预制装配式剪力墙的研究成果来看，多侧重于预制剪力墙墙板之间接缝、节点连接以及整体性能，因其抗震性能取决于此，只有连接可靠、方便施工、受力合理的接缝设计和构造才是预制装配式剪力墙结构得以推广应用的关键因素。考虑到新型装配式结构体系的出现、装配式结构抗震性能表现出的不确定性等问题，目前对预制装配式剪力墙抗震性能的研究仍是结构工程中的热点问题。

四、装配式剪力墙结构标准规范的发展

在国外，美国结构规范 ACI318 - 08 第 16 章中对预制装配式结构分类、设计做出详细规定，装配式预应力协会（PCI）出版《预制预应力混凝土设计手册》（Precast Prestressed Concrete Design Handbook）。英国编制了国家建筑架构和公共建筑架构，对装配式构件实行标准化。日本的装配式结构使用较早，相应的规范标准比较完备，日本建筑学会、日本建筑中心、日本预铸建筑学会等单位编制了 10 余部装配式结构设计和施工规范及行业标准。

国内在装配式混凝土结构设计、施工标准化方面也取得了一些成果。1991 年，中国建筑技术发展研究中心和中国建筑科学研究院共同编制了《装配式大板居住建筑设计和施工规程》（JGJ 1—91）；2009 年，万科集团和深圳泛华工程集团有限公司编制了深圳地方规范《预制装配整体式钢筋混凝土结构技术规范》（SJG 18—2009）；2010 年，哈尔滨工业大学会同黑

龙江宇辉新型建筑材料有限公司编制了《预制装配整体式房屋混凝土剪力墙结构技术规范》；2010 年，江苏省住房与城乡建设厅颁布了《预制装配整体式剪力墙结构体系技术规程（征求意见稿）》；同年，中国建筑标准设计研究院和中国建筑科学研究院会同有关单位，共同编制了《装配式混凝土结构技术规程》（征求意见稿）。在钢筋连接方面，我国最新修订颁布了《钢筋机械连接技术规程》（JGJ 107—2010）；2011 年，中国建筑科学研究院、北京榆构有限公司会同相关单位编制了《钢筋连接用灌浆套筒（征求意见稿）》、《钢筋套筒连接用灌浆料（征求意见稿）》等标准。这一系列技术规程融合了国内预制装配式剪力墙结构的最新研究成果，必将成为中国装配式混凝土剪力墙结构标准化的里程碑。

五、有待研究的问题

预制装配式混凝土剪力墙结构及其连接技术的研究和应用虽然取得了很大的进步，但仍然存在一些问题，值得进行深入研究：

（1）随着预制装配式混凝土剪力墙结构应用范围的扩大，会在一些抗震设防区域使用，或者随国家地震区划图的调整，使得原有建筑的抗震设防标准提高，因此，仍需对预制装配式剪力墙的抗震性能进行深入研究，其抗震性能的好坏是该结构形式得以推广应用的关键问题。

（2）相对于装配式框架结构，预制装配式剪力墙结构存在更大量的水平接缝、竖向接缝、边框节点等连接问题，有效、可靠、施工方便的连接方式是保证装配式剪力墙结构安全、正常工作的前提，目前对于连接方式的研究主要集中在"湿连接"，而对于"干连接"的研究较少。

（3）对现浇剪力墙，国内外进行了大量带边框的组合剪力墙结构试验研究，例如型钢边框、钢管混凝土边框、钢筋混凝土柱边框等，结果表明带边框组合剪力墙结构能够改单一抗震防线为多道抗震防线，可以有效提高剪力墙的整体抗震性能，因此，可以将带边框的形式应用于装配式混凝土剪力墙结构，目前国内外对该研究较少，对其节点、接缝、整体试件的受力性能及抗震性能值得深入研究。

（4）虽然国内颁布了一些地方性预制装配式剪力墙规范标准，但仍需出台一整套预制装配式混凝土剪力墙结构设计、施工、抗震的国家级规范或行业标准。

预制装配式混凝土剪力墙结构符合我国"十二五"规划中提出的资源节约、环境友好的社会要求，是实现建筑节能减排及建筑产业化的有效途径之一，对提高资源利用率、减少建筑对环境的不良影响，实现"四节一环保"的绿色发展有很好的促进作用，同时也促进我国建筑业的整体发展，因此，预制装配式混凝土剪力墙结构具有广阔的应用前景。

参考文献

［1］黄小坤，田春雨. 预制装配式混凝土结构的研究进展［J］. 住宅产业，2010 (9)：28 - 32.

［2］陈子康、周云，张季超，等. 装配式混凝土框架结构的研究与应用［J］. 工程抗震与加固改造，2012，34 (4)：1 - 11.

［3］Ned M. Cleland. Design for lateral force resistance with precast concrete shear walls ［J］. PCI Journal, 1997 (5)：44 - 64.

［4］薛伟辰，王东方. 预制混凝土板墙体系发展现状. 工业建筑，2002，32 (12)：57 - 60.

［5］严薇，曹永红，李国荣. 装配式结构体系的发展与建筑工业化［J］. 重庆建筑大学学报，2004，10 (5)：131 - 133.

［6］王晓东. 装配式大板结构的抗震性能分析［D］. 哈尔滨：中国地震局工程力学研究所，2009.

［7］PEKAU O A, ZIELINSKI Z A, LEE A W K, et al. Dynamic effects of panel failure in precast concrete shear walls ［J］. ACI Structural Journal, 1988, 85 (3)：277 - 285.

［8］MOCHIZUKI S. Experiment on slip strength of horizontal joint of precast concrete multi story shear walls ［J］. Eleven world conference on earthquake engineering, 1996 (194)：1 - 8.

［9］PEKAU O A. Influence of vertical joints on the earthquake response of precast panel walls ［J］. Building and Environment, 1981, 16 (2)：153 - 162.

［10］HARRY G H. Wang G J. Static and dynamic testing of model precast concrete shear walls of large panel buildings ［J］. Special Publication, 1982, 3：205 - 237.

［11］OLIVA M G, CLOUGH R W, VEKOV M. , et al. Correlation of analytical and experimental responses of large - panel precast building systems. UCB/EERC - 83/20, 1988.

［12］NAZZAL S A. Effect of axial load on hysteretic behavior of precast bearing shear walls. The international earthquake engineering conference, Dead sea, 2005：1 - 9.

［13］ Yahya Kurama, RICHARD SAUSE, STEPHEN PESSIKI, et al. Lateral Load Behavior and Seismic Design of Unbonded Post – Tensioned Precast Concrete Walls. ACI Structural Journal, 1999, 96 (4): 622 – 633.

［14］ PEKAU O A, YUZHU Cui. Progressive collapse simulation of precast panel shear walls during earthquakes. Computers and Structures, 2006, 84 (5 – 6): 400 – 412.

［15］ KHALED A. SOUDKI, SAMI H. RIZKALLA. Horizontal connection for precast concrete shear walls subjected to cyclic deformations part1: mild steel connections. PCI Journal, 1995 (4): 78 – 96.

［16］ KHALED A. SOUDKI, SAMI H. RIZKAALLA, Bob Daiki W. Horizontal connection for precast concrete shear walls subjected to cyclic deformations part2: prestressed connections. PCI Journal, 1995 (5): 82 – 96.

［17］ 彭媛媛. 预制钢筋混凝土剪力墙抗震性能试验研究 ［D］. 北京: 清华大学, 2010.

［18］ Chakrabarti S C, Nayak G C and Paul D K. Shear characteristics of cast – in place vertical joints in story – high precast wall assembly ［J］. ACI Structural Journal, 1988, 85 (1): 30 – 45.

［19］ Bhatt. P. Influence of vertical joints on the behavior of Precast Shear Walls ［J］. Build Science. 1973, 8: 221 – 224.

［20］ Hashim M. S Abdul – wahab and Sina Y. H. Sarsam. Prediction of ultimate shear strength of vertical joints in large panel structures ［J］. ACI Structural Journal, 1991, 88 (2): 204 – 211.

［21］ Hashim M. S Abdul – wahab. Strength of vertical joints with steel fiber reinforced concrete in large panel structures ［J］. ACI Structural Journal, 1992, 89 (4): 367 – 374.

［22］ 尹之潜, 朱玉莲, 杨淑文, 等. 高层装配式大板结构模拟地震试验 ［J］. 土木工程学报, 1996, 29 (3): 57 – 64.

［23］ 姜洪斌. 预制混凝土剪力墙结构技术的研究与应用 ［J］. 住宅产业, 2010 (9): 22 – 27.

［24］ 陈惠玲, 刘鸿琪, 张忠利. 预制整体带边框剪力墙在反复水平力作用下的强度和延性 ［J］. 工业建筑, 1984 (6): 33 – 36.

［25］ 陈彤, 郭惠琴, 马涛, 等. 装配整体式剪力墙结构在建筑产业化试点工程中应用 ［J］. 建筑结构, 2011, 41 (2): 26 – 30.

［26］ 陈锦石, 郭正兴. 全预制装配整体式剪力墙结构体系空间模型抗震性能研究 ［J］. 施工技术, 2012, 41 (364): 87 – 89, 98.

[27] 张军，侯海泉，董年才，等．全预制装配整体式剪力墙住宅结构设计及应用 [J]．施工技术，2009，38（5）：22-24.

[28] 孙金墀，张美励，苏文元．装配整体式剪力墙结构体系抗震性能试验 [J]．建筑结构，1990（6）：53，58.

[29] 钱稼茹，彭媛媛，张景明，等．竖向钢筋套筒浆锚连接的预制剪力墙抗震性能试验 [J]．建筑结构，2011，41（2）：1-6.

[30] 钱稼茹，彭媛媛，秦珩，等．竖向钢筋留洞浆锚间接搭接的预制剪力墙抗震性能试验 [J]．建筑结构，2011，41（2）：7-11.

[31] 张微敬，钱稼茹，陈康，等．竖向分布钢筋单排连接的预制剪力墙抗震性能试验 [J]．建筑结构，2011，41（2）：12-16.

[32] 张微敬，孟涛，钱稼茹，等．单片预制圆孔板剪力墙抗震性能试验 [J]．建筑结构，2010，40（6）：76-80.

[33] 钱稼茹，张微敬，赵丰东，等．双片预制圆孔板剪力墙抗震性能试验 [J]．建筑结构，2010，40（6）：72-75，96.

[34] 张家齐．预制混凝土剪力墙足尺子结构抗震性能试验研究 [D]．哈尔滨：哈尔滨工业大学，2010.

[35] 杨勇．带竖向结合面预制混凝土剪力墙抗震性能试验研究 [D]．哈尔滨：哈尔滨工业大学，2011.

[36] 颜万鸿．大尺寸传统配筋预制 RC 剪力墙实验与分析 [D]．台南：台湾成功大学，2005.

[37] 谢忠龙．大尺寸扇形配筋预制 RC 剪力墙实验与分析 [D]．台南：台湾成功大学，2005.

[38] 叶献国，张丽军，王德才，等．预制叠合板式混凝土剪力墙水平承载力实验研究 [J]．合肥工业大学学报（自然科学版），2009，32（8）：1215-1218.

[39] 朱张峰，郭正兴．预制装配式剪力墙结构节点抗震性能试验研究 [J]．土木工程学报，2012，45（1）：69-76.

[40] 陈子康，周云，张季超，等．装配式混凝土框架结构的研究与应用 [J]．工程抗震与加固改造，2012，34（4）：1-10.

[41] 陈建伟，苏幼坡．预制装配式剪力墙结构及其连接技术 [J]．世界地震工程，2013，29（1）：38-48.

[42] 陈建伟，苏幼坡，陈海彬，徐国强，高林．带边框预制装配式剪力墙关键技术研究进展 [J]．河北联合大学学报（自然科学版），2013，35（3）：96-101.

[43] 陈建伟，苏幼坡，张超，齐红甲，陈海彬．两层钢管混凝土带水平缝剪力墙抗震性能试验研究 [J]．建筑结构学报，2014，35（3）：93-101.

［44］陈建伟，苏幼坡，陈海彬，高林．基于极限平衡理论的复式钢管轴压承载力计算方法［J］．土木工程学报，2013，46（s1）：106－110.

［45］陈建伟，苏幼坡，李欣．复式钢管混凝土柱轴压承载力计算方法对比分析［J］．福州大学学报（自然科学版），2013，41（4）：792－795.

［46］高林，陈建伟，苏幼坡，等．圆钢管约束灌浆料抗局部冲切承载力影响因素分析［J］．世界地震工程，2014，30（2）：107－181.

［47］闫文赏，陈建伟，苏幼坡．装配式钢管混凝土剪力墙钢管连接性能试验研究［J］．工程抗震与加固改造，2014，36（6）：13－19.

［48］武立伟，陈建伟，苏幼坡，等．钢管混凝土边框与墙板竖向接合面抗剪性能的试验研究［J］．结构工程师，2014，30（4）：126－130.

15 装配式框架结构体系研究与进展

 装配式混凝土技术是工业化的建筑生产方式。1891 年，巴黎 Ed. Coigent 公司首次在 Biarritz 的俱乐部建筑中使用预制混凝土梁。第二次世界大战结束后，预制混凝土结构首先在西欧发展起来，然后推广到美国、加拿大、日本等国。20 世纪末期，预制混凝土结构已经广泛用于工业与民用建筑、道路桥梁、水工建筑、大型容器等工程结构领域，发挥着不可替代的作用。

 20 世纪 50 年代末，我国开始制造整体式和块拼式屋面梁、吊车梁、大型屋面板等。70 年代，预制混凝土空心楼板得到了普遍应用。70 年代末，我国引进了南斯拉夫预制预应力混凝土板柱结构体系，即 IMS 体系。但总体说来，我国的预制混凝土技术比较落后，一方面，由于唐山地震中大量预制混凝土结构遭到破坏使人们对预制结构的应用更加保守；另一方面，国内的预制混凝土构件存在着跨度小、承载力低、延性差、品种单一等诸多问题，也严重阻碍了预制混凝土结构在我国的发展。

 近些年，随着我国建筑产业化的发展，住宅建筑的工业化改革势在必行。住宅建筑工业化首先要提高工业化的生产和施工技术，从而提高劳动生产率、降低成本、保证工程质量。当前，我国西部大开发为建筑产业的工业化发展提供了舞台，发展预制混凝土结构前景广阔，而框架结构是建筑工程中应用最广的一种结构形式。

一、装配式混凝土框架结构体系研究

 预制混凝土结构的应用在相当长的时间里比较保守，一个重要原因是对预制混凝土结构体系的抗震性能研究较少。近几年，预制混凝土结构在地震中有着较好的表现，一些试验研究也表明，通过优化节点连接构造和整体结构形式，预制混凝土结构的抗震性能令人满意。

　　1997 年，美国统一建筑规范（UBC97）允许在高烈度地震区使用预制混凝土结构，其前提是通过试验和分析证明，该结构在强度、刚度方面达到甚至超过相应的现浇混凝土结构。事实上，对于预制混凝土结构抗震设计有两种观点，一种观点是要求以达到甚至超过现浇结构为目标，对结构体系的评价和抗震机理的分析都与现浇混凝土结构一致；另一种观点则认为，预制混凝土结构是一种独立的体系，其性能要求和标准不应该仿照现浇混凝土结构体系。有关第二种观点的研究和试验还在进行，目前主流的意见还是仿照现浇混凝土结构。

　　关于预制混凝土框架结构体系的整体抗震性能，有学者进行过专门研究。Low 和 Tadros 等对现在美国常用的 6 层预制混凝土框架结构（该体系的内部框架承受竖向荷载，内部剪力墙承担水平荷载，外围窗间框架兼有承重和围护的双重功能）进行了动力时程分析。他们还进行了梁和柱的连接在循环荷载作用下的性能试验。结果表明，在地震作用下预制混凝土框架结构体系的抗震性能和现浇混凝土结构相似，某些方面的性能指标甚至超过现浇混凝土结构。

　　加州大学圣地亚哥分校的 Charles Lee Powell 结构试验室在 1999 年进行了一个 5 层预制混凝土结构体系在强震作用下的抗震性能试验，试件采用3∶2 的比例制作，平面尺寸为 9.14 m × 9.14 m，高度为 12.2m。模型设计按基于位移的抗震设计理论进行。试件包括 5 个不同的延性框架体系，其中有 4 榀纵向框架和 1 片横向剪力墙。试验结果表明：剪力墙可以有2.7% 的侧向位移，这一数值远远大于规范所规定的数值；最后的残余位移仅为 0.3in（7.6 mm），并且体系基本上没有损坏；框架最大的层间侧移达到 4% ~ 5%，仅在层间位移大于 3% 后结构才出现轻微破坏。总体说来，随着基底剪力的逐渐增大，即使在大位移情况下，预制混凝土框架结构也表现出良好的抗震性能，预制预应力混凝土框架结构的表现最为显著，所有梁柱的连接部位破坏都很轻。这说明在高烈度地震区可以采用预制混凝土框架、剪力墙结构体系。

　　美国华盛顿大学的 John Stanton 等进行了混合配筋预制混凝土框架的整体性能试验。框架梁、柱均采用预制混凝土构件，柱贯穿几层以减少拼接工序，梁的两端是矩形，截面的中间穿无黏结后张预应力筋，中间段的上下表面开槽，梁的上下端孔道里穿普通钢筋。梁柱之间的缝隙用纤维增强砂浆灌实。试验研究表明，混合配筋预制框架体系与普通的现浇混凝土框架相比，同等构件尺寸情况下具有同样的弯曲强度；混合体系的抗剪性能优于普通框架，试验过程中没有发现抗剪强度衰减，抗剪钢筋的应力值不超过 $0.15f_y$；构件破坏很小，震后裂缝闭合，从而缩短了维修时间。1995 年，在纽约长岛采用这种混合配筋体系建造了一幢能容纳 1700 多辆汽车的停车场，仅用 6 个月完工，体现出该种建筑具有高质量、短工期、低造价的优点。

关于预制混凝土框架节点受力性能研究，节点连接方法包括梁 – 柱节点、柱 – 柱节点和梁跨中连接等，节点连接的做法很多，例如仅梁 – 柱连接做法，在 PCI 手册上就定义了 40 余种以满足不同的功能要求。Y. C. Loo 和 B. Z. Yao 曾经对其中的两种节点进行了试验研究，试验设计制作了 18 个比例为 1∶2 的试件，研究它们在静力荷载和单向重复荷载作用下的强度和延性。与现浇节点相比较，这两种预制构件的连接节点的抗弯强度都高于现浇节点，而且其延性和能量吸收能力一般都比现浇节点好。

此外，为了评价多层预制框架结构在地震作用下半刚性节点的效应，Haluk Sucuoglu 对预制混凝土结构和相应的现浇混凝土结构的非弹性地震反应做了计算。在分析过程中，把预制混凝土结构梁柱节点的固定系数（fixity factor）作为变量。分析发现，当预制混凝土结构半刚性梁柱节点的固定系数大于 0.8 时，预制结构与现浇结构的地震反应差异是很小的；并且通过试验再次肯定，强柱弱梁的设计思路有利于减少这种差异。

二、装配式混凝土框架结构体系的应用

预制混凝土结构在西欧、北美的应用相当广泛，在亚洲日本处于领先地位。发达国家预制混凝土结构在土木工程中的应用比重美国为 35%，俄罗斯为 50%，欧洲为 35% ~40%；其中，预制预应力混凝土结构在美国和加拿大等国预应力混凝土用量中占 80% 以上。在美国，预制混凝土结构发挥着其他体系无法替代的作用。在 1991 年 PCI 年会上，Ben C. Gerwick 把预制混凝土结构的发展视为美国乃至全球建筑业发展的新契机。近 10 年来，预制混凝土结构得到了长足的发展，一方面预制混凝土结构的应用越来越广泛，研究更加深入，另一方面人们发现其潜力还有待进一步挖掘，尤其是材料工业的发展、加工机具的进步为其提供了很好的条件。例如，高性能配筋大大改进了预制构件的性能，纤维复合筋和环氧涂层钢筋等可

以有效地提高结构的抗裂性和极限承载力，改善结构的耐久性。高性能混凝土在提高混凝土预制构件的耐久性方面也大有作为。美国 Rokwin 公司开发的装配式框架系统如图 15 – 1 所示。

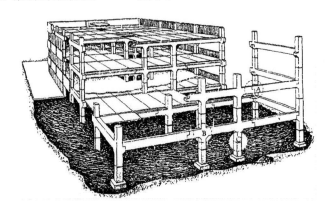

图 15 – 1　Rokwin 公司开发的装配式框架系统

西欧是预制混凝土结构的发源地，预制混凝土结构的应用非常普遍。五六层以下的居住建筑中大量采用预制混凝土结构，很好地满足了不同体型和立面形式的建筑要求。新西兰在 20 世纪 80 年代中期建造了大量的民用住宅，预制混凝土框架结构的应用也很广泛。当时新西兰的贷款利率很高，采用预制混凝土结构可以减少劳力、加快工期。此外，新西兰地处活动地震带，预制混凝土构件的抗震设计方法、构造措施、连接方式等方面的研究较为深入。目前，新西兰几乎所有的楼板、绝大部分的框架结构和 1~3 层房屋的承重墙都是采用预制预应力混凝土构件。

在日本，预制混凝土结构应用也很多，更重要的是在几次大地震中这些预制混凝土结构体现出很好的抗震性能。在 1995 年的神户地震中，一些 2~5 层的预制混凝土住宅保持了很好的工作状态。就整个地震区域预制混凝土结构性能的调查，只要预制构件的连接部位能够保持结构的整体性，预制混凝土结构就有较好的抗震性能，特别是按照新的抗震规范设计的房屋具有良好的抗震性能。

我国应用较多的预制混凝土框架结构体系是预制叠合梁框架结构体系。叠合结构是采用预制底梁作为永久性模板，在上部现浇混凝土而形成的结构，它体现了预制构件和现浇结构的互相渗透和互相结合，同时兼有两者的优点。

三、装配式混凝土框架结构体系展望

预制混凝土框架结构已被广泛应用，但对于它的研究尚不充分，以下几方面内容有待进一步深入研究：

（1）新材料的应用。以高工作性能为本质特征的高性能混凝土使混凝土本身的力学性能、工作性能等得到了很大的改善。应用纤维塑料筋和环氧涂层钢筋等可以有效地提高结构的抗腐蚀性，改善结构的耐久性等，这些方面的探索将成为预制混凝土结构新的研究热点。

（2）预制混凝土结构体系。对于预制混凝土结构抗震设计有两种观点，一种是要求以达到甚至超过现浇混凝土结构为目标，另一种则认为预制混凝土结构是一种独立的体系，其性能要求和标准不应该仿照现浇混凝土结构体系。在第一种观点的基础上，人们发现经过合理的工程设计、结构选型和构造处理，预制混凝土结构可以达到相应现浇混凝土结构的抗震要求。但另一方面，预制混凝土结构在抗震上体现出的一些优越性还不能完全用延性耗能的抗震机理来解释，有待深入研究。

（3）预制混凝土构件的连接。节点的不同设计可以控制荷载的传递路径，这样就可以比较容易地把抗侧向荷载构件和竖向承重框架区分开来，发扬这个优势可以给设计带来很大便利。目前使用的节点种类繁多，PCI手册上定义了40多种，新的连接形式还在不断出现。在实际施工中往往希望节点构造简单、易于安装。一些新型节点连接构造比较复杂而且造价较贵，但其综合经济指标还是合算的。

（4）预制混凝土构件的工业化生产。为了适应工业化的发展，同时也为了设计、施工的方便，模数化的构件尺寸是比较好的解决办法。但是对于构件间的连接、接缝的处理、相应零配件的匹配等，还存在相当多的问题。

（5）我国发展预制混凝土框架结构体系的方向。提出符合我国国情的构件生产、连接方式和构造、设计方法；走现浇和预制两者结合之路；鼓励预制构件企业积极参与竞争，进行体制改革；深入研究预制产品的技术改造和新产品的开发。

参考文献

［1］ Li Zhenqiang, Rigoberto Ramirez C. Precast Prest ressed Cable Stayed Pedestrian Bridge for Bufalo Industrial Park ［J］. PCI Journal, 2000（3）: 22 – 33.

［2］ Howard Stewart, Steven M Hamvas, Harry A Gleich. Curved Precast Facade Adds Elegance to IJL Financial Center and Parking Structure ［J］. PCI Journal, 2000（3）: 34 – 45.

［3］ Ghosh S K, Suzanne Dow Nakaki, Kosal Krishman. Precast Structures in Regions of High Seismicity ［J］. 1997 UBC Design Provision. PCI Journal, 1997（6）: 76 – 93.

［4］ Robert Park. A Perspective on Seismic Design of Precast Concrete Structures in New Zealand ［J］. PCI Journal, 1995（3）: 40 – 60.

［5］ Say Gumn Low, Maher K Tadros, Amin Einea, et al. Seismic Behavior of Six Story Precast Concrete Office Building ［J］. PCI Journal, 1996（6）: 56 – 77.

［6］ Johal S, Georage D Nasser. Successful Testing of Progress Five Story Precast Building Lead to Innovative Seismic Solutions ［J］. PCI Journal, 1999（5）: 120 – 123.

［7］ Staton John, William C Stone, Geraldine S Cheok. A Hybrid Reinforced Precast Frame for Seismic Regions ［J］. PCI Journal, 1997（2）: 20 – 32.

［8］ Loo Y C, Yao B Z. Static and Repeated Load Rest on Precast Concrete Beam to Column Connections ［J］. PCI Journal, 1995（2）: 106 – 115.

［9］ Haluk Sucuoglu. Effect of Connect ion Rigidity on Seismic Response of Precast Concrete Frames ［J］. PCI Journal, 1995（1）: 94 – 103.

［10］ Englekirk Robert E. Development and Testing of a Ductile Connector for Assembling Precast Concrete Beams and Columns ［J］. PCI Journal, 1995（2）: 36 – 53.

［11］ Englekirk Robert E. An Innovative Design Solution for Precast Prestressed Concrete Buildings in High Seismic Zones ［J］. PCI Journal, 1996（4）: 44 – 53.

［12］吕茫茫, 关贸军. 混凝土预制构件企业发展的现状和出路 ［J］. 结构工程师, 2000（增刊）: 449 – 453.

［13］ Gerwick Ben C. The Global Advance Emerging Opportunities at Home and Abroad ［J］. PCI Journal, 1991（6）: 32 – 37.

［14］薛伟辰, 康清梁. 纤维塑料筋黏结锚固性能的试验研究 ［J］. 工业建筑, 1999, 29（12）: 5 – 7.

［15］薛伟辰, 康清梁. 纤维塑料筋混凝土梁受力性能的试验研究 ［J］. 工业建筑, 1999, 29（12）: 8 – 10.

［16］薛伟辰. 有黏结预应力纤维塑料筋混凝土梁的试验研究 ［J］. 工业建筑，1999，29（12）：11－13.

［17］薛伟辰. 环氧涂层钢筋混凝土梁受力性能研究 ［J］. 工业建筑，1999，29（12）：14－16.

［18］Pfeifer W. High Performance Concrete and Reinforcing Steel with a 100 Year Service Life ［J］. PCI Journal, 2000（3）：46－54.

［19］李镇强. 西欧预制装配混凝土建筑结构技术发展概况 ［J］. 建筑结构，1997，27（8）：36－38.

［20］Lua Joo Ming, Louis Tay. Precast Concrete Solution of Choice for Upgrading Public Housing in Singapore ［J］. PCI Journal, 1996（3）：12－22.

［21］Hiroshi Muguruma, Minehiro Nishiyarna, Fumio Watanabe. Lessons Learned from the Kobe Earthquake, A Japanese Perspective ［J］. PCI Journal , 1995（4）：28－42.

■■■■■■

16 装配式钢结构体系研究与进展

    钢结构建筑在结构性能、经济性能、环保性能等领域的优势显著，特别是其环保性能方面的优势与我国倡导建筑节能环保的想法不谋而合。党的十八届五中全会强调：实现"十三五"时期发展目标，破解发展难题，厚植发展优势，必须牢固树立"创新、协调、绿色、开放、共享"的发展理念。以"钢结构建筑"为有效抓手，将成为持续推进建筑业向低碳、绿色、集约和宜居发展的重要载体和有效途径。

    随着我国节能减排压力的日益增大，国家对环境保护、自然资源保护日益重视，发展绿色建筑已被写入国家"十三五"规划，这对钢结构建筑行业的科研、设计、生产、配套等各个领域来说，无疑是难得的发展机遇。《国务院关于钢铁行业化解过剩产能实现脱困发展的意见》（国发〔2016〕6 号）提出推广应用钢结构建筑，结合棚户区改造、危房改造和抗震安居工程实施，开展钢结构建筑推广应用试点，大幅提高钢结构应用比例。2016 年 2 月《中共中央、国务院关于进一步加强城市规划建设管理工作的若干意见》中明确，力争用 10 年左右时间，使装配式建筑占新建建筑的比例达到30%，积极稳妥推广钢结构建筑。2016 年 3 月 5 日第十二届全国人民代表大会第四次会议上，国务院总理李克强的《政府工作报告》中明确指出，大力发展钢结构和装配式建筑，提高建筑工程标准和质量。

    国家政策是引领产业发展的风向标和助推器。"十二五"期间，是钢结构建筑产业政策研究的重要阶段，特别是"十八大"以后，经济调结构、转方式，国家更加注重产业政策的顶层设计，通过政策调整，推动各个行业绿色发展和资源节约。但是政策再好，政府不可能代替企业做市场的事情，企业也不可能代替消费者的消费理念和消费行为，要最终做强钢结构建筑行业，形成新的绿色建筑消费市场，根本在于用好、用足政策，不断提升钢结构建筑工程设计、应用水平。开展钢结构产业基地试点和钢结构建筑的补贴，都是基于适应我国新型建筑工业化要求，旨在提高钢结构建筑工程质量和应用水平。钢结构建筑行业应积极响应国家号召，在建筑产业现代化推进中先行一步、走快一些，必须不断完善钢结构建筑产品、技术性能，满足建造"绿色建筑、百年建筑"的新要求。

"十三五"期间，我国正处于生态文明建设、新型城镇化和"一带一路"战略布局的关键时期，大力发展绿色建筑，推进新型建筑工业化，对于转变城镇建设模式，推进建筑领域节能减排，提升城镇人居环境品质，加快建筑业产业升级，具有重要的意义和作用。在我国七大战略性新兴产业发展重点领域中，钢结构在"节能环保""高端装备制造"以及"新材料""新能源"领域中都占有一席之地。利用我国建筑业新常态发展机遇期，大规模推广钢结构建筑可以"藏钢于屋"，以房屋建筑形式储存大量钢材，以应对世界资源枯竭危机，符合国家能源战略。

表 16 - 1　全国钢结构建筑产业政策文件（1997～2016 年）

年份	政　策	主要内容
1997	《1996～2010 年建筑技术政策》	发展钢结构，开发钢结构制造和安装施工新技术
1998	《关于建筑业进一步推广应用十项新技术的通知》	提出要把推广使用钢结构作为建筑新技术进行推广应用
1999	《国家建筑钢结构产业"十五"计划和 2010 年发展规划纲要》	提出，在"十五"期间，建筑钢结构行业要作为国家发展的重点
2002	建设部发布了《钢结构住宅建筑产业化技术导则》	旨在以钢结构住宅建筑发展为契机，形成功能较为完善的钢结构住宅建筑体系，提高我国住宅建筑产业化水平，满足市场多元化需求
2003	《建设事业技术政策纲要》	2010 年建筑钢结构用钢量要达到钢产量的 6%
2005	建设部发布《关于进一步做好建筑业 10 项新技术推广应用的通知》	其中包括了钢结构技术
2007	建设部颁布《"十一五"期间我国钢结构行业形势及发展对策》	坚持对发展钢结构鼓励支持的正确导向与相关政策、措施，进一步推广与扩大钢结构的应用

续表

年份	政　策	主要内容
2009	国务院发布《钢铁产业调整和振兴规划》	研究出台扩大工业厂房、公共建筑、商业设施等建筑物钢结构使用比例的规定
2010	住房和城乡建设部发布《建筑业十项新技术（2010）》	钢结构技术包括深化设计技术、厚钢板焊接技术、大型钢结构滑移安装施工技术等
2011	住房和城乡建设部发布《建筑业"十二五"规划》	提出钢结构工程比例增加
2013	国务院发布《绿色建筑行动方案》	推广适合工业化生产的预制装配式混凝土、钢结构等建筑体系
	国务院发布《关于化解产能严重过剩矛盾的指导意见》	推广钢结构在建设领域的应用，提高公共建筑和政府投资建设领域钢结构使用比例
2014	住房和城乡建设部批准部分钢结构企业进行总承包试点	批准第一批15家钢结构企业开展房屋建筑工程施工总承包试点，对试点企业核发房屋建筑工程施工总承包一级资质证书
2015	住房和城乡建设部、工业和信息化部印发《促进绿色建材生产和应用行动方案》	明确在文化体育、教育医疗、交通枢纽、商业仓储等公共建筑中积极采用钢结构
	推广钢结构建筑试点方案	分析当前钢结构推广存在的问题以及推动钢结构建筑发展的措施和政策建议，提出了5个工作方向
	住房和城乡建设部批准第二批钢结构企业进行总承包试点	批准第二批27家钢结构企业开展建筑工程施工总承包试点，试点企业核发建筑工程施工总承包一级资质证书，业务承揽范围限钢结构主体工程试点有效期3年
2016	《国务院关于钢铁行业化解过剩产能实现脱困发展的意见》（国发〔2016〕6号）	推广应用钢结构建筑，结合棚户区改造、危房改造和抗震安居工程实施
	《中共中央、国务院关于进一步加强城市规划建设管理工作的若干意见》	力争用10年左右时间，使装配式建筑占新建建筑的比例达到30%。积极稳妥推广钢结构建筑
	2016年3月5日在第十二届全国人民代表大会第四次会议上，国务院总理李克强做出的《政府工作报告》	积极推广绿色建筑和建材，大力发展钢结构和装配式建筑，提高建筑工程标准和质量

一、发展钢结构建筑的重要意义

钢结构应用于住宅对国民经济的持续、健康发展意义重大。同时，也给开发商带来一定的经济效益，给用户营造更舒适、安全的使用空间。

（一）国民经济可持续健康发展的需要

1. 钢结构住宅产业化程度高

生产方式决定了生产效率和资源消耗的水平。根据发达国家的经验，实行产业化，一般节材率可达 20% 左右。因此，政府号召加快住宅建设从粗放型向节约型转变，推进住宅产业现代化。钢结构住宅产业化程度高，具有典型的工业化生产方式，这主要是因为钢结构住宅天生的预制装配化的生产工艺，变大型部件为梁、柱、板结构，部件的单位由大改小，部件的加工、运输、吊装均可轻便、灵活。其标准化单位也由空间定位定型改为以部件为单位的定位定型，部件的种类变多了，部件尺度减小了，而组装空间大小的任意性、可塑造性增强了，就有可能去应对商品市场需求的变化。

2. 钢结构住宅产业生产诱发系数高

住宅量大面广，钢结构应用于住宅能够带动冶金、建材以及其他相关行业的发展，将成为我国国民经济中的重要支柱产业。

3. 钢结构住宅是节能型建筑

钢结构住宅一般采用新型节能环保建筑材料，替代了黏土砖等落后产品，保护土地资源，降低建筑运行中的能耗，保障国民经济可持续发展。

（二）开发商及用户的利益

（1）建设周期缩短 30% ~ 50%，减少建筑成本，建筑提早投入运营。

（2）与钢筋混凝土结构相比，建筑自重减轻约 1/3。由此带来的好处是地震作用减小，材料用量少，基础造价可比采用钢筋混凝土结构降低 30%。

（3）对于底部要求大空间的建筑（地下室为车库或底部带商铺），可以发挥钢结构适用跨度大的优势，经过合理设计后无须采用转换结构，从而降低建筑成本。

（4）对施工场地要求低，适用于城市繁华地段建设。

（5）造型新颖，成为新的卖点，吸引更多的消费者。

（6）由于钢材强度高，柱断面小；墙体采用较薄的轻制墙体，钢结构住宅的有效使用面积比传统形式住宅增加4%~8%。柱断面小也有利于车位布置。

（7）钢结构有较好的延性，抗震性能好。

（8）钢结构构件一般都在工厂里制造，构件精度高，隐蔽工程较少，便于质量控制。

（9）钢结构住宅采用梁柱体系，空间通透，有利于功能、空间的灵活布置，有利于满足人们的多层次需求，符合可持续发展的要求。

（10）由于钢结构住宅大量采用新型节能环保建筑材料，因此能够节省使用时的暖气、空调等运行费用。

二、钢结构住宅发展的良好环境

（1）我国钢铁年产量连年位居世界首位，钢材的品质有了较大提高，规格品种日渐齐全。

（2）2000年，建设部召开"全国建筑用钢技术发展研讨会"，讨论了《国家建筑钢结构产业"十五"计划和2010年发展规划纲要》，提出将建筑钢结构归纳为高层重型钢结构、空间大跨度钢结构、轻型钢结构、钢混组合结构、住宅钢结构五大类，并以住宅钢结构为重点。

（3）1999年，建设部下发《关于在住宅建设中淘汰落后产品的通知》（建住房〔1999〕295号），要求各地逐步限时禁止使用实心黏土砖，有力地推动了新型建筑材料的应用和发展。2005年，建设部下发《关于发展节能省地型住宅和公共建筑的指导意见》（建科〔2005〕78号），明确提出了"四节"（节能、节地、节水、节材）的要求，力促创建节约型社会，保障城乡建设和国民经济的可持续健康发展。

（4）1999年，国务院办公厅转发《关于推进住宅产业现代化提高住宅质量的若干意见》（国办发〔1999〕72号），指出："发展钢结构住宅，扩大钢结构住宅的市场占有率"，成为我国推进住宅产业现代化的指导性文件。

（5）2001年，建设部〔2001〕254号文件印发了《钢结构住宅建筑产业现代化技术导则》，确定了钢结构住宅建筑技术发展的基本规则，为钢结构住宅的发展提供了技术保障。

（6）2005年标准图集《钢结构住宅》（05J901）、2009年《钢结构住宅设计规范》（CECS 209—2009）、2010 年《轻型钢结构住宅设计规程》（JGJ 209—2010）相继颁布，为钢结构住宅产业推广提供了技术规范。

（7）我国国民经济发展迅速，人民生活水平日益提高，广大住户对安全住宅、舒适住宅、健康住宅的需求，为钢结构住宅提供了广阔的市场。

三、国内外钢结构住宅的现状

（一）国外钢结构住宅发展状况

钢结构具有装配简单、抗震性能好、对大自然破坏程度小等优越性能。加上钢铁业中，由于冷轧薄钢板的生产而导致轻质型钢的制造成为可能，这在技术上为钢结构工业化住宅的发展奠定了原料供应的基础。

日本国土处于太平洋地区地震带中，特别重视居住者的生命和财产安全，追求住宅良好的抗震性。到 20 世纪 90 年代末，日本预制装配住宅中木结构占 18%，混凝土结构占 11%，钢结构占 71%。结构工业化住宅生产厂家规模比较大的有 7~8 家。

美国是最早采用钢框架结构建造住宅的国家和地区之一，越来越多的房屋开发商转而经营钢结构住宅。1965 年轻钢结构在美国仅占建筑市场 15%，1990 年上升到 53%，而 1993 年上升到 68%，到 2000 年已经上升到 75%。

澳大利亚、法国、意大利、芬兰等国都有本国成熟的钢结构住宅体系。钢结构住宅占有较大的市场份额。

（二）我国钢结构住宅发展状况

随着改革开放的发展以及我国加入 WTO，国外的轻钢小住宅体系公司很快和内地房地产开发商联姻，共同拓展中国住宅产业市场。但我国的国情是人多地少，资源缺乏，低层低密度的小住宅不可能成为中国住宅产业发展的主流，相比之下多高层住宅有着更广阔的市场前景。

目前，多高层钢结构住宅的建设实践既有以国有大型钢铁集团为主导的，也有以设计院所等科研设计机构为主的，其中以杭萧钢构集团为代表的民营企业走在了全国前列。杭萧钢构已在武汉世纪花园、安哥拉安居工程、汶川地震灾区回迁房、云南地震灾区希望小学、包头万郡房产等多个住宅项目上推广使用并取得了良好的效果。此外，山东莱钢集团也一直致力于"H 型钢钢结构建筑体系"课题研究。其他还有清华大学、湖南大学、同济大学、"马钢""宝钢"以及上海、济南、北京等地的设计院所也积极参与钢结构住宅的研究实践。

但无论是低层低密度的小住宅还是多高层住宅，采用钢结构的比例还很少。据统计，我国钢结构住宅占建筑总量的比例很低，这与发达国家占总量的 30% 以上相比，相差甚远。

自 20 世纪 90 年代以来，钢结构体系已在国内房屋建筑中得到了快速、广泛的推广应用。其最具代表性的 3 个方面如下：

（1）以门式刚架体系为典型结构的工业建筑和仓储建筑，目前，这类结构体系每年建成数千万平方米，凡较大跨度的新建工业建筑和仓储建筑中，已很少再使用钢筋混凝土框架体系、钢屋架－混凝土柱体系或者其他砌体结构。

（2）采用各种网架、网壳和张弦、张拉结构体系作为屋盖结构的交通设施（铁路站房、机场航站楼、公路交通枢纽及收费站）、体育设施、文化设施（剧场、影院、音乐厅）和会展设施，这类大跨度结构本来就是钢结构体系发挥其轻质高强固有特点的最佳场合，其应用恰好契合了国家经济、文化和社会建设迅猛发展的需求。

（3）以外围钢框架－混凝土核心筒或钢板剪力墙等组成的高层、超高层结构体系，除了结构自重大大降低的优势外，相对其他结构材料而言，钢结构体系特别出众的延性性质是其在超高层建筑中得以首选的决定性因素之一。从每年新建建筑中采用钢结构体系的用钢总量来看，我国已不低于其他发达的工业化国家。在建筑钢结构体系的推广应用中，适用于住宅建筑的钢结构体系近十多年来受到了政府、建筑开发商、工程界（包括制造商、供应商和学界）的高度关注。虽然其发展已有一定进步，但相比前述工业建筑和仓储建筑、交通设施、体育设施、文化设施、会展设施、高层及超高层办公综合设施等，其成效显然还差强人意。一方面，住宅建筑的功能要求仍能让传统建筑结构材料发挥其优势；另一方面，也与工程界尚未充分挖掘与钢结构体系相关的工业化建筑整体技术优势有关。

可持续发展背景下重新认识推进住宅建筑钢结构的意义、推广应用建筑钢结构体系的重要意义以及建筑钢结构体系的独特优势，在既往国家有关部委的文件、众多业界学界的研讨交流会、学术期刊相关文献中已有许多深刻阐述。在此，我们可以从人类社会可持续发展的视野出发，再次思考推进住宅建筑钢结构体系的意义。

四、钢结构建筑体系

可持续发展理念贯穿于住宅建筑从建造到使用的各个方面，结构体系仅是其中一项。从推广应用符合可持续发展理念的钢结构体系来说，必须解决从技术到市场的一系列课题。

（一）全装配式钢结构框架体系

全装配式钢结构框架体系为抗弯框架，即依靠柱梁抗弯能力抵抗水平力（风荷载、地震作用）的结构体系。所研发的全装配体系具有如下特点：

第一，采用薄柔钢构件。薄柔钢构件指板件宽厚比大于按塑性铰要求或塑性强度要求所确定的宽厚比限值的柱梁构件。这类构件以往通常被认为不具备足够延性，因而不适用于抗震设防区。但有研究表明，这类构件属于"低延性"构件而非"无延性"构件，在罕遇地震作用下的变形限值范围内，保持一定水平承载力的前提下可以加以应用。其中结合结构延性能力调整地震作用设计值是重要的配合条件。同时，需采用更合理的板件相关法则来确定其宽厚比限值，替代长期沿用的单一板件宽厚比限值。允许采用超出现行规范单一板件宽厚比限值后，构件的轻量化得以实现，构件整体稳定性和抗弯承载力得以提高。这类构件的设计方法已纳入建设部行业标准《轻型钢结构住宅技术规程》（JGJ 209—2010）和上海市地方标准《轻型钢结构技术规程》（DGTJ 08—2089—2012）。

第二，采用端板式全螺栓连接的柱梁节点。试验表明，对采用薄柔构件的框架结构，只要端板、节点区有合适的加劲措施和合理的螺栓布置，这类柱梁节点可以确保刚接性能的实现。施工实践也表明，对低层、多层建筑和薄柔构件组成的框架，全螺栓连接在调整安装偏差方面完全可行。

第三，利用节点域剪切耗能充分、稳定的特点。钢材与混凝土材料的显著不同之一就在于钢材剪切塑性具有稳定的耗能能力。深入研究还表明，即使板件发生局部失稳，其弯曲变形产生的塑性耗能也非常可观，设计中主动利用该特性，将有效提高结构效率。

第四，可利用填充墙体材料提高结构体系的刚度和承载力。

（二）分层装配式钢结构体系

分层装配式钢结构体系是以柱、梁、支撑构件组成的结构体系。有别于柱构件上下贯通、梁构件连接于柱侧的常见钢框架体系，分层装配式钢结构体系由具有较强刚度和抗弯承载力的梁构件贯通，柱构件为楼层高度，连接于上层梁下表面和下层梁上表面（或基础顶面）。这一体系的优势在于非常容易实现建造全装配化，同时设计便捷、可靠。该体系技术由日本大和房屋工业株式会社开发，宝业集团引进，经与同济大学合作研究后做了如下改进：

第一，改进了柱梁连接构造，使其在支撑功能发挥条件下接近于铰接，在支撑失效后可起抗弯作用，从而将单重抗侧系统转变为双重抗侧系统，大幅提高了抗震安全性。

第二，改进了轻型扁钢支撑构造，研制了便于安装的高强连接件，改进后支撑受拉时的力 - 变形关系基本接近理想弹 - 塑性，可以保证结构侧向变形达到 1/25 时仍能有效保持水平承载力和承担作用其上的重力荷载。

第三，确定了弹性和塑性两阶段的设计计算方法。该结构体系的商品房试点，已经由宝业集团开发和建造。

(三) 钢 - 混凝土半组合结构体系

欧洲规范推荐了一种钢 - 混凝土半组合结构体系。所谓半组合，是相对于内含 H 型钢的钢骨混凝土构件而言，仅在 H 型钢翼缘间填充混凝土，而上下翼缘外表面钢骨外露。这类构件可以实现预制化，工地现场可以实现装配化；相比纯钢构件，不仅钢材用钢量节省，防火性能也得到提高。西欧国家已在高层办公建筑中实际应用这类结构体系。

为将这类体系引入到我国多层住宅建筑中，同济大学做了如下几方面研究：

第一，将薄柔钢构件应用到半组合结构中，为此进行了相应试验、数值分析、承载力计算研究工作。通过试验和数值分析，对采用薄柔 H 型钢的半组合柱如何设定轴压比提出了建议。

第二，对便于预制化的构造细节进行了比较研究，逐一剔除多余细节，改进构造连接。目前，正在进行柱梁节点全装配连接和半装配连接的构造研究。

(四) 钢 - 混凝土组合结构体系

苏幼坡教授的课题组提出了一种新型装配式钢管混凝土组合剪力墙结构体系。该课题组在试验、设计方法、计算模型及理论分析方面进行了大量研究。与普通的剪力墙结构相比，该装配式钢管混凝土组合剪力墙结构具有以下特点：

（1）有效发挥钢和混凝土材料各自的优势。

（2）钢管混凝土具有后期承载力高、抗剪性能及延性好等特点。

（3）钢管边框的约束作用可以提高墙板的抗剪能力。

（4）改变抗震防线较为单一的状况，提高结构整体抗震性能，并且可以工厂预制、现场装配，减少建筑垃圾及其对环境的不良影响，降低现场施工场地等环境条件的要求。

较系统的试验与理论研究表明，通过合理的节点、接缝设计，该结构体系能够表现出较好的抗震性能，该课题已获得国家授权发明专利5项、实用新型专利19项，发表核心期刊学术论文30余篇，EI期刊收录5篇。

为深入研究该结构体系连接、整体受力性能，共设计制作了12片两层单跨缩尺比为1:3的装配式钢管混凝土组合剪力墙试件、6片单层单跨装配式钢管混凝土组合剪力墙试件，110个局部连接设计试件，考虑的试验参数包括节点连接、水平接缝与竖向接缝连接、轴压比、洞口位置、拼缝连接、加载速率等，典型构件设计如图16-1~图16-4所示。

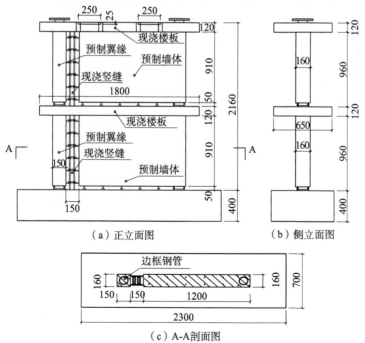

（a）正立面图　　　　　　　（b）侧立面图

（c）A-A剖面图

图16-1　带竖向拼缝试件

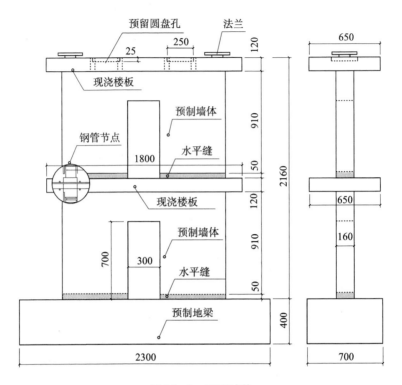

图 16 – 2　开洞试件

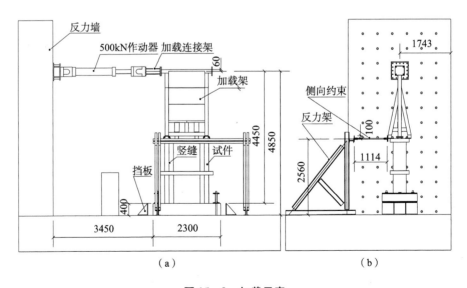

（a）　　　　　　　　　　　　　　（b）

图 16 – 3　加载示意

（a）加载装置正立面图；（b）加载装置侧立面图

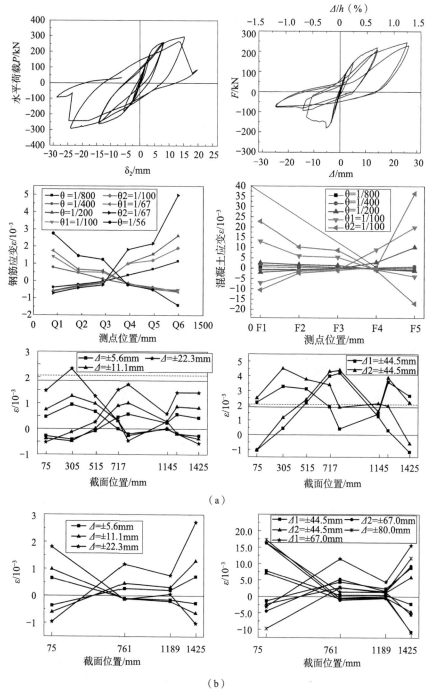

（a）

（b）

图 16 - 4　典型试件滞回曲线对比，钢管及钢筋应变分布

（a）钢管和钢筋应变；（b）混凝土应变

五、装配式钢结构住宅存在的问题

（1）目前国内装配式钢结构住宅的设计不是以建筑本身为主，并且装配式钢结构设计中没有考虑到模数化，导致开发的住宅并不合理。住宅设计要以人为本，因此，装配式钢结构住宅的开发设计还是要以建筑本身为主，适合现代化社会的居住需要，满足用户需求，建筑师应将最优秀的设计作品作为商品推荐给用户并供其选择。同时，应发挥客户的能动性，让用户参与设计以满足不同客户不同的需求，但要遵循建筑和结构设计的规律，同时也要关注住宅的使用功能、建筑效果以及节能环保等问题。

（2）装配式钢结构住宅的围护结构材料与其配套设施不完善。装配式钢结构住宅是一个综合的、复杂的技术体系，它涉及墙面、屋盖、楼板材料以及厨卫、管线系统等一系列配套体系。装配式钢结构住宅体系最突出的问题在于外墙围护结构体系。现有墙体材料性能和安装方法很难满足钢结构住宅在保温、通气、防火以及耐用性等方面的要求。现有的外墙用材多样化，但规格没有建立标准化，节点也没有相应的规范化。

（3）我国在预制装配式建筑施工技术与装备方面明显滞后，缺乏系统和综合的基础性研究，仅有的分散的、局部的研究成果也未能很好地推广应用于工程实际。近年来，一些企业和研究机构对钢结构住宅展开了多方面的研究，但是由于尚未形成一个统一的模数体系，使结构构件、墙体材料、连接构造都缺乏统一的尺寸标准，不能实现工厂批量生产、现场拼装的生产方式，使体系中各部分构件的构成、选用以及连接构造不能充分反映和发挥钢结构快速装配的优势，影响了装配式钢结构建筑产业化生产优势的发挥。

六、推进装配式钢结构体系应用的发展路径建议

现状表明，从在住宅建筑中推广应用工业化装配式钢结构体系来看，不是仅有成熟的结构体系就行了。10 多年来，尽管政府有意推介，高校、科研院所和企业进行了一系列研发，不同行业的若干大中型企业从自身发展的定位出发开展了积极探索和实践，但迄今取得的整体成效却并不显见。相对有些发达国家，钢结构能在低层房屋住宅市场占有可观份额（如

美国）或在整个新建建筑面积中能占 1/3 左右（如日本），而我国钢结构体系在住宅建筑中所占比例实在非常可怜。造成今天的这种局面，一方面可以归因于任何新技术、新系统的推广和应用需要时间；另一方面还与各有关方面是否选择了合适的推进路径和政策有关。

在住宅建筑中推广应用装配式钢结构体系，钢结构技术自身的发展和完善固然重要，但关键推动力并不在于"钢结构"技术，作为住宅建筑的消费者，居民首先面对的是日复一日每天都遇到的居住性问题：平面布局的合理、空间利用的充分，防渗防漏防结露、隔热隔声少振动，减少日常能耗、延长维修周期，等等。尽管所有这些都需要结构安全性的支撑，但居民的直接诉求取决于合理的建筑设计，取决于各种设备的高效配置和稳定运行，取决于墙板、楼板、屋面板（"三板"）的性能和耐久性。这些问题的完整解决方案而非结构体系自身，才是在住宅建筑中推广应用装配式钢结构体系需首先直面的挑战。

必须明白，老百姓不会因为钢结构抗震性能优良一项指标就来选择钢结构体系，市场卖不动，推广自然无力。就技术层面问题而言，房屋建筑的工业化程度受制于"三板"的装配化程度是十分明显的。除了别墅是低层住宅外，由于可以理解的原因，现阶段集中住宅主要还要依靠钢筋混凝土楼板。但钢筋混凝土楼板（也包含非装配式墙体）和钢结构体系间施工配合性的问题，往往抵消了钢结构体系装配化所能带来的施工周期和相关成本优势。这也是笔者认为相对钢结构体系而言，关联配套技术的突破可能是更关键问题的重要原因。

除了技术问题外，钢结构住宅发展更需培育市场。所谓培育市场，就是说，市场不是等在那里，等着我们投放产品或商品，而是市场还不足，市场还没准备好。但问题的另一方面就是市场是可以培育的。在建筑领域，最近的市场培育最佳实例就是轻型门式刚架钢结构在中国的迅速发展。今天回头看，这一结构系统具备了工业化、装配化的主要优点。进一步看，作为工业厂房和仓储设施，其使用功能相对简单，钢结构系统自身连同工业化制作和装配化安装的围护体系可基本满足其功能需求。相对而言，负载着居民多种功能需求的住宅建筑，要在其中推广使用钢结构体系，当然是难度更大，需要的时间也会更长。为此，需要更多考虑如何培育市场。

以下发展路径可能有助于住宅建筑中钢结构体系的推广应用：

第一，在各种用途的房屋建筑中积极应用与住宅建筑结构体系相似的钢结构和所有相关系统，逐步完善采用钢结构的住宅建筑体系相关技术。这里提到的多种用途房屋建筑，不再指以门式刚架体系为典型结构的工业建筑和仓储建筑，以网架、网壳和张弦、张拉结构体系作为屋盖结构的交通、体育、文化、会展等大跨度建筑，以及高层或超高层商业、办公建筑，而是集体宿舍、小型办公楼、学校等以人居活动为主体、具有许多与住宅建筑相近的功能要求的低多层或更高一些的房屋建筑。一些尚未完善的技术在这种场合更易获得完善。

第二，开辟多种途径，积极推广钢结构体系，使民众逐步了解和接受这类结构体系。规模化的各类移民区、富裕地区新农村、新型工业园区和科技园区的配套设施等，都可以成为钢结构体系建筑推广的起点，而商品化的住宅建筑则可能是其后续。

参考文献

[1] 陈以一，马越，赵静，岳昌智，童乐为. 薄柔截面高频焊接 H 钢柱的实验和抗震承载力评价 [J]. 同济大学学报，34（11）：1421 – 1426.

[2] 陈以一，吴香香，程欣. 薄柔构件钢框架的承载性能特点研究 [J]. 工程力学（增刊 II），2008（25）：62 – 70.

[3] 陈以一，吴香香，田海，童乐为. 空间足尺薄柔构件钢框架滞回性能试验研究 [J]. 土木工程学报，2006，39（5）：51 – 56.

[4] 吴香香，陈以一，童乐为，田海. 低多层薄柔钢框架的抗震设计 [J]. 防灾减灾工程学报，27（增刊）：115 – 119.

[5] 行业标准. 轻型钢结构住宅技术规程. JGJ 209—2010.

[6] 上海市地方标准. 轻型钢结构技术规程. DG/TJ 08—2089—2012.

[7] 王素芳，陈以一. 加强式端板连接节点的初始刚度与抗弯承载力 [J]. 东南大学学报（自然科学版），2008，38（5）：774 – 778.

[8] 石运东. 门式刚架轻型钢结构节点抗震性能试验研究 [D]. 上海：同济大学. 2009.

[9] 田海，陈以一. A L C 组合墙板剪切性能试验研究和有限元分析 [J]. 建筑结构学报，2009，30（2）：85 – 91.

［10］ Hitaka T and Matsui C. Experimental study on steel shear wall with slits ［J］. Journal of Structural Engineering，ASCE，2003，129（5）：586 – 594.

［11］ 温沛纲. 带缝钢板剪力墙的理论分析与试验研究 ［D］. 广州：华南理工大学，2004.

［12］ 汪文辉. 带缝钢板剪力墙试验研究与理论分析 ［D］. 上海：同济大学，2009.

［13］ 蒋路，陈以一，汪文辉，蔡玉春. 大比例尺带缝钢板剪力墙低周往复荷载试验研究Ⅰ. 建筑结构学报，2009，30（5）：54 – 64.

［14］ 蒋路，陈以一，卞宗舒，汪文辉. 大比例尺带缝钢板剪力墙低周往复荷载试验研究Ⅱ ［J］. 建筑结构学报，2009，30（5）：65 – 71.

［15］ 蒋路，陈以一，王伟栋. 带缝钢板剪力墙弹性抗侧刚度及简化模型研究 ［J］. 建筑科学与工程学报，2010，27（3）：115 – 120.

［16］ 陈以一，宁燕琪，蒋路. 框架 – 带缝钢板剪力墙抗震性能试验研究 ［J］. 建筑结构学报，2012，33（7）：133 – 140.

■■■■■■

17 装配式预应力结构体系研究与进展

减少资源消耗和能源消耗，实现低碳排放以及降低环境污染，是工程建设中应努力实现的目标。为此，应努力推行建筑工业化。江苏是较早关注建筑工业化的省份。早在2001年9月，南京大地建设集团就邀请东南大学和江苏省建筑设计院有限公司等单位去法国考察参观，并引进了法国的预制预应力混凝土建筑（PPB）技术。随后，在江苏省住建厅的大力支持下，编制了相应的技术规程，积极推广应用PPB技术。

一、预制预应力混凝土的优势

在法国及欧洲其他各国的预应力混凝土应用中，预制预应力混凝土技术一直占有很大的比重，这是由预制预应力混凝土的优越性及市场需求激发的。

（一）预制预应力混凝土的优势

预制预应力混凝土的优势主要有以下几方面：

（1）不需要施工模板，节省了大量木材。

（2）使用了高强钢筋和高强度等级混凝土，材料用量大为减少。

（3）实现了工厂化生产，工艺严格控制，质量有保证。

人们日益增长的环境保护意识使其对工作环境和舒适度提出了更高的要求，而预制结构顺应节能减排的趋势和新市场的需求，因此预制结构具有成为未来房屋建筑领导角色的巨大潜力。

（二）新的市场需求

目前的市场需求主要体现在结构效率、材料的最优利用、建造质量、建造速度、使用的灵活性和适应性以及环境因素等方面。

（1）结构效率。设计和开发的房屋体系能为用户提供最大的利用效率。例如，采用较细长的房屋竖向构件以形成最大的可利用空间等。

（2）材料的最优利用。每种建筑材料都具有其特定的性能和最优应用范围，目前的发展趋势为在同一结构中使用最能发挥其功能的材料。

（3）建造速度。对投资的快速回报要求显得越来越重要。

（4）使用的灵活性。一些房屋经常被改造以适应新的用户要求。特别是办公功能用房，要求房屋具有更大的适应性，此时最有效的解决办法是在内部设置对任何分隔无约束的自由空间。

（5）适应性。将来，房屋设计不仅必须考虑建设开发的直接成本，而且必须考虑建成后的改造或拆除成本，必须对建筑物全生命周期进行设计，设计的建筑物内部必须具有足够的灵活性和适应性，以满足重新布置空间及服务设施的要求。

（6）环境保护。保护环境的思想意识在世界范围内日趋重要。在欧洲的一些国家，政府已对造成环境污染的项目采取措施进行治理，如橡胶塑料类材料、包装材料的回收，废物的再利用，以及防止化学物质污染土壤等。我国政府也在建筑领域逐步采取更严格的保护环境措施。

（7）新型建筑材料的应用。抗压强度超过 80MPa 的高性能混凝土已经成为低级别混凝土的可靠替代品。通过降低水灰比和使用添加剂，传统的混凝土级配可以逐步提高。高强混凝土应用于承受重荷载的柱上，可显著减小柱的截面尺寸；此外，它还应用于重型桥梁的大梁、大跨度的屋面梁及对耐久性有较高要求的结构中。最近，一种超强混凝土的抗压强度达 300MPa 以上，其特点在于具有极低的水灰比（一般为 0.14 ~ 0.20），含有较多的微小硅石或等效的微小填充物（一般占水泥重量的 20% ~25%）及使用较多的超塑化剂，同时具有低渗透性、高抗水性及高抗化学侵蚀性。而高强混凝土的脆性可以通过掺入高比例的钢或碳纤维加以改善。高碳钢纤维非常细，可以取代传统的箍筋，为一些预制结构产品的自动化生产提供了新的有利条件。

二、世构体系的特点

世构（SCOPE）体系是一种优良的预制预应力混凝土建筑结构体系，它在一般工业与民用建筑以及农村住宅建筑中具有广泛的适应性。施工建造时，不需要特别的大型建筑机械和安装设备。世构体系采用预制 PC 梁、叠合板及预制 RC 柱等构件，通过楼板面层及梁柱节点的现浇混凝土构成装配整体式 PC 结构。它使通常需大量现浇混凝土的现场施工建造过程变成工厂化构件的生产和组装过程，不仅大大加快房屋施工速度，也大量减少了现浇混凝土量和施工现场建筑材料的堆放面积，提高工地文明施工程度及经济效益。

南京大地普瑞预制房屋有限公司从法国引进了一套世构结构体系技术，并再加以创新，与东南大学、江苏省建筑设计研究院有限公司等单位合作，经过消化、吸收先后编制了江苏省工程建设推荐性技术规程《预制预应力混凝土装配整体式框架（SCOPE 体系）技术规程》（苏 JG/T 006—2005）以及国家行业标准《预制预应力混凝土装配整体式框架结构技术规程》（JGJ 224—2010）。在这些规程、标准的推动下，预制预应力混凝土装配整体式框架结构体系在江苏乃至全国得到了越来越广泛的应用。

三、装配式后张预制预应力混凝土框架结构的基本形式

后张预制预应力混凝土框架结构形式如图 17－1 所示。其中，梁为预制预应力构件，柱可以为预应力构件，也可以为非预应力构件。在梁中和柱的节点部分预留孔道，通过穿过孔道的后张预应力筋将梁和柱连接在一起形成框架后，再进行孔道灌浆。结构中的预应力筋主要有两种：一种为预

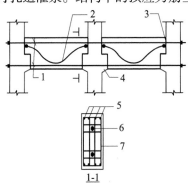

图 17－1　预应力混凝土框架结构的基本形式

1—直线预应力筋；2—曲线预应力筋；3—聚酯纤维砂浆；4—牛腿；

5—普通钢筋；6—预应力筋；7—焊接钢筋网片

制梁中曲线型预应力筋，主要承担施工过程中框架形成之前简支梁的跨中弯矩；另一种为直线型预应力筋，同时起到拼装结构构件和承受弯矩的作用。

直线型预应力筋在预制柱上设置暗牛腿，其作用是抵抗部分剪力，并使施工更为方便。此外，梁端一定长度内和柱上牛腿内设置加密的焊接钢筋网片，可以有效约束受压区混凝土，从而提高梁端塑性铰处的屈服强度和转角延性。梁和柱连接处缝隙中的聚酯纤维砂浆起到连接和找平的作用。加入聚酯纤维的目的是使砂浆即使在被压碎后也不会成块脱落，从而减少直线型预应力筋中的预应力损失。这种连接方式属于"柔性连接"，该结构的弹塑性变形主要发生在连接处，如图 17－2 所示，而梁柱构件本身保持为弹性，只出现少量的裂缝，因此，结构恢复性能和耐久性都比较好。这种结构在地震作用下最终将形成梁端和柱根出现塑性铰的耗能机制。由于梁柱连接截面处只有预应力筋存在，所以这种结构体系的一个主要特点就是耗能能力较差。但理论研究表明，耗能较小的预制预应力混凝土框架结构和普通钢筋混凝土结构在地震作用下的性能相差不大。这种结构形式可以广泛应用于民用建筑以及大跨重载的工业建筑中。

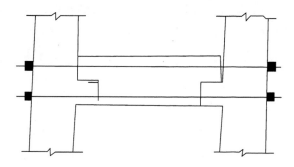

图 17－2　预制预应力框架水平荷载下的变形形式

四、后张预制预应力混凝土框架结构的设计要点

（一）曲线型预应力筋面积的确定

预制梁中的第一批曲线型预应力筋的面积，主要由施工阶段简支梁跨中抗弯承载力和抗裂要求确定。其计算方法和现浇混凝土预应力梁相同。

（二）直线型预应力筋面积的确定

框架梁中第二批直线型预应力筋的面积主要由支座截面抗弯承载力和抗裂要求确定。

1. 抗弯承载力要求

与现浇结构相似，承载能力极限状态要求在重力荷载和小震作用下受拉钢绞线不发生屈服，即

$$M \leqslant M_{\mathrm{u}} = \alpha\beta f_{\mathrm{cc}} b x_{\mathrm{c}} \left(\frac{h' - \beta x_{\mathrm{c}}}{2}\right) + f_{\mathrm{py}} A_{\mathrm{p}} e + (\sigma_{\mathrm{pe}} - \Delta\sigma_{\mathrm{p}}) A'_{\mathrm{p}} e \qquad (1)$$

式中：M 为重力荷载和小震作用下的弯矩设计值；f_{cc} 为约束混凝土极限抗压强度设计值；f_{py} 为钢绞线屈服应力；$\Delta\sigma_{\mathrm{p}}$ 为受压钢绞线应力增量。

计算时认为，混凝土保护层已经剥落，只考虑核心区混凝土的作用。

2. 抗裂要求

对于不允许出现裂缝的结构，不考虑梁柱连接隙处砂浆与相邻混凝土间的黏结力时，框架梁在正常使用阶段，支座弯矩的标准组合值 M_{k} 应不超过消压弯矩 M_{cr}，即

$$M_{\mathrm{k}} \leqslant M_{\mathrm{cr}} = Ph/6 + \sigma_{\mathrm{pe}}(A_{\mathrm{p}} - A'_{\mathrm{p}})e = \sigma_{\mathrm{pe}}(A_{\mathrm{p}} + A'_{\mathrm{p}})h/6 + \sigma_{\mathrm{pe}}(A_{\mathrm{p}} - A'_{\mathrm{p}})e \qquad (2)$$

其中 $$M_{\mathrm{k}} = M_{\mathrm{D}} + M_{\mathrm{L}} \qquad (3)$$

式中：M_{D}、M_{L} 分别为恒、活荷载作用下支座截面弯矩标准值。

由于消压状态时预应力筋产生的应力增量很小，因此，可以忽略不计，这样处理使得计算结果偏于安全。

对于允许出现裂缝的结构，应该限制裂缝的宽度。以往对于预应力混凝土梁裂缝宽度计算方法的研究大都是针对部分预应力结构，而传统概念的全预应力梁要求不允许出现拉应力，因此，对于只配置预应力钢筋而没有普通钢筋的混凝土梁抗裂验算方法的试验和理论研究较少。由于缺乏必要的试验研究，且钢绞线和灌浆材料间的黏结存在不确定性（灌浆密实性不能保证），因此，本文采用下述方法来满足抗裂要求。理论分析和试验结果均表明，预制预应力混凝土框架结构梁柱连接截面开裂后，结构刚度并没有明显降低，仍然处于线弹性状态，直到裂缝向上延伸至截面高度的

134

1/2 左右，结构力与位移关系曲线才开始出现明显的转折。而此时裂缝宽度很小，且卸载后能够完全闭合。即使对于尺寸较大的梁，当梁柱连接处裂缝向上延伸到截面高度的 1/3 时，最大裂缝宽度也能满足《混凝土结构设计规范》（GB 50010—2002）规定的限值要求。因此，此时的弯矩可以近似取为正常使用阶段的弯矩限值，即

$$M_k \leqslant M_{cr} = 0.28Ph + \sigma_{pe}(A_p - A_p')e = 0.28\sigma_{pe}(A_p + A_p')h + \sigma_{pe}(A_p - A_p')e \tag{4}$$

由于此时预应力筋应力增量仍然很小，因而计算中同样不考虑预应力筋的应力增量对弯矩的影响，该计算结果偏于安全。

综上所述，框架梁支座处直线型预应力筋的面积由式（1）、式（2）和式（4）计算结果的较大值确定。对于大跨重载的框架结构，正常使用极限状态的要求往往起控制作用。此外，还应该对结构弹性和弹塑性层间位移角进行验算，满足相应的限值要求。

（三）钢绞线张拉控制应力的确定

预应力筋张拉控制应力越大，满足正常使用阶段要求所需预应力筋量越少。此外，对于大跨重载的框架结构，预应力筋的面积由正常使用极限状态的要求控制，连接处抗弯承载力有一定程度的超强要求。而钢绞线的张拉控制应力越大，即屈服应力和有效应力间差距越小，连接截面超强系数越小，易于实现"强柱弱梁"的原则。因此，钢绞线的张拉控制应力可取上限值，即 $0.5f_{ptk}$，其中 f_{ptk} 为钢绞线极限抗拉强度。

（四）钢绞线偏心距的确定

分析表明，钢绞线偏心距值与截面极限承载力成正比。若偏心距过小，则承载能力极限状态要求不易满足；而偏心距过大，则截面抗弯承载能力超强过大。因此，确定偏心距时应综合考虑这两个因素。

（五）焊接钢筋网片体积配箍率的确定

在梁端和牛腿内布置焊接钢筋网片可有效提高混凝土极限抗压强度，从而提高截面承载力和延性。参数分析表明，其体积配箍率不宜低于 2%。此外，牛腿内钢筋网片配箍率应比相应的梁端略高，使牛腿的混凝土强度

略高于梁端混凝土强度，从而起到保护牛腿的作用。

（六）暗牛腿及缺口梁的设计

尽管结构在弹性阶段，梁柱连接面处的摩擦力可以抵抗大部分甚至全部的梁端剪力，但地震作用下预应力筋屈服后有很大的预应力损失，因此，暗牛腿的设计仍应按照能够承受全部剪力计算。应在缺口梁端部配置竖向箍筋和斜筋，以保证在全部剪力作用下不发生剪切破坏。

五、装配式预应力混凝土结构

装配式预应力混凝土结构是建筑工业化的重要内容之一，符合节能减排的趋势和新的市场需求，其优势主要表现在以下几方面：

（1）不需要施工模板，节省了大量木材。

（2）使用了高强钢筋和高强度等级混凝土，材料用量大为减少。

（3）实现了工厂化生产，工艺严格控制，质量有保证。

东南大学吕志涛院士及其团队长期从事预应力结构的研究和推广应用，取得了大量研究成果，并对法国预制预应力混凝土建筑（PPB）技术进行了系统介绍（见图 17-3），包括主要的预制预应力混凝土制品、预制预应力混凝土建筑的施工安装、世构体系的特点等，可为世构体系在我国的进一步推广提供参考。

同济大学薛伟辰教授对一个 1:15 缩尺模型的预制预应力混凝土空间框架结构进行单调荷载试验，对其破坏模式、机理及钢筋应力变化特点进行了研究，所有试件在设计荷载范围内均保持弹性状态。

卡塔尔大学的 Hosny 等采用碳纤维筋对预制预应力中空板加固处理以抵抗负弯矩情况进行试验研究，碳纤维加固筋布置位置如图 17-4 所示，试验表明，加固处理后该预制预应力中空板抗负弯矩性能显著增强。加州大学圣地亚哥分校的 Holden 等设计并制作了一个 1:2 缩尺的预制后张预应力墙体试件和一个同比例缩尺现浇试件，通过低周往复荷载试验对比分析其滞回性能、承载力及延性等性能，前者在达 3% 水平侧移时，试件仍未出现明显破坏，表现出较好的抗震性能。此外，还考虑预制预应力等因素对剪力墙抗震性能影响进行了对比。

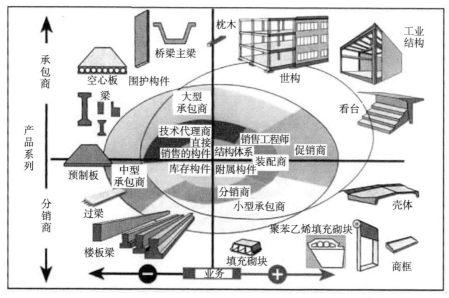

（a）

（b）   （c）

图 17 - 3　法国预制预应力混凝土结构

（a）法国 PPB 技术主要制品；（b）预制预应力板吊装；（c）法国世构体系

图 17 - 4　碳纤维加固位置

Iverson 和 Hawkins 对北岭地震中预制预应力建筑结构的震害情况进行了调研，包括强震区在内的预制工程结构整体表现出较好的抗震性能，竖向构件破坏较轻，而停车场中采用钢构件和后张梁的发生局部破坏。

Alaoui 和 Oswald 提出了一种预制预应力构件抗爆设计的简化方法，假定构件可以采用等效单自由度体系建模，并给出等效单自由度体系定义过程，文中讨论了爆炸荷载、动力荷载作用下的材料性能及预制预应力构件的抗爆设计。该成果均在"PCI Journal"发表，其中收录了大量有关装配式预应力结构体系的研究成果，包括构件与整体受力性能、设计及示范应用等。

合肥工业大学柳炳康教授及其科研团队设计并制作了一系列预压装配式预应力混凝土框架结构，并对其进行了拟静力和拟动力试验，考察地震反应、刚度退化、滞回性能、耗能能力、位移延性等抗震性能，试验表明，该结构体系具有良好的延性性能和较强的变形恢复能力。

东南大学孟少平教授及科研团队、种迅等介绍了采用通过后张预应力筋将预制构件连接在一起所形成的柔性连接预制框架结构，如图 17 - 5 所示，对两榀预制框架中节点进行了低周反复加载试验研究，并对一榀三层两跨框架结构进行了弹塑性静力分析。结果表明，经过合理设计的该结构能够满足抗震设防的要求，且卸载后残余变形较小，具有较强的恢复性能。蔡小宁等进行了一榀预应力自复位预制框架中节点和现浇框架中节点的低周往复荷载试验，旨在研究预应力自复位混凝土框架结构的抗震性能；并提出了一种新型预应力预制混合装配双肢墙（PPHCW）结构（见图 17 - 6），推导了 PPHCW 结构的整体性系数和肢强系数的计算公式，并对 PPHCW 结构的弹塑性性能进行了参数分析。

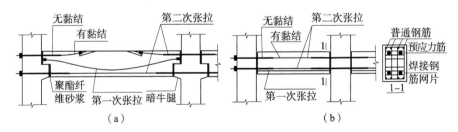

图 17 - 5　部分无黏结预制预应力混凝土结构

（a）跨度较大情况；（b）跨度较小情况

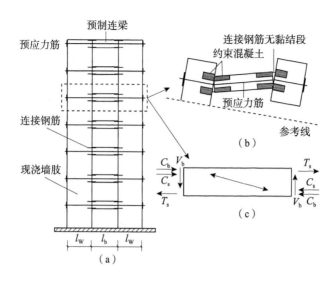

图 17－6 PPHCW 结构

（a）预应力预制混合装配双肢墙；（b）连梁组合体变形示意图；

（c）连梁受力示意图

东南大学冯健教授及其科研团队对预制预应力混凝土装配整体式框架结构进行了大量研究。蔡建国等对三个不同键槽长度的预制混凝土框架中节点的低周反复荷载试验进行了研究，并利用 OpenSees 计算平台对一榀两跨三层框架结构进行静力弹塑性分析，研究了这种框架结构体系的抗震性能。

北京建筑大学李晨光教授对新型现代预制预应力混凝土结构体系在住宅产业化中的应用进行了探讨，对预制预应力混凝土结构体系类型、预制预应力混凝土结构在美国的应用情况进行了总结，最后提出预制预应力装配建筑在我国应用的建议。

北京工业大学李振宝教授及课题组成员通过对一榀现浇框架和一榀预应力装配式框架在水平低周反复荷载作用下的试验，深入研究了预应力装配式钢筋混凝土框架裂缝分布、破坏形态、滞回曲线及位移延性等抗震性能。

六、预应力混凝土板柱结构

预应力混凝土板柱结构体系在很多国家已被广泛应用于高层及超高层混凝土建筑工程中，并作为成熟的先进技术推广与应用，逐步向工业化生产的方向发展。

　　Han 等对 4 个后张预应力板柱中节点试件进行了抗震性能试验，主要参数是节点竖向剪力水平及板中钢筋分布形式。试验表明，这两个参数对试件滞回性能影响显著，通过板底合理布置钢筋可以有效提高节点的耗能性能。此外，还设计了 3 个后张预应力板柱边节点试件进行抗震性能试验，板底布置钢筋形式是影响节点耗能性能、破坏模式等性能的主要参数。

　　Thomas Kang、Robertson 和 Hawkins 等对预应力板柱结构的相关研究进行了总结，对修订 ACI352.1R - 89 提供了建议，对冲切位移角与剪重比关系曲线进行绘制，并提出了一种无梁楼盖柱头连接方式，该连接方式已获专利授权。此外，还对 10 个试件进行了竖向荷载的静力性能研究，部分试件破坏图片如图 17 - 7 所示。

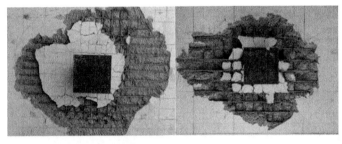
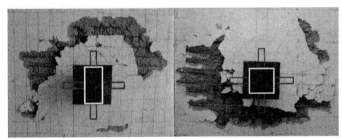

图 17 - 7　新型无梁楼盖柱头连接的竖向荷载破坏形态对比

　　Gayed 等提出了一种预应力板柱内节点受竖向荷载和水平荷载共同作用的抗冲切设计方法，共采用 7 个试件进行对比分析，变化参数为预应力筋与非预应力筋的配筋相对值。研究表明，当预应力在 0.4 ~ 1.4MPa 范围内，可以利用现有非预应力板柱设计方法进行预应力节点设计，预应力筋有效减缓刚度退化，耗能性能更好。

　　Ritchie 等提出了一种预应力板柱角节点受竖向荷载和水平荷载共同作用的抗冲切设计方法，共采用 5 个足尺试件进行对比分析，变化参数为预应力筋与非预应力筋的配筋相对值。研究表明，当预应力在 0.4～1.1MPa 范围内，可以利用现有非预应力板柱设计方法进行预应力节点设计。

Chao 等提出了一种预应力双向平板的短期变形简化计算方法，即使弹性假定其计算分析仍十分复杂，该方法考虑了双边效应、支撑条件、板纵横比、加载类型等因素，该方法的计算值与试验吻合较好。

Freyermuth 等提出了一种黏结和无黏结预应力平板结构的平板设计指导方法，该报告主要提供了设计步骤、抗弯抗剪的许可应力、钢筋分布间距的建议、非预应力筋的构造要求、控制变形跨高比、拱高控制及施工做法等，该方法应结合工程实际合理判断应用。

MacRae 等提出了一种预应力平板结构的数值优化设计方法，基于 OP-TIMAL 程序得到非线性解，变化参数为跨厚比、活荷载、张拉筋的布置及张拉应力等，并对现有规范提出了意见和修订建议。

Stjxfanou 等对不同尺寸后张预应力平板结构次内力的确定方法进行了研究，以帮助工程师在方便考虑多种复杂条件下预应力平板设计的次内力计算，通过设计辅助图表查询不同结构尺寸的次内力计算，同时考察了柱轴力变化对预应力平板设计指标的影响。Nguyen – Minh 等对 8 个大缩尺构件的后张钢纤维预应力板柱节点进行抗冲切与承载力试验研究，试验参数是钢纤维数量与混凝土抗压强度，随着钢纤维数量的增加，其抗冲切承载力、耗能性能等均有所提高，并提出一个半经验公式简化计算该结构抗冲切承载力：

$$V_u = \left(1 + \frac{b_{cr,2}}{b_{cr,1}} \frac{L_1^3}{L_2^3}\right) \frac{0.4}{\sqrt[4]{d/1000}} \Omega(f'_c)^{0.33} \left(\frac{\rho}{100}\right)^{0.2} (f_{pc} + 5) \left(\frac{V_f + 3.5}{100}\right) \times$$

$$\left(\frac{V_p}{1000} + 500\right) b_{cr,1} d \tag{5}$$

Kang 等对后张预应力板柱节点的设计方法进行了详细总结，主要包括试件关键参数、边界条件及荷载效应等内容，提出关于试件抗侧移能力、最大许可竖向剪力、抗冲切承载力及钢筋构造等。此外，还对黏结和无黏结后张预应力板柱节点的抗弯、抗剪性能进行了研究，并结合数值计算模型进行非线性分析。

郭兆军通过对装配式整体预应力板柱结构的构造和受力特点分析，结合目前较为流行的住宅建筑布置特点，运用通用分析软件 SATWE 对装配式整体预应力板柱结构住宅建筑的合理高度和跨度进行了理论分析。

整体预应力板柱结构体系为南斯拉夫 1956 年所首创，1977 年以后我国开始模型试验和试建，这种没有柱帽的无梁楼盖装配式结构体系具有承载能力高、布置灵活、节省材料及构件生产工业化的特点。我国从 20 世纪七八十年代就对整体预应力板柱结构进行了数年的试验研究和工程实践，其中东南大学吕志涛院士、哈尔滨工业大学郑文忠教授在该方面进行了大量开创性研究，目前已由中小跨度发展到较大跨度，由整间一块楼板发展到双拼板及多拼板结构，由矩形拼板发展到正六角形拼板，由密肋板发展到圆孔板，并在试验研究、施工工法及示范应用中取得了大量成果。

钢筋混凝土板－柱结构及无黏结预应力板－柱结构是一种只由楼板和柱子并通过节点连接而成的建筑结构，专家学者通过理论分析和试验研究，研究配置无黏结预应力筋的混凝土板的破坏形态和特征，讨论预应力钢筋的不同布置方式对节点冲切承载力和变形的影响等，结果表明合理配置预应力钢筋的板既能提高冲切承载力，又能改善板柱节点的延性。

南建林等对大开间预应力混凝土平板住宅的各类结构体系适用性进行了探讨分析，并对各类边支承板和柱支承板大开间住宅结构体系的性能和特点进行了总结，最后给出不同结构体系的适用范围。

陈加猛概述了高层建筑无黏结预应力混凝土无梁平板结构设计中应注意的几个问题，主要涉及抗震设计、计算模型、板上设置扁梁或暗梁、预应力度的选择等，该因素将直接影响无黏结预应力无梁平板结构的安全度、经济性及耐久性。

曹大富等分析了影响预应力平板抗冲切承载力的因素包括非预应力筋配筋率、混凝土强度等级、冲切计算周长及预应力等，探讨了预应力平板结构抗冲切承载能力的设计计算方法，提出了满足抗冲切承载能力的最小板厚及配筋节点的配筋范围。

东南大学吴京等提出为了控制无黏结预应力混凝土平板结构裂缝宽度，正常使用极限状态应以弹性弯矩作为设计依据，而对于承载能力极限状态所对应的内力，可在控制使用荷载裂缝宽度前提下适当考虑内力重分布；通过计算分析总结内力重分布的调幅幅值，对调幅后的弯矩分布进行了讨论。

重庆大学秦士洪等提出采用拟静力试验方法对两个六柱一板单层整体结构模型在水平低周反复荷载作用下的开裂破坏全过程，以及各项抗震性能指标进行了试验研究，对预应力板、边梁、异形柱在竖向荷载作用下的裂缝形成和开展进行了初步研究。

华南理工大学蔡健教授等在 6 个 1:1.5 缩尺无黏结预应力混凝土平板T 形中柱节点试件试验、6 个足尺无黏结预应力混凝土平板 T 形中柱节点试件（代表性试件设计见图 17－8）冲切性能试验的基础上，对各试件在

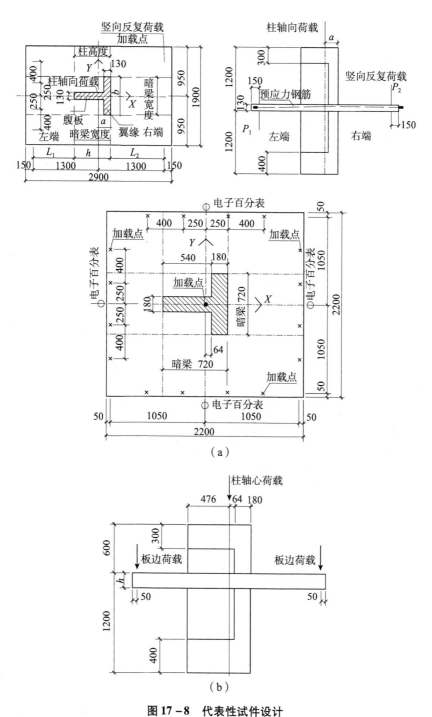

图 17-8　代表性试件设计

（a）抗震性能研究试件；（b）抗冲切性能研究试件

荷载作用下的受力过程和破坏特性进行了描述,分析了无黏结预应力钢筋应力增量变化特点、板暗梁面筋和节点区附近板暗梁箍筋的应力变化特点,对比了 T 形柱不同截面参数和不平衡弯矩不同加载方向对该节点抗震性能和不平衡弯矩分配的影响,并对该节点的抗震性能进行了评价。此外,还提出采用 ACI318、Eurocode2 和 GB 5001 规范公式均适用于计算平板 – 异形柱节点冲切承载力的设计建议。

七、预应力叠合板

装配式钢筋混凝土结构在国内的发展处于初期阶段,钢筋混凝土叠合板作为其重要的水平受力构件已成为研究的关键对象之一,成为土木工程师和科研人员关注的焦点。其中自承式钢筋桁架混凝土叠合板 [见图 17 – 9 (a)] 作为一种合理的楼板形式,已在国内外装配式混凝土结构工程中广泛采用。与传统的叠合板一样,钢筋桁架混凝土叠合板既具有预制板施工快速的优势,又具有现浇板整体刚度大、抗震性能好的优点,但与传统的混凝土叠合板相比,其又具有自身的特点及优势。

由于预应力混凝土实心平板为不带肋预制板件,为克服其在运输及施工中易折断而使预应力反拱度难以控制,以及施工过程中需设置支撑、施工工艺复杂等问题,重庆大学周绪红院士、湖南大学吴方伯教授及其科研团队研发了 PK 预应力混凝土叠合板 [见图 17 – 9 (b)],并进行了大量试验研究和数值理论分析,将预制混凝土实心平板改进为带肋的薄板,提高了薄板的刚度和承载力,增加了薄板与叠合层的黏结力,且可将底板变得更薄,减轻自重,目前已出台相应规程,并在山东省济南市装配式混凝土结构中大量采用。

预应力混凝土叠合板是由预应力混凝土薄板和后浇混凝土叠合层组成的装配整体式楼板。这种楼板的主要优点是预制薄板既是承重结构又兼作模板,与现浇板相比,可节省模板,缩短施工工期;与预制空心板相比,整体性好,抗震性强。

预应力夹心叠合板主要包括普通预应力混凝土夹芯叠合板和钢筋混凝土双向密肋夹心叠合板;预应力混凝土空心叠合板主要包括普通预应力混凝土空心叠合板、倒双 T 形空腹叠合板和 WFB 预应力空心叠合板。

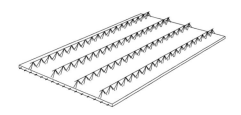

（a）

（b）

图 17 - 9 叠合板与预应力叠合板

（a）桁架混凝土叠合板；（b）PK 预应力混凝土叠合板

　　从以上综述可以看出，国内学者提出了多种钢筋混凝土叠合板形式，并开展了一定数量的试验和理论研究，取得了较多研究成果。

参考文献

［1］ YEE A A. Structural and economical benefits of precast prestressed concrete construction ［J］. PCI Journal, 2001 (7 /8)：34 - 42.

［2］ YEE A A. Social and environmental benefits of precast concrete technology ［J］. PCI Journal, 2001 (5 /6)：14 - 20.

［3］ 苏 JG/T 006—2005 预制预应力混凝土装配整体式框架（SCOPE 体系）技术规程 ［S］. 南京：江苏省工程建设标准站, 2005.

［4］ JGJ 224—2010 预制预应力混凝土装配整体式框架结构技术规程 ［S］. 北京：中国建筑工业出版社, 2011.

［5］ 薛伟辰. 预制混凝土框架结构体系研究与应用进展 ［J］. 工业建筑, 2002, 32 (11)：47 - 50.

［6］ Meng Shaoping, Chong Xun. Research on Seismic Performance of Precast Prestressed

Concrete Frame The Internat ional Symposium on Innovation & Sustainability of Structures in Civil Engineering（ISISS 2005）. Nanjing：2005.

[7] 柳炳康，张瑜中，晋哲锋，等. 预压装配式预应力混凝土框架结合部抗震性能试验研究 [J]. 建筑结构学报，2005，26（2）：60 - 65.

[8] 吕志涛，张晋. 法国预制预应力混凝土建筑技术综述 [J]. 建筑结构，2013，43（19）：1 - 4.

[9] Weichen Xue, Zhuangtao Xu, Yunjun Yang. Experimental Studies on Precast Prestressed Concrete Spatial Frame [J]. ACI Structural Journal, 2011, 108（3）：370 - 377.

[10] Hosny A, Ahmed EYS, Abdelrahman A A, et al. Strengthening precast - prestressed hollow core slabs to resist negative moments using carbon fibre reinforced polymer strips: an experimental investigation and a critical review of Canadian Standards Association S806 - 02 [J]. Can J Civ Eng, 2006, 33：955 - 967.

[11] Holden T, Restrepo J, Mander J B. Seismic Performance of Precast Reinforced and Prestressed Concrete Walls [J]. Journal of Structural Engineering, 2003, 129：286 - 296.

[12] Iverson J K, Hawkins N M. Performance of Precast/Prestressed Concrete Building Structures During Northridge Earthquake [J]. PCI Journal. 1994：38 - 55.

[13] Sanaa Alaoui, Charles Oswald. Blast - resistant design considerations for precast, prestressed concrete structures [J]. PCI Journal, 2007：53 - 66.

[14] 柳炳康，宋满荣，黄慎江，等. 三层预压装配式预应力混凝土框架抗震性能试验研究 [J]. 建筑结构学报，2011，32（9）：99 - 106.

[15] 柳炳康，黄慎江，宋满荣，等. 预压装配式预应力混凝土框架抗震性能试验研究 [J]. 土木工程学报，2011，44（11）：1 - 8.

[16] 柳炳康，宋满荣，蒋亚琼，等. 预制预应力混凝土装配整体式框架抗震性能试验研究 [J]. 建筑结构学报. 2011，32（2）：24 - 32.

[17] 柳炳康，黄慎江，宋满荣，等. 预制预应力混凝土装配整体式框架拟动力试验研究 [J]. 地震工程与工程振动，2010，30（5）：65 - 71.

[18] 种迅，孟少平，潘其健，等. 预制预应力混凝土框架结构形式及设计方法研究 [J]. 工业建筑，2006，36（5）：5 - 8.

[19] 种迅，孟少平，潘其健，等. 部分无黏结预制预应力混凝土框架及其节点抗震能力研究 [J]. 地震工程与工程振动，2007，27（4）：55 - 60.

[20] 蔡小宁，孟少平. 预应力自复位预制框架中节点试验研究 [J]. 建筑科技，2016，32（1）：76 - 80.

[21] 蔡小宁，孟少平，孙巍巍，等. 预应力预制混合装配双肢墙弹塑性性能 [J]. 东

南大学学报, 2010, 40 (6): 1257 - 1263.

[22] 蔡建国, 冯健, 王赞, 等. 预制预应力混凝土装配整体式框架抗震性能研究 [J]. 中山大学学报 (自然科学版), 2009, 48 (2): 136 - 140.

[23] 李晨光. 新型现代预制预应力混凝土结构体系在住宅产业化中的应用 [J]. 施工技术, 2010: 16 - 19.

[24] 朱洪进. 预制预应力混凝土装配整体式框架结构 (世构体系) 节点试验研究 [D]. 南京: 东南大学, 2006.

[25] 韩建强, 李振宝, 宋佳, 等. 预应力装配式框架结构试验研究与分析 [J]. 四川建筑科学研究, 2010, 36 (5): 130 - 133.

[26] 韩建强, 李振宝, 宋佳, 等. 预应力装配式框架结构抗震性能试验研究和有限元分析 [J]. 建筑结构学报, 2006 (增刊1): 311 - 314.

[27] Han S W, Kee S H, Kang T H K, et al. Cyclic behaviour of interior post - tensioned flat plate connections [J]. Magazine of Concrete Research, 2006: 699 - 711.

[28] Han S W, Kee S H, Parka Y M. Hysteretic behavior of exterior post - tensioned flat plate connections [J]. Engineering Structures. 2006: 1983 - 1996.

[29] Kang T H K, Lafave J M, Robertson I N, et al. Post - Tensioned Slab - Column Connections [J]. Concrete International, 2007: 69 - 77.

[30] Kim J W, Lee C H, Kang T H K, et al. Shearhead Reinforcement for Concrete Slab to Concrete - Filled Tube Column Connections [J]. ACI Structural Journal, 2014, 111 (3): 629 - 638.

[31] Gayed B, Ghali A. Seismic - Resistant Joints of Interior Columns with Prestressed Slabs [J]. ACI Structural Journal, 2006, 103 (5): 710 - 719.

[32] Ritchie M, Ghali A. Seismic - Resistant Connections of Edge Columns with Prestressed Slabs [J]. ACI Structural Journal, 2005, 102 (2): 314 - 323.

[33] Chao S H, Naaman A E. Simplified Calculation of Short - Term Deflection in Prestressed Two - Way Flat Slabs [J]. ACI Structural Journal, 2006, 103 (6): 850 - 856.

[34] Clifford L. Freyermuth. Tentative Recommendations for Prestressed Concrete Flat Plates [J]. ACI Joural, 1974.

[35] MacRael A J, Cohn M Z. Optimization of Prestressed Concrete Flat Plates [J]. Journal of Structural Engineering, 1987, 113 (5): 943 - 957.

[36] Kim U, Kang T H K, Chakrabarti P R. Rehabilitation of Unbonded Post - Tensioned Slabs with Different Boundary Conditions [J]. PTI Journal, 2012, 8 (2).

[37] Long Nguyen - Minh, Marian Rovnak, Thanh Le - Phuoc. Punching shear resistance of post - tensioned steel fiber reinforced concrete flat plates [J]. Engineering Structures,

2012：324 – 337.

[38] Thomas H – K KANG, Ian N. Robertson, Neil M Hawkins. Recommendations for De-sign of Post – Tensioned Slab – Column Connections Subjected to Lateral Loading [J]. PTI Journal, 2008, 6 (1)：44 – 59.

[39] Thomas H – K Kang, Yu Huang, Myoungsu Shin, et al. Experimental and Numerical Assessment of Bonded and Unbonded Post – Tensioned Concrete Members [J]. ACI Joural, 2015, 112 (6)：735 – 748.

[40] THOMAS H – K KANG, JOHN W WALLACE. Stresses in Unbonded Tendons of Post – Tensioned Flat Plate Systems Under Dynamic Excitation [J]. PTI Journal, 2008；6 (1)：31 –44.

[41] 郭兆军. 装配式整体预应力板柱结构住宅建筑合理高度和跨度分析 [D]. 上海：同济大学，2007.

[42] 陆竹卿，胡骏代，颜茂兰，等. 整体预应力板柱结构试验住宅抗震性能的分析 [J]. 四川建筑科学研究 . 1981：45 – 62.

[43] 杨景华，黄仲康. 整体预应力板柱结构折线配筋方法的探讨 [J]. 四川建筑科学研究，1980：27 – 33.

[44] 郑到宏，冯靖宇. 整体预应力装配式板柱建筑技术的研究 [J]. 四川建筑科学研究，1984：21 – 28.

[45] 杨华雄. 整体式预应力装配式板柱结构的承载力公式 [C]. 高效预应力混凝土工程实践，1993.

[46] 刘德馨. 整体预应力板柱结构的动力特性和变形特点 [J]. 四川建筑科学研究，1983：28 – 32.

[47] 韩英才，李贵宝，熊占路，等. 整体预应力板柱结构的抗震特性 [J]. 建筑结构学报，1991，12 (3)：1 – 12.

[48] 杨景华，黄仲康. 整体预应力板柱结构计算与分析 [J]. 工业建筑，1984：12 – 20.

[49] 杨景华，陈蜀贤. 整体预应力板柱结构实测分析 [J]. 四川建筑科学研究，1980：5 – 14.

[50] 丁泽龙，黄仲康. 整体预应力板柱结构试验住宅结构设计 [J]. 四川建筑科学研究，1980：15 – 22.

[51] 崔博，徐皎. 北京科技会展中心预应力板柱结构设计分析 [J]. 建筑结构，2002，32 (3)：47 – 49.

[52] 陈庸澈，林俊权. 高层建筑无黏结预应力板柱结构体系设计探讨——福州置地广场建筑结构设计 [J]. 福建建筑，1997 (增刊)：59 – 62.

［53］彭华，黄仲康．珠峰宾馆整体预应力板柱结构［J］．四川建材，2008：90－92．

［54］郑文忠，曹大富，吕志涛．装配整体预应力板柱结构（IMS体系）综述［J］．江苏建筑，1994：41－44．

［55］邹磊．无黏结预应力板－柱结构抗震性能研究［D］．成都：西南交通大学，2012．

［56］朱幼麟．装配整体式板柱结构的预应力设计［J］．建筑结构，1991：3－7．

［57］王丰，阎石，周锦瑞．配置无黏结预应力筋的板柱节点抗冲切性能试验［J］．沈阳建筑工程学院学报（自然科学版），2004，20（3）：170－174．

［58］王增春，南建林，黄鼎业．预应力板柱节点抗冲切强度的脱离体模型［J］．四川建筑科学研究，2006，32（5）：11－14．

［59］阎兴华，蒲见恕，王娴明．预应力装配式板柱节点试验与承载能力计算［J］．北京建筑工程学院学报，1991：47－56．

［60］郑文忠，俞伟根，吕志涛．后张预应力平板－柱结构实用设计方法的研究［J］．东南大学学报，1994，24（6）：32－38．

［61］南建林，黄鼎业．大开间预应力混凝土平板住宅的结构体系［J］．建筑科学，2010，26（5）：22－27．

［62］陈加猛．高层无黏结预应力混凝土无梁平板结构设计中应注意的几个问题［J］．广州建筑，1998：7－9．

［63］曹大富，姜庭鲤．无黏结预应力平板－柱结构节点抗冲切承载力设计计算方法的研究［J］．工程力学，1996增刊：127－130．

［64］吴京，孟少平，王翠．预应力平板结构的内力重分布和裂缝控制［J］．工业建筑，2009，39（12）：14－17．

［65］秦士洪，李唐宁，黄宗明，等．预应力平板－异形柱结构抗震性能试验研究［J］．地震工程与工程振动，2007，27（4）：47－54．

［66］江峰，李唐宁，秦士洪．带边梁和异形柱无黏结预应力平板在竖向荷载作用下的试验研究［J］．西安建筑科技大学学报（自然科学版），2008，40（4）：469－476．

［67］蔡健，李光星，李璟，等．无黏结预应力混凝土平板－T形中柱节点抗震性能试验研究［J］．建筑结构学报，2004，25（6）：37－43．

［68］李光星，蔡健．竖向荷载作用下无黏结预应力砼平板－T形柱节点的试验研究［J］．华南理工大学学报（自然科学版），2004，32（12）：31－46．

［69］李光星，蔡健，陈加猛，等．无黏结预应力混凝土平板－T形柱节点冲切性能试验研究［J］．东南大学学报（自然科学版），2005，35（4）：563－568．

［70］黄炎生，姚大鑫，蔡健，等．新型钢管混凝土板柱节点抗冲切性能的试验研究

[J]. 工业建筑, 2005, 35 (11): 24 – 26.

[71] 姚大鑫, 蔡健, 刘付钧. 新型钢管混凝土板柱节点抗冲切性能的试验研究 [J]. 广西师范学院学报 (自然科学版). 2006: 264 – 267.

[72] 林凡, 蔡健, 刘付钧, 等. 新型钢管混凝土板柱结构中柱节点抗震性能试验研究 [J]. 华南理工大学学报 (自然科学版), 2005, 33 (11): 79 – 84.

[73] 唐氓, 蔡健. 新型钢管混凝土柱 – 平板节点的非线性有限元分析 [J]. 华南理工大学学报 (自然科学版), 2003, 31 (6): 15 – 19.

[74] 刘付钧, 蔡健, 刘丽艳, 等. 新型钢管混凝土柱 – 平板节点的基本性能 [J]. 华南理工大学学报 (自然科学版), 2003, 31 (6): 5 – 9.

[75] 刘付钧, 蔡健, 张学文, 等. 新型钢管混凝土柱—平板节点轴压性能研究 (I) ——试验概况及结果分析 [J]. 华南理工大学学报 (自然科学版), 2003, 31 (3): 77 – 80.

[76] 张学文, 蔡健, 刘付钧, 等. 新型钢管混凝土柱—平板节点轴压性能研究 (II) ——承载力计算公式及构造要求 [J]. 华南理工大学学报 (自然科学版), 2003, 31 (3): 81 – 84.

[77] 何建罡, 唐志毅, 张兴富, 等. 钢管混凝土板柱节点的试验研究 [J]. 建筑结构, 2001, 31 (12): 44 – 46.

[78] 朱筱俊, 梁书亭, 蒋永生, 等. 钢管混凝土板柱结构剪力环节点冲切试验 [J]. 东南大学学报, 1998, 28 (2): 57 – 62.

[79] 张玉敏, 苏幼坡, 苏经宇. 新型梁柱 – 钢管混凝土板柱混合结构试验研究 [J]. 北京工业大学学报, 2013, 39 (4): 576 – 581.

[80] 孙哲哲, 李明, 赵唯坚, 等. 国内钢筋混凝土叠合板的研究进展 [C]. 第21届全国结构工程学术会议论文集 III 册, 2012.

[81] 周绪红, 张微伟, 吴方伯, 等. 预应力混凝土四边简支双向叠合板的设计方法 [J]. 建筑科学与工程学报, 2006, 23 (4): 54 – 57.

[82] 吴方伯, 黄海林, 陈伟, 等. 预制带肋薄板混凝土叠合板件受力性能试验研究 [J]. 土木建筑与环境工程, 2011, 33 (4): 7 – 12.

[83] 吴方伯, 黄海林, 陈伟, 等. 预制预应力带肋底板 – 混凝土叠合板双向受力效应理论研究 [J]. 工业建筑, 2010, 40 (11): 55 – 58.

[84] 吴方伯, 黄海林, 陈伟, 等. 肋上开孔对预制预应力混凝土带肋薄板施工阶段挠度计算方法的影响研究 [J]. 工程力学, 2011, 28 (11): 64 – 71.

[85] 吴方伯, 黄海林, 陈伟, 等. 叠合板用预制预应力混凝土带肋薄板的刚度试验研究与计算方法 [J]. 湖南大学学报 (自然科学版), 2011, 38 (4): 1 – 7.

第四篇

建筑产业现代化与
绿色建筑

18 装配式结构与保障性住房建设

　　装配整体式混凝土结构是采用预制混凝土构件或部件，在施工现场装配而形成整体的结构（precast concrete structure，PC 结构）。以 PC 技术为代表的住宅工业化是建筑产业化的核心内容，是建筑产业现代化的重要标志。PC 技术运用现代工业化的组织和生产手段，对住宅生产的全过程的各个阶段及各个生产要素通过技术集成和系统整合，达到建筑设计标准化、构件生产工厂化、住宅部品系列化、现场施工装配化、结构装修一体化、生产经营社会化，形成有序的工厂化流水式作业，从而达到提高质量、提高效率、提高寿命、降低成本、降低能耗的目的。

一、国外预制装配式住宅在政府公共住房中的应用

（一）国外预制装配式住宅的应用原因

　　（1）住宅建设量大，供给严重不足是建筑产业化得以发展的首要原因。大批量建设住宅是国外早期发展住宅工业化的主要需求之一。每一个国家发展住宅工业化的早期都是为了尽快解决数量问题。欧洲住宅工业化技术真正得以运用和发展便是在第二次世界大战后各国为了缓解大量居住住宅不足而进行的公共性质的住宅建设时期。

　　（2）人工成本问题是建筑产业化得以发展的重要原因。第二次世界大战后，欧美及日本等国的劳动力极其短缺，工价昂贵，为降低高昂的劳动力成本，一些企业就开始考虑提高建筑过程的机械化和自动化水平，减少人工的使用，从而推动了建筑产业化的发展。

　　（3）提升住宅质量是建筑产业化得以发展的必然要求。第二次世界大

战后，西方发达国家在公共租赁住房建设从数量到质量的转型过程当中，认识到必须要采用工业化的建设方式，才能保证大规模的公共住房建设的质量，这是他们最基本的思路。多数西方发达国家都研发了针对公共住房量产化的技术，住宅部品和基本体系在他们的公共住房，也就是政府保障性质的住房中得到研发和采用，以提高建筑质量（见图 18 –1、图 18 –2）。

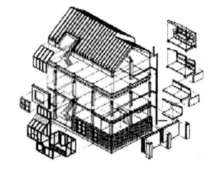

图 18 –1　英国 20 世纪 60 年代的 PC 住宅　　　图 18 –2　丹麦工业化住宅技术提案

（二）　国外与中国香港地区装配式住宅在政府公共住宅中的应用情况

法国是工业化住宅体系发展比较早的国家，20 世纪 50～60 年代是其工业化住宅的数量阶段，使用的绝大部分都是预制混凝土结构的体系（见图 18 –3）。

日本早在 20 世纪 50 年代后期便开始了住宅的 PC 化生产（见图 18 –4），由日本建设省、公团（公营公司）主导 PC 技术的研究，并在公租房等政府项目中强力实施。在随后的数十年间，政府引导贯穿始终，PC 技术也从政府项目、公共住宅走向市场化的商品化住宅、医院商场、学校仓库等各类建筑，最终得到全面推广。

中国香港地区的建筑产业化最早是由政府通过兴建"公屋"来推进的。当时提出在"公屋"中推行工厂化生产，是为了提高住宅产品的质量和建设速度。中国香港地区于 1953 年启动"公屋计划"；20 世纪 80 年代中期，大规模的"公屋计划"采用预制建筑设计连同模块标准化设计；到

2002 年，预制构件方量约占 17%，2007 年至今，绝大多数公屋及过半数私人发展商项目使用预制技术。

图 18 - 3　1963 年法国 PC 住宅施工现场　　图 18 - 4　日本某超高层 PC 住宅

二、PC 技术在中国内地的应用和现状

（一）PC 技术在中国内地的应用历史

20 世纪 50 年代，我国学习苏联经验，在全国建筑业推行标准化、工业化、机械化，发展预制构件和预制装配建筑，兴起中国第一次建筑工业化高潮，在构件工厂化预制、中小型建筑施工机械、预制装配式工业厂房、砌块建筑等方面取得了一定的进展。

20 世纪 70 年代，预制混凝土空心楼板已得到了广泛应用。70 年代末，我国引进了南斯拉夫预制预应力混凝土板柱结构体系，即 IMS 体系。我国借鉴各国正反两方面的经验，同时以民用住宅为主，从我国实际出发，发展具有中国特色的建筑工业化，走出了富有成效的一步，在标准化设计方法的改进、构配件生产能力的提高，大模板、框架轻板、装配式复合墙板等新型建筑体系和材料的发展，预拌商品混凝土、大型起重运输机械设计生产、机械化施工、预应力技术等方面取得了很大的成绩，房屋建造能力和速度有了一定的提高。

但从总体说来，我国的预制混凝土技术比较落后，一方面，由于唐山地震中大量预制混凝土结构遭到破坏使人们对预制结构的应用更加保守；另一方面，国内的预制混凝土构件存在着跨度小、承载力低、延性差、品

155

种单一等诸多问题。而且，最重要的问题是当时外墙的防水、防渗技术比较落后。由于当时的大板施工没有采用构造防水，而且使用的密封胶质量不过关，过了两三年之后容易出现渗漏现象。所有这些问题，造成其居住质量和使用功能较差，大板施工法逐渐退出了建筑市场，业内也停止了对预制技术的研究，预制装配技术不得不"被淘汰"。

与此同时，PC 技术在日本及中国台湾地区得到了迅速发展和广泛应用。在地震频发的日本及中国台湾地区，PC 建筑甚至表现出了较现浇结构更好的抗震性能。日本的 PC 建筑最高已达 58 层，193.5m（前田公司 2008 年建成），中国的台湾的 PC 建筑已达 38 层，133.2m（台湾润泰蓝海住宅，2008 年建成，见图 18-5）。

图 18-5　台湾润泰
蓝海住宅

在 PC 住宅的抗震问题得到解决的同时，防水、防渗等主要问题也得到了很好解决，而且工业化的生产方式使 PC 住宅在质量方面较现浇结构更具优势，PC 住宅已成为品质住宅的代名词。例如，台北最高档的住宅——宏盛帝宝大厦，就采用了 PC 预制外墙板技术，如图 18-6 所示。

图 18-6　台北宏盛帝宝大厦

进入 20 世纪 90 年代以后，我国掀起了房地产发展的狂潮，这种发展以资金和土地的大量投入为基础，建筑技术仍然停留在原有水平，而此时建筑工业化的研究与发展几乎处于停滞甚至倒退阶段。直到 1995 年以后，为了实现"小康"目标的需要，我国开始注重住宅的功能和质量。在总结和借鉴国内外经验教训的基础上，重新提出建筑工业化的口号，尤其是住宅建筑工业化仍将是今后发展的方向，并提出了发展建筑产业化和推进建筑产业化的思路，从而使住宅建设步入一个新的发展阶段。

（二）PC 技术在国内的应用现状

全国房地产龙头企业——万科房地产开发有限公司积极推进住宅产业化的进展，并取得了一定的成效。2007 年年初，上海万科开始建造首批住宅产业化楼——浦东新里程 20 号、21 号（见图 18 - 7、图 18 - 8），建筑面积 1.44 万平方米。自 2007 ~ 2009 年，万科集团在三大区域所属 4 个分公司实施工业化住宅建设，累计完成工业化住宅面积 26.6 万平方米。

图 18 - 7　万科新里程吊装图　　　　图 18 - 8　万科新里程实景图

国内除了万科集团以外，还有上海城建集团（与台湾润泰集团合作，前期重点发展框架结构体系，见图 18 - 9）、黑龙江宇辉建设集团（与哈尔滨工业大学合作，前期研究重点是预制装配整体式剪力墙结构体系）、南京大地建设集团（主要引进、消化、吸收和发展了法国的预制预应力混凝土装配整体式框架——简称世构体系）、中南建设集团（主要引进、消化、吸收和发展了澳大利亚的预制装配整体式剪力墙结构体系技术，见图 18 - 10）等企业都在 PC 住宅之路上起步探索。

图 18 - 9　上海城建 2 号试验楼　　　　图 18 - 10　中南建设海门世纪城 33 号楼

三、国内保障房建设面临的问题

保障性住房（简称保障房）是与商品性住房（简称商品房）相对应的一个概念，保障性住房是指除了动迁安置房外，政府为中低收入住房困难家庭所提供的限定标准、限定价格或租金的住房，由廉租住房、经济适用住房和政策性租赁住房构成。

（一）保障房的特点

保障房建设由国家主导，具有建设规模大、时间周期短、户型规格较少、个性化需求低的特点。同时，保障房涉及民生，较易引起各方关注，质量要求高；保障房面对的中低收入群体，支付能力有限，对建筑成本反应较为敏感。

（二）我国保障房与国外早期公共住房建设面临的共性问题

1. 建设规模大，建造效率低

我国建筑工人的人均竣工住宅面积每年仅30多平方米，这与持续推动建筑产业化的发达国家相比，相去甚远。日本人均竣工住宅面积高达110~120平方米，施工效率远超我国。因此，从西方的情况来看，以公共住房工业化的体系作为基础，研究一种"量产化"的大量生产，是非常重要的建设经验。

2. 人工成本上升

建筑业吸纳了我国约1/4的外出农民工大军。近年来，建筑农民工的工资水平保持了持续上涨。一个显著的证据就是我国各地目前仍采用的几年前的概预算定额人工费基价已经远低于实际的人工费水平。由于定额更新速度跟不上人工费变化的速度，因此，各地普遍通过发布人工费调整文件的形式来指导建设工程项目的计价工作。

目前，我国典型地区普工（杂工）的工资标准为每工日100~120元，普通技术工人的工资标准为每工日150~180元，一些专业技术工人日工资高达300~400元。在一些经济发达地区，一名技术工人月收入可达上万元，建筑工人相关成本呈不断上升之势。

人工费尽管已是建筑安装工程费用的重要组成部分，但其占建筑安装工程费用的比重仍然很低，介于 10% ~ 35%，平均为 20% 左右。人工费平均比重远低于材料费占建筑工程费 50% ~ 60% 的平均比重水平，较发达国家可达 50% 以上的人工费比重水平仍然有很大的差距。万科多年来坚定地实践建筑产业化的一个重要原因正是因为中国劳动力的价格必将出现巨大的涨幅。由于建筑行业劳动强度大，劳动环境差，社会地位低，许多年轻农民工宁愿进入收入较少的行业，也不愿从事建筑行业。劳动力成本的上涨、劳动力的短缺，从短期来看，只是给目前企业带来较大的压力，而从长期来看，这种压力将会越来越大。

3. 质量问题层出不穷

我国每年近千万套、近十亿平方米的住宅，由没有经过专业培训、缺乏职业技能的农民工进行手工作业，这种施工生产方式正是"滴、漏、跑、冒、渗"等住宅质量通病的重要原因之一，进而导致了住宅性能不高、资源浪费严重。2010 年，北京大兴区九栋保障性住房中，八栋被查出混凝土强度未达设计要求，其中六栋被勒令拆除重建。2011 年 7 月，郑州市一处拆迁安置小区 8 栋刚封顶的楼房，因为存在严重质量问题和安全隐患，被全部拆除重建。

（三）我国保障房建设面临的新问题

1. 安全生产的压力

由于行业特点、工人素质、管理难度等原因，以及文化观念、社会发展水平等社会现实，建筑工程安全生产形势严峻，建筑业已经成为我国所有工业部门中仅次于采矿业的最危险的行业。现场施工、高空作业的高危险长期威胁着建筑工人的生命安全，每年都有大量建筑工人伤亡。从建造体系入手，改变生产方式和生产环境，提高安全管理水平，提高人员素质，是企业实行安全生产的迫切要求。

2. 节能减排的压力

当前，我国在住宅建造和使用过程中消耗的能源占社会总能耗的 30%，相关建材的生产能耗占 16.7%。建筑行业到 2020 年有将基准排放降低 29% 的潜力，居所有行业之冠，是减排的重点努力方向。

3. 产业升级的压力

我国住宅产业还处于粗放型发展阶段，高品质住房需求与落后生产方式的矛盾还十分突出，工业化水平低、生产效率差、技术集成能力弱、集约化程度低、资源消耗高等问题已经严重制约了我国住宅产业整体水平的提升，阻碍了住宅产业的可持续发展，而且影响到国家节能减排目标的实现。传统的住宅建造方式已经难以满足人民群众日益增长的物质需求，不能完全适应我国经济社会发展的需要，改变传统的住宅建造方式已成为实现科学发展的必然要求。推进建筑产业化，改变传统方式，促进住宅建设的产业升级，使住宅产业逐步走上科技含量高、资源消耗低、环境污染少、经济效益好的道路已经成为社会共识。

四、PC 技术与保障房建设的相互促进

（一）保障房建设采用 PC 技术的优势所在

1. 标准化、模数化

保障房户型规格较少，采用 PC 技术，可实现结构构件的标准化、模数化设计和生产，建筑工业化生产方式的优势能够得以体现。若在建设过程中尽量采用相似的建筑风格、户型和结构，便于使用同一规格、同一标准的成型部品、构件，根据规模经济的原理，可以大大降低部品、构件的生产成本，从而降低建设成本。

2. 建设速度快

PC 技术可以缩短现场施工的时间，加快建设速度。

首先，工程中所使用的部品、构件由专业化企业在工厂环境中生产，不受天气、季节的影响，供应稳定，可以节省施工过程中部品、构件生产、加工和养护所消耗的时间。

其次，直接使用商品化的部品、构件，相当于施工过程的前移，减少了施工流程的交叉，可以进行并联式施工，缩短施工流程。

最后，PC 建筑施工过程以现场装配为主，只需在关节点上实施连接和现场浇筑。同时，很大程度上突破了气象限制，不再要求施工现场天气晴好，或者施工温度在摄氏零度以上。南方多雨、北方冰冻等不良天气对住

宅施工的影响将大为减少（见图 18 - 11、图 18 - 12）。

图 18 - 11　外墙板吊装　　　　　　图 18 - 12　预制梁吊装

3. 质量稳定，提升品质

PC 技术是以标准化、系列化和工业化为前提的，能够保证部件生产的同质化，避免构件尺寸不符合设计要求而产生裂缝，较好地解决窗台、外墙渗水，水电管线及消防设施存在安全隐患等传统施工方式存在的通病。预制梁、板、柱、阳台、楼梯等在车间内制作，标准化蒸汽养护，产品质量得到了更有效的控制，抗裂性能大为增强，用该构件建造的房屋结构具有良好的整体性和抗震性，并且预制构件外观光洁，房屋框架细部美观（见图 18 - 13、图 18 - 14）。

图 18 - 13　预制构件——柱　　　　图 18 - 14　预制构件——梁

4. 减少环境污染

PC 技术现场装配式施工，立柱、搭梁、装板过程几乎不产生扬尘，现场水泥砂浆用量亦明显减少。现场作业的振动、机具运转、工地汽笛产生的噪声明显降低，施工工地和现场周边的环境可以得到有效保护。

5. 节能减排、节省人工

根据发达国家的经验，建筑产业化在节能减排方面具有明显社会效益，工业化建造方式的水耗、能耗、人工、垃圾和污水排放量较传统建造方式都大大降低。其中水耗、垃圾和污水排放量降低均达 62%，能耗、人工分别减少 38% 与 46%，节约材料可达到 20% 左右，节能减排效益的各项指标都很明显。

（二）保障房建设可以促进建筑产业化的发展

保障房的建设，对于 PC 技术的发展，也具有巨大的促进作用。

1. 提供发展的市场土壤

直接面对市场的开发企业是整个产业链的枢纽，只有在房地产开发商每年的开发总量达到一定规模的情况下，开发商才有能力进行建筑产业化的尝试。而只有当开发规模足够大，且建筑采用标准化、模数化预制，使得建设增加的成本能够得以摊薄，住宅的最终售价增加在可控的情况下，建筑产业化才有可能进行。大规模的保障房建设为建筑产业化提供了得以发展的市场土壤。

2. 降低 PC 住宅造价

大规模保障房的建设，由于其特定的房型规格要求，使标准化、模数化预制成为可能，促使部品通过工业化生产大幅度降低生产成本，同时，使 PC 构件的模具种类降到最少，模具重复使用的次数达到最大，解决了 PC 构件钢模周转率低的问题，从而降低了 PC 建筑的成本。

3. 促进社会专业分工的形成与细化

大规模的保障房建设能够促进住宅产业大型企业集团的形成和发展，并按照产业链要求发展区域性的住宅产业企业集群，逐步形成一大批专业化、规模化的构配件、部品生产企业，再由综合化的企业集团将这些中小企业整合起来，实现产品技术、标准、信息的共享，为住宅部品的专业化生产与社会化配套供应提供条件，从而促进了住宅产业社会专业分工的形成与细化，促进了住宅产业主体和群体的形成与发展。

4. 促进技术体系的形成与发展

保障房以政府为主导，容易在政府主持或指导下形成一个平台，多家开发商、部品商、施工方、构件制作企业能够在此平台上，对模数化、标准化、部品工业化、施工技术等问题进行科技研发，在此基础上达成技术体系的形成与发展。

PC 技术建造速度快、产品质量好、造价得以控制、节能环保的生产方式既能解决我国大规模保障房建设面临的压力问题，又能满足保障房个性化需求低、建设周期短、质量要求高、造价可控的特点，同时由于保障性住房的建设规模大、标准化程度较高，用户的个性化需求较低，为以 PC 技术为代表的建筑产业化建设提供了难得的市场机遇和发展空间。随着建筑产业化程度的提高，将极大促进全行业产品品质的提升，使整个行业朝着健康、环保、可持续的方向发展。可以预期，大规模的保障房建设为 PC 技术的发展提供了良好契机，两者的良性互动将为 PC 技术与保障房建设提供紧密结合的驱动力。

参考文献

[1] 张凯. PC 技术在保障房建设中的应用 [J]. 住宅产业，2012 (5)：55 – 59.

[2] 聂梅生. 论新世纪的我国建筑产业化 [J]. 中国建材科技，2001 (4)：16 – 18.

[3] 韩琦. 中国建筑产业化存在的问题及对策研究 [D]. 武汉：华中师范大学，2007.

[4] 郝飞，范悦，秦培亮，等. 日本 SI 住宅的绿色建筑理念 [J]. 住宅产业，2008 (2)：87 – 90.

[5] 高祥. 日本建筑产业化政策对我国建筑产业化发展的启示 [J]. 住宅产业，2007 (6)：89 – 90.

[6] 丁成章. 工厂化制造住宅与建筑产业化 [M]. 北京：机械工业出版社，2004.

[7] 陆烨，李国强. 日本产业化高层钢结构住宅体系介绍（1）——建筑与结构体系 [J]. 建筑钢结构进展（增刊），2003 (5).

[8] 陆烨，李国强. 日本产业化高层钢结构住宅体系介绍（2）——构造与施工工法 [J]. 建筑钢结构进展（增刊），2003 (5)：31.

[9] 张传生，张凯. 工业化预制装配式住宅建设研究与应用. 住宅产业，2012 (6)：24 – 28.

19 轻钢集成房屋与技术经济分析
——以唐山市为例

近年来，随着唐山市的住宅建设步伐加快，在建和已建住宅多为钢筋混凝土结构，钢结构建筑多为工业厂房，钢结构住宅项目较少，尚未建成有规模和示范效应的钢结构住宅小区。在国家全面推进钢结构住宅产业化的大形势下，唐山市大力发展钢结构住宅，有利于优化住宅产业结构、消耗钢铁资源、实现建设领域节能减排，具有较好的发展前景。

（1）经济条件。钢结构作为新型的建筑形式，是社会经济发展的产物。从发达国家住宅产业化的发展形势分析，城市人口率达到50%、人均GDP达到2000美元以上时，钢结构住宅建设就会进入高速发展期。2014年，唐山市人均GDP达到了13148美元，城市化率达到了58.8%，这就意味着唐山市钢结构产业发展的经济条件完全具备。

（2）物质条件。唐山是钢铁大市，钢铁产能达到1.4亿吨，钢材产量大、质量好，规格齐全、品种丰富，与钢结构住宅建设需求相匹配，为钢结构建筑的发展打下了良好基础。据测算，钢结构住宅每平方米耗钢量约为110~120kg，比钢筋混凝土剪力墙结构住宅耗钢量增加60kg左右，是唐山市解决钢铁行业产能过剩问题的途径之一。

（3）产业条件。位于玉田县的河北杭萧钢构有限公司，是集钢结构设计、制作和安装于一身的专业建筑公司，拥有多条先进的生产线和先进的加工设备，每年钢结构生产能力可达到8t，年产压型板材90万平方米。同时，唐山市还拥有唐山惠达卫浴公司和中国二十二冶集团两个国家级住宅产业化基地，河北津西集团正在谋划创建国家钢结构住宅产业化基地，以及唐山市规划建筑设计研究院、中国二十二冶集团、冀东发展燕东建设公司等多家钢结构住宅的设计、施工及构件生产企业，为钢结构住宅产业化发展提供了良好的技术保障。目前，具备钢结构建筑设计资质企业26家，其中甲级 7 家、乙级 11 家、丙级 8 家；具备钢结构建筑施工资质企业 101 家，其中一级 8 家、二级 19 家、三级 74 家。

（4）地质条件。唐山市处于地震断裂带，房屋建筑的抗震设防标准较高。钢结构住宅具有良好的抗震性能，符合唐山市建筑抗震设防要求。

一、唐山轻钢结构住宅实验园区

（一）园区介绍

唐山市轻钢结构住宅实验园区位于唐山市西北部，总建筑面积 14594.6m^2，园区有别墅类住宅十四栋，包括三栋三层独立别墅，四栋三层半独立别墅，两栋三层联体别墅，两栋五层跃层联体别墅以及从韩国引进的两栋局部二层别墅和一栋一层别墅共七种户型，五十套住宅。该园区是河北省首个轻钢结构住宅试点工程，其形式、设计、技术处于我国领先地位，具有推广意义。

唐山市轻钢结构住宅实验园区有十二栋住宅由该市自行施工建设，并采用国产建材，主体结构采用 H 型钢作为主体承重结构，采用新型节能标准化预制墙板 ALC 板等新型材料。主体钢框架用钢板制作 H 型钢和轧制 H 型钢进行装配，屋顶骨架用 H 型钢和 C 型檩条构建，独立基础采用钢筋混凝土，预埋锚栓与基础连接成钢柱。框架梁柱间采用栓焊刚性连接，钢梁间采用栓接铰性或栓焊刚性连接。螺栓采用扭剪型高强螺栓，并引弧板及灭弧板施焊。楼板采用现浇钢筋混凝土楼板，墙板（地下室）采用现浇钢筋混凝土墙板。

（二）成本分析

从园区数据看，轻钢结构住宅的造价较传统结构住宅高，但性价比优势显著。因此，合理价格定位，对促进钢结构住宅的推广有十分重要的意义。将轻钢结构住宅楼与普通钢筋混凝土结构住宅楼的造价进行对比分析，现以该园区的 T5F 型五层跃层式住宅为例进行测算，如表 19-1 所示。

表 19 - 1　唐山市轻钢结构住宅造价汇总　　　　　　单位：元/m²

住宅类型	单方造价	本体以外投资单价	本体单价
A1[①]	6155	712	5443
2A2[①]	6086	712	5374
3A3[①]	6231	712	5319
T5F - 3	2263	821	1442
T5F - 4	2263	821	1442
T3F	2340	821	1591
D1	3085	821	2264
SD1	2481	821	1660

注：本体以外投资单价是指征地费、配套、楼本体造价、外网等费用。

①为韩国承建的钢房。

　　原设计方案是传统的钢筋混凝土结构，内外墙采用加气混凝土砌块。成本测算为：钢框架 429 元/m²，墙板 252 元/m²，室内地面 169 元/m²，地下室 155 元/m²，平窗 129 元/m²，管道线路安装 140 元/m²，内外装饰 168 元/m²，T5F 型住宅本体造价为 1442 元/m²（各部分所占比例见图 19 - 1）。鉴于跃层别墅，其室内配有钢制楼梯，屋面设计五彩油毡瓦坡屋面，使用电泳铝合金中空玻璃、ALC 板等新建材，且含钢量达到 77.06kg/m²，故本体造价较高。若依据《河北省轻型房屋钢结构设计规程》[DB13（J）/T 34—2002]，

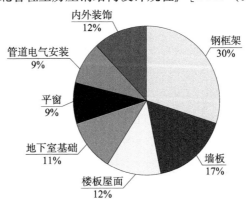

图 19 - 1　轻钢结构造价各部分比例

166

采用轻钢结构框架条式住宅楼设计，含钢量为 60.4kg/m²，如墙体采用加气混凝土砌块，本体造价为 998 元/m²，相对普通框架结构高 165 元/m²，如采用综合性能更好的蒸汽加压混凝土板（ALC 板）本体造价为 1194 元/m²，相对普通混凝土框架结构高 361 元/m²。

此外，H 型钢和墙体材料在造价降低方面可进一步挖潜。一方面以工厂化生产的轧制 H 型钢代替钢板制作 H 型钢，造价可降低 76 元/m²，另一方面如本地能够生产蒸汽加压混凝土板，造价可降低 63 元/m²。通过试点建设实践和市场调查、分析，5~6 层钢结构住宅价格能被广大消费者接受并推广。

《商品住宅性能评定方法和指标体系（试行）》将住宅划分为安全性住宅、适用性住宅、耐久性住宅、环境性住宅和经济性住宅。此举能够反映住宅满足某种特定效能、功用或效用。现列举钢结构、钢筋混凝土结构和砖混结构指标（见表 19-2），以便更加准确、直观地了解轻钢结构住宅与其他住宅结构体系的差别，并以此为依据分析发展形势。

表 19-2　各类结构体系住宅指标

类别	项目	说明	砖混结构	钢筋混凝土结构	钢结构	备注
性能指标	使用能耗	砖混结构基数为 1.0	1.0	0.4~0.6	0.3~0.5	
	抗震性能		差	中	好	钢结构延性好
	寿命	基准期/年	50	50	70	钢结构采取防腐措施
	平面改造性	拆除非承重墙改造	<20%	20%~80%	>85%	
	面积利用率		80%~85%	88%~92%	93%~95%	
经济指标	工期	砖混结构基数为 1.0	1.0	0.6~0.8	0.4~0.6	
	劳动生产率	工日/m²	8~9	6~7	0.8~2.5	
	市场空间		80%	20%	0.5%	
	钢筋用量	kg/m²	12~15	13~50	12~32	

类别	项目	说明	砖混结构	钢筋混凝土结构	钢结构	备注
经济指标	型钢用量	kg/m²			25 ~ 50	
	砂石用量	kg/m²	250 ~ 350	800 ~ 1300	150 ~ 200	
	水泥用量	kg/m²	40 ~ 70	140 ~ 220	30 ~ 50	
	木材用量	m³/m²	0.01 ~ 0.03	0.05 ~ 0.1	0.0002	不含门窗
性能指标	工业化生产条件下造价水平（按建筑面积）	钢结构基数为1.0		0.98	1.0	
	工业化生产条件下造价水平（按使用面积）	钢结构基数为1.0	0.95	1.1 ~ 1.2	1.0	
经济指标	当前造价水平（按使用面积）	钢结构基数为1.0	0.9 ~ 0.95	1.03	1.0	
	劳动力价格上涨对造价的影响	砖混结构基数为1.0	1.0	0.7	0.3	
社会环境指标	政策背景		限制或禁止	推广新技术、新工艺	支持推广	
	材料回收再生率		≤5%	≤10%	20% ~ 30%	
	产业化可发展程度		20%	70%	90%	产业化可发展程度
	拆除时建筑垃圾产品量	t/m²	1.2 ~ 1.5	1.0 ~ 1.3	0.3 ~ 0.4	
	科技对经济增长贡献率		10% ~ 20%	40%	50%	新技术和新材料的使用

续表

类别	项目	说明	砖混结构	钢筋混凝土结构	钢结构	备注
社会环境指标	材料生产有害排放	SO_2			减少 50 万吨	钢结构新型墙体材料增 1%
	制砖毁田	亩/百万块	3.0			
	使用节能				节煤 50 万吨	钢结构新型墙体材料增 1%
施工指标	施工占地	砖混结构基数为 1.0	1.0	0.8~1.0	0.3~0.4	
	现场用工	工日/m^2	8~9	6~7	0.8~2.5	
	工人劳动条件		差	中	好	
	现场临舍	砖混结构基数为 1.0	1.0	0.8~1.0	0.5~0.6	
	建筑施工渣土量	砖混结构基数为 1.0	1.0	0.7~0.8	0.2~0.3	
	现场水电用量	砖混结构基数为 1.0	1.0	1.2~1.5	0.5~0.6	
	施工噪声	砖混结构基数为 1.0	1.0	1.5	0.5	

二、燕东农村装配式住宅

（一）住宅介绍

（1）结构方面。该住宅按照国家轻钢结构住宅的标准规范设计建造，承重结构采用轻型钢框架结构，所有构件在工厂模数化生产，梁柱连接点以强节点、弱杆件的全装配化为原则，在全国首创采用全螺栓连接节点，并在柱脚局部也采用套管加厚连接，确保结构和基础连接的稳定。

（2）独家引进并创新德国高分子发泡水泥高端技术，拥有自主知识产权，在工厂统一加工集轻质、高强、节能、防水、隔声、防火于一体的发泡水泥高强新型混凝土标准屋面板、楼层板、隔墙板和外墙板，接缝采用公司自行研发的高分子防裂砂浆加玻璃纤维网格布处理，有效避免和减少墙面裂缝的产生，保证整体建筑具有保温节能、抗震安全的效果。高分子发泡水泥技术是装配式低层住宅产业的核心技术和国际顶级技术，对这一技术的掌握标志着公司占领了产业的制高点。

各系列板材的使用，不只是作为装配式住宅维护体系的具体体现，也可作为一种新型的单体建材应用于更广泛的建筑和建材领域。通过深加工，这些板材更可作为一步到位的精装修材料使用，并且循环利用率和再回收加工利用率达到90%以上，属于绿色、节能、可循环利用的环保建材。其独特的综合物理特性和合理的性价比决定其在各种建筑领域中的大面积使用，握钉力是木材的2倍，重量是普通混凝土的1/3，有效减少材料损耗3/5以上，施工速度提高一半以上。根据所做项目测算，得房率比普通砖混结构高5%~10%，特别适合高层建筑隔墙、楼面板的使用，将严重冲击甚至是颠覆加气块、红砖、空心砖等传统墙体材料在建筑施工领域的运用，市场前景不可估量。

（3）智能设施。配置空气源热泵、生态智能化控制、太阳能系统、新风系统、污水处理系统等，节能指标可达65%~80%，真正发挥农村房子像城市楼房一样的舒适，体现小房子、大民生、融科技、展未来的空间发展，适合中国小城镇、美丽乡村建设的低碳、环保、绿色房屋产品。

（4）产品制造。装配式低层住宅项目以国家产业政策为导向，助推美丽乡村建设，缔造人与自然和谐共处的生态环境。全部构件在车间完成，造房子如造汽车一样，现场没有任何湿法和焊接作业，真正体现建筑产品的环保科技。公司已完成全部产品检测、行业技术标准申办和各种产品专利申报等工作，如图19-2所示。

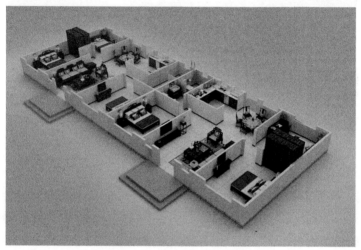

图19-2 燕东农村装配式住宅

（二）社会价值

（1）抗震性能优。随着全球气候恶化，地震、台风等灾害呈多发趋势，唐山的农村住房多属震后修建，因资金所限，多数没有按照标准规范建设，抗震性和安全性普遍不高，如遇地震等自然灾害损失严重。但装配式低层轻钢结构住宅的自重轻、强度高、延性好，抗震性能高于传统建筑，可抵抗8级以上地震。对处于地震频发地带的唐山地区而言，提高房屋的安全系数，就是切实保护群众生命财产安全的最好保障。

（2）幸福指数高。装配式低层住宅是对现有农宅的一次革命性变革，优化了室内布局，完善了使用功能。最大的优点是通过配套室内上下水，将厨房和卫生间均建于室内，使农村平房有了城市里高楼大厦的生活体验，改变农民的传统生活习惯，更提升了生活质量，提高了幸福指数，为国家快速推进城镇化建设提供了硬件上和时间上的支撑。

（3）保温效果好。按照居住建筑节能65%的标准设计施工，围护结构采用高效保温墙体、屋面板以及节能门窗，同时利用了太阳能热水、空气源热泵系统进行供暖，具有优良的节能保温效果。同时，为适应不同地区农民需求，在防潮、抗风、防冻等功能方面都相应做了应对措施，提高了居住的舒适度。在室外温度为 - 10℃的条件下，不用采暖设施室温能够达到5℃以上，使用采暖设施室温能够达到21℃以上。

（4）施工速度快。装配式低层住宅实现设计标准化，可对户型设计进行优化，可模数化、标准化的复制设计好户型，提高效率。预制建筑构件工厂化生产、装配化施工，避免人为因素影响，提高了施工速度，使整个施工过程可控，减少了风险和成本。装配化施工减少了现场作业，无粉尘、污水污染，保护了农村环境。其工期从设计到装修入住约为 1 个月，比普通农房缩短至少 2 个月的时间。

（5）促进节能减排。目前，我国农村住宅建造和使用过程中的能源、资源消耗高、利用效率低的问题比较突出。按照住房和城乡建设部发展绿色建筑的要求，以绿色、生态、低碳为理念引领装配式低层住宅建设，利用对传统建筑技术的变革与创新，在节能、节水、节地、节材及环境保护方面具有明显的优势，一般可节约20%的材料，60%的水资源，70%的时间。据统计，在燕东农村 16 万平方米的住宅建设中，相较传统建筑设计，共节约标准煤 320t、木材 160 m²；减少约 1600t 施工垃圾、5.4 万吨废水，总体花费节约了 20% 左右。

（三）成本分析

唐山冀东发展集成房屋有限公司（燕东建设公司）以承担住房和城乡建设部"农村底层装配式住宅"课题为载体，在丰润区实施了农村低层轻钢结构住宅示范，建成了 8 栋户型不同的示范楼，外观图及室内效果图如图 19 - 3 所示，相关预算如表 19 - 3 所示。从表 19 - 3 中可以看出，相较于传统住宅 800 ~ 1000 元的单价，燕东低层轻钢结构住宅的价格高出了 700 元，其中围护结构材料费、连接材料费和人工费是最突出的。人工费的突出表现在，实施钢结构住宅的工人是产业工人，需要经过培训，技术含量较高。但从长期发展看，随着钢结构建筑体系的推广和普及这一费用会有所下降。

图 19-3　燕东装配式住宅

表 19 – 3　燕东农村低层轻钢结构一居室主体、装饰、设施房屋预算

项目		工序名称	单位	数量	单价/元	合计/元	重量/t
主体结构	外墙	90 厚高分子发泡水泥板双层	m²	179.02	65	11636	8.79
	内墙	90 厚高分子发泡水泥板	m²	15.41	60	925	0.76
	屋面	120 厚带钢边框高分子发泡水泥板	m²	45.22	150	6783	3.95
	楼面	120 厚带钢边框高分子发泡水泥板	m²	27.72	150	4158	2.42
	连接材料	卡具及耐碱玻纤网格布	项	1	2000	2000	
	主结构	钢结构框架加工	t	1.89	5500	10395	1.89
	墙面基层	现场安装（人工费及机械费）	m²	34.77	280	9736	
		外墙满铺耐碱玻纤网格布及抗裂砂浆	m²	77.73	25	1943	
		内墙耐碱玻纤网格布及抗裂砂浆	m²	73.6	20	1472	
		内墙刮腻子找平	m²	73.6	10	736	
	屋顶处理	抗裂砂浆 + 抗渗砂浆	m²	45.22	25	1131	
	楼面处理	混凝土保护层	m²	27.72	30	832	
主体结构小计						51746	
管理费				10%		5175	
税金				6%		3415	
合计						60336	
建筑面积			m²	34.77	平方米单价	1735	18

注：此报价不含基础。

20 河北省推进钢结构建筑调研报告

受河北省办公厅的委托，笔者对河北省钢结构发展及其应用现状和存在问题进行调研，并在调研成果的基础上提出政策建议。

一、河北省钢结构发展与应用现状

钢结构作为装备制造业和土木建筑业交叉的产业，在中国制造中占有一席之地。从整个建筑生命周期来看，以产业化方式建造可兼顾经济和环保价值，或成为推进我国绿色建筑发展的首选，因此，钢结构和预制结构的"双轮驱动"模式将更适宜于解决我国的居住问题，并将打开住宅产业现代化发展的新格局。

虽然钢结构建筑优势明显，但由于在 1998 年之前，我国钢产量有限，钢结构住宅建筑并未推广。此后，我国钢产量屡创新高，连续 3 年超过 1 亿吨，才提出了从"节约用钢"到"合理用钢"逐步扩大建筑用钢的范围，以至目前提出我国经济发展"去产能、去库存、去杠杆、降成本、补短板"的关键任务，借此机遇，我国钢结构将迎来发展的大好时机。据统计，国内建筑用钢总量占全部钢产量的 20% ~ 25%，而工业发达国家则占 30% 以上，例如美国和日本，该项指标均已超过 50%。在我国，钢在建筑中主要用于建筑用钢结构，钢筋混凝土用钢筋、钢绞线、钢丝、门窗等，而其中钢结构用钢只占 10% 左右，在我国 1 亿吨的钢产量中，真正用于钢结构的也就 200 万 ~ 300 万吨，钢结构建筑占整个建筑不到 5%，由此可见，今后我国钢结构建筑市场有着巨大的发展空间。

2015 年 3 月，河北省政府印发《关于推进住宅产业现代化的指导意见》，明确提出"推广装配式混凝土结构、钢结构（轻钢结构）、钢混结构和其他符合住宅产业化的结构体系"。9月和12月省住房与城乡建设厅分别在唐山和石家庄组织召开"全省推进钢结构建筑建设研讨会"和"河北省加快推进钢结构建筑发展研讨会"。2014年4月和10月在唐山分别召开"装配式低层住房课题启动会"和"装配式低层住宅建筑课题研讨会"。2015年5月"中国建筑金属结构协会建筑钢结构分会副会长暨专家组组长工作会议"在唐山召开，积极探讨河北省"新常态"下钢结构行业转型发展任务与政策建议。河北省建筑设计研究院、河北建筑工程学院、华北理工大学等科研单位、设计单位和高校积极开展钢结构建筑研究工作。河北省住房和城乡建设厅多次组织行业会议并赴先进省市考察学习，积极培育钢构生产企业，为推动河北省钢结构建筑发展做出扎实有效工作。

河北省沧州市住房和城乡建设局与大元投资集团房地产开发有限公司共同建设的福康家园公租房项目，是河北省首个钢结构保障房项目，总建筑面积12.8万平方米，投资4.7亿元，2015年8月3号楼主体封顶。2015年4月，河北省唐山冀东发展集成房屋有限公司建成了总建筑面积1317平方米的8栋装配式轻型框架结构示范工程，承接的唐山市乐亭三岛金沙湾旅游区接待中心1.3万平方米工程正在施工。唐山市丰润区西魏庄总建筑面积5000平方米的30栋农村住宅项目、唐山市区"启新1889"项目7000平方米低层住宅完成了规划设计。总投资4.1亿元的唐山华丽联合新型建材公司为承接北京产业转移项目，可年产300万平方米板材、5万吨轻钢结构，满足100万平方米钢结构住宅配套产品需求，现正在一期建设阶段。中国二十二冶集团在河北遵化市金山工业园区建成钢结构装配式住宅实验楼，津西钢铁集团建成2.1万平方米钢结构试验楼——"津西研发中心"主体工程，均为企业下一步钢结构示范推广提供技术支撑。

2009年7月，河北省钢结构用钢工程技术研究中心落户河北钢铁集团宣钢公司，对生产"钢结构用钢"企业装备升级转型发挥重要作用。河北省唐山市玉田县先后引进杭萧钢构和中首钢构两家大型企业，其中河北杭萧钢构有限公司，现已投产运行的主车间建筑面积6万平方米，附属车间建筑面积2万平方米，2015年12月，该公司被住房和城乡建设部列为钢结构建筑工程施工总承包试点单位。杭萧钢构与河北钢山房地产开发集团有限公司合作，由保定市望都县引入，项目一期占地150亩，绿色钢结构年生产能力100万平方米以上。杭萧钢构与河北省邯郸市涉县当地房地产企业合作建立河北冀鑫杭萧钢构绿色建筑有限公司，分两期建设绿色钢结构住宅产业一体化生产线及相关配套项目。据统计，目前全省规模化钢构件生产工厂 5 家，在建 2 家，开工建设了 100 万平方米的钢结构建筑，其中钢结构住宅 18 万平方米。

二、河北省钢结构发展与应用中存在的问题

（一）建筑市场中钢结构所占份额和需求不高

目前，钢结构行业的竞争非常激烈。这种竞争不仅来自行业内各企业之间，更重要的还来自于钢结构与混凝土结构这两种建筑结构之间的竞争。过去，由于我国的钢产量较低，建筑用钢不得不受到限制，我国传统的建筑大都是采用混凝土结构或砌体结构。目前，我国的钢产量已跃居世界首位，具备了持续发展建筑钢结构必要的物质基础和技术条件。但是，由于传统观念及其他诸多原因，人们对钢结构建筑诸多方面的优越性认识不够，对钢结构建筑还存在着种种疑虑，一些工程还不能采用最优方案的钢结构体系，存在着转变观念的问题。

（二）钢结构建筑发展产业链不完整

随着钢结构行业的发展，社会专业化分工越来越细，着重加强产业链的集成优势已是大势所趋，培养并保留最具竞争优势的核心能力，而将其他功能借助于整合外部最优秀的资源予以实现。现阶段，钢结构产业链已涉及市场研究、产品定位、原材料供给、土地获得、规划及设计、金融、建筑施工、市场营销、销售、物业管理、法律咨询等，其中任何一个环节的工作出现差错，都可能对整个产业链的良性发展带来阻碍。

（三）钢结构规模化示范项目不足，带动力量受限

考虑目前市场、技术、造价及政策等方面的因素，河北省钢结构规模化钢结构示范项目明显不足，仍以"点式发展"为主，"局部局地"的特色式发展已初现端倪，但难以形成"由点连线、辐射共面"的局面。因此，上述提及的示范项目带来的示范力量受到地域、个例发展等方面的限制，并且缺乏示范项目的梳理总结与经验推介。

（四）符合省情的钢结构建筑相关技术结构体系、标准图集有待完善补充

无论是从国家范围还是从河北省来看，钢结构相关标准、规范、规程、图集及导则编制工作均相对滞后，尽管已出台两部国家规程和几部地方规范，这对要做好钢结构设计还远远不够。此外，钢结构体系选择种类不足，承重体系、围护体系及配套体系亟须技术革新，降低成本，以适应当前河北省城市、村镇发展需要。

（五）钢结构发展的相关设计、施工、管理及研发人才储备力量不足

许多设计、施工和管理人员钢结构知识陈腐，由于后备人才力量不足，导致目前钢结构建筑建设往往一家公司独立承担，从项目可行性研讨、方案设计直到施工图设计，再到工厂加工，墙板预制及现场装配，牵扯大量资金、人力和物力，使企业发展不堪重负。

（六）政策到地方政府贯彻衔接有待加强

国家、省市推广钢结构的决心、政策已经明确到位，省级政策的制定和出发点具有普遍性、兼顾性、针对性及远期谋划全盘布局等特点，因此，有关推进河北省钢结构发展的政策或指导意见不可避免地需要涉及多个局、厅级政府部门的协作配合，反映到地方政府执行过程中仍需进一步深入交流阐释。例如，在河北省住宅产业化推进的政府鼓励优惠措施中，一些市级部门在实施中就遇到了一定难度。

三、对河北省推广钢结构发展与应用的有关政策建议

（一）"供给侧"与"需求侧"双向驱动改革模式

从产能过剩和节能环保角度考虑，发展钢结构是大势所趋，2012～2014 年建筑钢结构产量分别为 3600 万吨、4100 万吨、4600 万吨，只占建筑用钢量的 10%。据了解，我国钢铁企业产能约 10 亿吨，其中约 3 亿吨是闲置产能，因此，需要从钢结构供给侧改革，有效化解过剩产能，解决产能过剩和有效供给不足的双重难题，建议钢铁企业升级转型以满足钢结

构用钢需求，提升河北省钢材产品的竞争力。"需求侧"发挥政府引领示范作用，不断培育钢结构市场规模。

（二）推进示范工程项目，开辟钢结构绿色建筑示范通道

市场低迷、钢结构发展特殊时期，试点示范项目的重要性就显得越发突出，将对引领市场、培育市场起到关键作用。河北省要以新型城镇化建设、棚户区改造、抗震安居工程等为契机，鼓励地方政府、企业集团参与公共建筑建设，试点运营 PPP 模式，必要时在政策许可范围内，开辟钢结构绿色建筑示范项目建设"绿色通道"，简化手续，顺畅协作，真正为行业企业引领发展"去杠杆、降成本"。

（三）建立钢结构人才智库，成立钢结构协会

结合河北省钢结构行业发展契机和挑战，汇集政府、钢结构原材料生产、构件加工、设计、施工、围护及配套技术专家、高校及科研院所钢结构领域专家、房地产开发企业家等，建立河北省钢结构人才智库，成立河北省钢结构协会，通过学术交流、现场观摩、人才引进、培训指导、走访座谈等形式，推进河北省钢结构行业的技术专家队伍建设，凝聚智慧和创新力量，为推动河北省钢结构技术进步、应用推广和提高工程质量提供强有力的技术支撑。积极拓宽钢结构技术人员、管理人员的培养培训，发挥河北省高校优势，加大科研投入，改进本科、研究生培养中钢结构相关教学科研方向的比例。

（四）企业标准、地方标准的编制

为满足河北省钢结构市场不同地域、用途等的需求，积极开展技术体系的研发示范，编制企业标准，完善地方标准。例如，河北省装配式低层钢结构住宅设计、施工及质量验收规程、图集的编制，多高层钢结构建筑设计规程的编制与修订，为河北省钢结构规模化发展提供了技术前提。

（五）发展集团优势，集聚多元力量，助推河北省钢结构发展

集合房地产开发、设计、施工及科研等多元力量，整合河北省优势资源，培育建立 1 家河北省钢结构全流程、全产业链服务商或龙头企业，树

立 2 ~ 4 家河北省钢结构企业品牌，为社会创造更大价值；中小企业做专做强，发挥自身技术、产品特色，以质量、专精赢得市场、在钢结构产业链具体环节上定位企业发展。

（六）居住理念转变与政策引导鼓励

由于传统观念及诸多原因，人们对钢结构的优越性认识不够，种种疑虑仍然存在，需要行业管理部门和社会各界加大建筑钢结构的宣传推广力度，例如，利用各种互联网媒体、新闻媒介、示范项目、人才培养等形式。加强对符合绿色节能建筑标准、积极采取节能一体化装修等项目的鼓励，制定优惠政策。

（七）金融与投资引导机制确立

整合政府科技计划和科研基础条件建设等资金，实现对重点项目采取倾斜式支持。对创新钢结构企业采取特殊的税收支持，建议对取得重大创新成果的企业在产品上市后实施适当税收减免。鼓励和引导金融机构建立适应钢结构产业特点的信贷管理制度，发挥多层次资本市场的融资功能，大力发展债券市场、创业投资和股权投资基金等，鼓励有关部门设立创业投资引导基金，吸引更多的社会资本，开辟产业融资有效通路。

参考文献

[1] 刘志峰. 建造百年住宅具有重要战略意义 [J]. 中国房地信息，2010（7）：4 - 11.

[2] 南建林，黄鼎业. 大开间预应力混凝土平板住宅的概念和建筑设计原则 [J]. 建筑科学，2010，26（5）：66 - 71.

[3] 天津市房地产发展（集团）股份有限公司：2015 中国百年住宅考察报告 [R]，2015.

[4] 袁梦琪，罗迅. 从日本经验看中国住宅产业化发展 [J]. 住宅产业，2015（9）：58 - 61.

[5] 尹思南. 国内外住宅产业化标准体系的研究与思考 [J]. 住宅产业，2015（10）：66 - 70.

[6] 岑岩，邓文敏. 香港住宅产业化发展经验借鉴 [J]. 住宅产业，2015（9）：62 - 67.

［7］ 钢结构行业"十三五"规划及"2025"规划建议剖析［DB/OL］. http：//
www. chinaccm. com/21/20151218/2101_ 3092216. shtml, 2015. 12. 18.

［8］ 吕志涛, 张晋. 法国预制预应力混凝土建筑技术综述［J］. 建筑结构, 2013, 43
（19）：1 - 4.

［9］ 陈建伟, 苏幼坡. 预制装配式剪力墙结构及其连接技术［J］. 世界地震工程,
2013, 29（1）：38 - 48.

［10］ 陈建伟, 苏幼坡, 龚丽妍, 等. 装配式钢管混凝土开洞剪力墙抗震性能研究
［J］. 建筑结构学报. 2016, 37（s1）：1 - 9.

［11］ 陈建伟, 闫文赏, 苏幼坡, 等. 装配式钢管混凝土组合剪力墙抗震性能试验研究
［J］. 建筑结构学报. 2015, 36（s1）：73 - 81.

［12］ 陈建伟, 苏幼坡, 张超, 等. 两层带水平缝钢管混凝土剪力墙抗震性能试验研究
［J］. 建筑结构学报. 2014, 35（3）：93 - 101.

［13］ 陈建伟, 苏幼坡, 武立伟, 等. 钢管混凝土组合剪力墙竖向接合面抗震性能试验
研究［J］. 建筑结构学报. 2014, 35（s2）：76 - 83.

［14］ 陈建伟, 苏幼坡, 陈海彬, 等. 基于极限平衡理论的复式钢管混凝土轴心受压承
载力计算方法［J］. 土木工程学报, 2013, 46（s1）：106 - 110.

［15］ 陈建伟, 苏幼坡, 李欣. 复式钢管混凝土柱轴压承载力计算方法对比分析［J］.
福州大学学报（自然科学版）, 2013, 41（4）：792 - 795.

［16］ 高林, 陈建伟, 苏幼坡, 等. 圆钢管约束灌浆料抗局部冲切承载力影响因素分析
［J］. 世界地震工程, 2014, 30（2）：107 - 181.

［17］ 闫文赏, 陈建伟, 苏幼坡. 装配式钢管混凝土剪力墙钢管连接性能试验研究
［J］. 工程抗震与加固改造, 2014, 36（6）：13 - 19.

［18］ 武立伟, 陈建伟, 苏幼坡, 等. 钢管混凝土边框与墙板竖向接合面抗剪性能的试
验研究［J］. 结构工程师, 2014, 30（4）：126 - 130.

［19］ Ying Tian, Jianwei Chen, Aly Said, et al. Nonlinear modeling of flat - plate structures
using grid beam elements［J］. Computers and Concrete, 2012, 10（5）：491 - 507.

［20］ 陈建伟, 苏幼坡, 杨梅. 板柱节点抗冲切性能分析的力学转化模型［J］. 力学与
实践, 2012, 34（5）：57 - 60.

［21］ 陈建伟, 苏幼坡, 丁峰. 不平衡弯矩作用下板柱节点抗冲切性能非线性分析
［J］. 世界地震工程, 2012, 28（4）：75 - 79.

［22］ 陈建伟, 边瑾靓, 苏幼坡, 等. 国内外规范关于钢筋混凝土板冲切承载力的比较
［J］. 华北理工大学学报（自然科学版）, 2015, 37（4）：74 - 82.

21 集聚产业　打造京津冀绿色建筑装配部品输送基地

随着我国新型城镇化建设和建筑产业现代化的不断推进，全国各地也都积极响应，政府、企业、高校、院所等单位纷纷派出代表到各地参会、参观、学习、交流、合作，希望紧跟全国建筑产业现代化的步伐，各地基本上都行动起来，非试点城市也出台了相关政策文件。据住房和城乡建设部科技与产业化发展中心技术开发处处长叶明说："民间将2014年视为建筑产业现代化的发展元年。"

2014年9月25日，河北省住房和城乡建设厅在河北邯郸组织召开了"全省住宅产业现代化工作现场交流观摩会"（见图21-1），中国二十二冶集团等国家住宅产业化基地汇报了工作近况与政策建议，厅领导在会上发表重要讲话，为加快河北省建筑产业现代化步伐进一步明确了发展目标与方向并强化保障措施，《河北房地产》出版专刊报道全省建筑产业化相关工作进展，如图21-2所示。

图21-1　河北省建筑产业化会议

河北省推进建筑产业现代化相关工作
起步较早，于 2000 年 10 月成立了河北省
建设厅建筑产业化促进中心，致力于全面
推进河北省建筑产业现代化，推进河北省
节能省地环保型住宅建设，以满足广大居
民不断改善居住状况的需求，提高河北省
住宅建设的综合质量，实现住宅发展的经
济、环境、社会综合效益。例如，"中科
·紫峰"项目在 2012 年获批廊坊首个国
家康居示范工程（见图 21-3），秦皇岛的
"在水一方"项目是我国首家被动式房屋
低能耗建筑示范项目（见图 21-4），2013
年颁布《关于加快推进全省建筑产业化工

图 21-2　《河北房地产》专刊

作的指导意见》，4 个国家住宅产业化基地、6 个省级住宅产业化基地的获
批，由 140 余人的省级建筑产业现代化专家队伍、60 余家企业参加的基础
创新联盟的成立，以及 2014 年自 5 月 21 日起陆续在《河北日报》专题或
专刊报道河北省建筑产业化的相关工作动态和 2015 年创建建筑节能省目
标，等等，无不展现出河北省建筑产业现代化稳步推进中的重大举措与发
展战略。

图 21-3　"中科·紫峰"项目

图 21 - 4   "在水一方"项目

其实，建筑产业化的核心问题就是采用工业化的方式建造住宅，而装配式建造方式是实现建筑产业现代化的重要载体和实施途径。装配式建造方式建造住宅的标准化、集成化、信息化、物流化是实现建筑产业现代化的表现形式，只有形成协调、顺畅的产业链，分工明确，深入研发，才能使装配式建筑的技术含量得以提升，推广应用得以顺畅，综合效益得以提高，进而为社会发展打造新的经济增长点。然而，据了解，目前装配式建筑的产业链条并不完善、联动性不强，尚未形成像规划设计、装配部品、施工安装、物流运输、维修售后、集成配套等分工明确的产业链，因此，从制订长远发展战略及增强经济、社会效益方面考虑，逐步构建、完善一簇模数协调、联动性强、质量可控的住宅产业群尤为重要，通过产业集聚、产业创新、产业集成，真正发挥建筑产业现代化的优势和特色。

"京津冀一体化""北京城市部分功能疏解""打造首都副中心战略"等，引发了社会广泛关注和激烈讨论，也同样面临国家建筑节能减排、绿色建筑推广及建筑产业现代化的发展背景，围绕京津及省内地区两大建筑产业化市场需求，在河北省定位和打造一批建筑产业群势在必行。据河北省住房和城乡建设厅王舟副厅长介绍，建筑产业现代化是推动河北省实现转型升级、绿色崛起的有效抓手，通过目前向京津和河北省内提供砂石、水泥、钢材等原材料到将来提供混凝土预制构件的转型，将大大提高产品附加值，扩大税收。辽宁省沈阳市自 2011 年成为国家现代建筑产业化试点城市以来，已有410余家现代建筑企业落户沈阳，2013年沈阳现代建筑产业实现产值1546亿元，使得产业化建筑成为沈阳的第三大支柱产业。

河北省廊坊市以其特有的地理优势、明确的市场定位、成功的产业链条，发展势头抢眼，更想立足优势、集聚产业，打造平台，在国家建筑产业现代化发展大背景下"有所突破、有所作为"。

从廊坊市地理优势看，该市区距北京天安门广场40公里，距天津中心区60公里，距首都和天津两大机场70公里，距天津港100公里，且紧邻规划中的北京新机场，有7条高速公路、5条铁路干线穿越境内，10条国家级和20条省级公路纵横交错，是中国铁路、公路密度最大的地区之一。

据廊坊市副市长蒋洪江介绍，廊坊市要扶植培育一批骨干企业，形成集产品研发、制造、销售、服务"一条龙"的产业链，全力打造产业集群。通过招商，狠抓项目建设，仅2009年就实施千万元以上项目2264项，其中高新技术、装备制造、现代服务等新兴产业占86%。目前已经初步形成光伏产业和LED产业两条产业链，在国内，该两大产业链条的完整性尚十分少见，而在同一区域内同时具有这两大产业链更是廊坊的特色。面对全球新一轮绿色能源产业热潮，廊坊市决心依托京津冀的产业、市场、人才和资源等优势，率先整合，打造京津冀区域"双绿"产业隆起带，形成廊坊特色品牌。

廊坊市把加强园区和项目建设、培植高新技术优势产业作为主动融入京津经济圈的切入点和着力点，沿规划建设的密涿高速将构筑以现代制造业为核心的环北京产业带，沿廊泊公路将建设以特色产业为核心的环天津产业带，全力打造接纳京津资金、技术、人才、项目的承载平台，这些都将为引入和打造完善的建筑产业市场体系、实现构建完善的京津冀建筑产业群奠定基础。据廊坊市市长王爱民介绍，实现绿色发展，必须主动摒弃粗放式发展模式，摆脱对资源和能源的依赖，以最小的资源使用代价，换取最大的经济和社会效益。因此，欲想把廊坊打造成京津冀绿色建筑装配部品的输送基地，形成建筑产业群，培育新的经济增长点，还应抓好以下工作重点：

第一，产业集聚，打造装配建筑产业群。部件部品工厂化是建筑产业现代化的显著特征和重要环节，产业链完整度、市场接受程度是装配式建筑投资市场的重要外部风险因素。实现产业集聚，打造建筑产业群，无疑将是实现建筑产业现代化稳步、健康发展的重要保证。通过引入龙头企业、先进技术和管理模式，扶植地方配套企业转型升级，积极出台鼓励性、补贴性政策，不断拓展和延伸京津冀产业化建筑市场，逐步增强城市吸引力，打造廊坊特色品牌。

第二，物流配送，构建京津冀绿色建筑长廊。变原材料输送为装配部件部品输送是发展装配式建筑的衍生产物，专业、科学、及时的装配部件部品输送渠道是满足装配式建筑得以按时完工、质量验收的不可轻视的一环。据了解，装配建筑部品最佳运输距离为 60~100 公里，以廊坊的区位，基本涵盖京津及部分省内市场范围，专业物流配送体系的形成，还会促进装配部品物流业的快速发展，激发新的经济增长点。

第三，产业示范，推进新型城镇化建设。2013 年廊坊市"中科·紫峰"住宅小区、永清县韩村镇小城镇改造项目分别通过预审，列入国家康居示范工程实施项目，为推动廊坊市建筑产业技术进步及提升建筑质量和功能发挥了积极作用，以点带面，努力达到国际文明城市居住水平。示范工程是技术集成、技术创新的重要载体，以其示范性带动和推进建筑产业化的实施，通过积极引导产业链相关开发企业，使其从中获取合理收益，保质保量地推进村镇建筑产业化的健康、良性发展。

第四，科技创新，引领提升建筑产业化科技含量。科技创新是提高社会生产力和综合国力的战略支撑，必须摆在国家发展全局的核心位置。搞好工业化建筑生产的前提是提高科技发展水平，提高体系集成配套的水平，提升产业链上的联动服务水平。注重科技创新体系建设、科技成果转化与推广，目前廊坊市 90% 以上的高新技术企业、科技型企业与京津科研院所建立了长期稳固的协作关系，每年引进科技项目和成果总量都在 500 项以上，为推动行业进步展现出强劲的整体实力。

第五，市场培育，增强建筑产业化发展后劲。据报道，国内推进建筑产业化主要以保障房、农村新民居建设为切入点，积极应用建筑产业现代化成套部品部件和技术，河北省住建厅将制定《河北省建筑产业现代化发展规划》，鼓励商品住宅进行产业化试点，积极培育拓展市场，让产业化的住宅走入河北百姓的生活，增强建筑产业化发展的后劲。通过积极培育和拓宽市场，让龙头和配套企业留得住、有发展、共命运，形成企业与社会、经济效益与社会效益、产业进步与民族品牌等多方共赢的良好局面。

附录1 江苏省绿色建筑设计标准

（结构设计部分）

7 结构设计

7.1 一般规定

7.1.1 结构设计宜采用资源消耗少、环境影响小及可工业化建造的建筑结构体系，并充分考虑节省材料、施工便捷、环境保护等因素。

7.1.2 结构设计应进行下列优化设计，并达到节材效果：

（1）结构抗震设计性能目标优化设计，优先选用规则的建筑形体。

（2）结构体系优化设计。

（3）结构材料（材料种类以及强度等级）比选优化设计。

（4）构件布置以及截面优化设计。

7.1.3 地基基础设计应结合场地实际情况，遵循就地取材、保护环境、节约资源、提高效益的原则，依据勘察成果、结构特点及使用要求，综合考虑施工条件、场地环境和工程造价等因素。

7.2 主体结构设计

7.2.1 新建建筑可适当提高结构的设计荷载取值。

7.2.2 结构布置宜提高对建筑功能的适应性。

7.2.3 结构方案应遵循抗震概念设计基本原理，不应采用严重不规则的结构方案；对于特别不规则结构，应采取相应的技术措施并确定抗震性能目标。

7.2.4 在保证安全性与耐久性的前提下，结构设计应采用合理的结构方案和构件设计，降低材料用量。结构设计应符合下列规定：

（1）不宜采用较难实施的结构及因建筑形体不规则而形成的超限结构。

（2）应根据受力特点选择材料用量较少的结构体系。

（3）抗震设防烈度为 7 度（0.1g）以上时，甲、乙类建筑宜采用隔震或消能减震结构。

（4）在高层和大跨度结构中，应合理采用钢结构、钢与钢筋混凝土混合结构体系。

（5）高层混凝土结构的竖向构件和大跨度结构的水平构件应进行截面优化设计。

（6）大跨度混凝土楼盖结构，宜合理采用有黏结预应力混凝土梁、无黏结预应力混凝土楼板、现浇混凝土空心楼板、夹心楼板等。

（7）由强度控制的钢结构构件，宜采用高强钢材。

（8）宜合理采用节材效果明显、工业化生产效率高的构件。

7.2.5　基础优化设计可以考虑地基基础协同分析与设计，并宜符合下列规定：

（1）高层建筑宜考虑地基基础与上部结构的共同作用，进行协同设计。

（2）桩基础沉降控制时，宜考虑承台、桩与土的协同作用。

（3）筏板基础宜根据协同计算结果进行优化设计。

7.2.6　桩长较长时，钻孔灌注桩宜采用后注浆技术提高侧阻力和端阻力。

7.3　改建、扩建建筑结构设计

7.3.1　改建、扩建工程应根据结构可靠性评定要求，采取必要的加固、维护处理措施后，按评估使用年限继续使用。

7.3.2　改建、扩建工程宜保留原建筑的结构构件，并应对原建筑的结构构件进行必要的维护加固。原有建筑利用率不宜低于 30% 或利用面积不宜小于 300m²。

7.3.3　因建筑功能改变、结构加层、改建、扩建等，导致建筑整体刚度及结构构件的承载力不能满足现行结构设计规范要求，或需提高抗震设防标准等级时，应采用优化结构体系及结构构件的加固方案，并应优先采用结构体系加固方案。

7.3.4　结构体系或构件加固，应采用节材、节能、环保的加固技术。

7.3.5　现有建筑改建、扩建宜合理利用场地内已有建筑物和构筑物，并充分利用建筑施工、旧建筑拆除和场地清理时产生的尚可继续利用的材料。

7.4 工业化住宅结构设计

7.4.1 工业化住宅设计应符合下列原则：

（1）工业化住宅设计应遵循标准化、模数化的原则。

（2）根据住宅功能要求，宜采用便于工业化建造的结构体系或可工业化生产的结构构件。

（3）应采用将建筑全寿命期的绿色建筑目标与预制装配式结构体系相结合的一体化设计技术。

（4）应运用集成化的设计理念，采用工厂化生产的预制装配式内外墙围护体系及部品部件。

（5）应综合考虑建筑的不同特点、地域、技术、经济等因素，采用适宜的工业化技术和预制装配率。

7.4.2 工业化住宅应采用预制装配整体式混凝土结构、钢结构、混合结构等适宜工业化建造技术的结构体系，并保证结构的抗震性能。

7.4.3 工业化住宅结构设计应符合下列规定：

（1）结构分析应选择适用的计算软件，计算模型应能准确反映该体系的受力状态。

（2）结构及构件的设计应满足国家相关规范的规定。

（3）节点设计应构造简单、传力可靠、便于施工。

（4）应进行结构构件在制作、运输、吊装、施工等荷载工况下的相应验算并满足相关要求。

（5）应进行结构主体设计和预制构件设计，构件设计应考虑构件制作、安装建造、施工验收等方面的特殊要求，且构件应进行精细化设计，体现工厂化制造特点。

7.4.4 建筑非受力构配件及结构受力构件宜选用工厂化生产的预制构件。

7.5 建筑材料

7.5.1 建筑材料不得采用国家、江苏省禁止和限制使用的建筑材料，宜选用现行推广的建筑材料及制品。

7.5.2 钢筋混凝土结构中梁、柱纵向受力普通钢筋应采用不低于400MPa 级的热轧带肋钢筋。

7.5.3 建筑材料的选用应遵循新型、轻质、节能、经济、适用、耐久、环保、健康的原则。宜选用本地建筑材料。施工现场 500km 以内生产的建筑材料质量占建筑材料总质量的比例不应小于 60%。

7.5.4　建筑材料的选用应保证结构性能安全和不污染环境，并符合下列规定：

（1）应采用可再循环和可再利用材料。住宅建筑中，其质量占建筑材料总质量的比例不应小于 6%；公共建筑中，其质量占建筑材料总质量的比例不应小于 10%。

（2）宜采用以废弃物为原料生产的建筑材料。

（3）宜选用可快速再生的天然材料等制作的高强复合材料。

7.5.5　选择材料时，应评估其资源的消耗量，选用物化能量低、可集约化生产的建筑材料和产品。选择材料时，应评估其对环境的影响，应采用生产、施工、使用和拆除过程中对环境污染程度低的建筑材料。

7.5.6　现浇混凝土应全部采用预拌混凝土，建筑砂浆应全部采用预拌砂浆。

7.5.7　建筑结构主体宜合理采用高强建筑结构材料，并符合下列规定：

（1）钢筋混凝土结构或混合结构中，钢筋混凝土结构构件受力钢筋使用不低于 400MPa 级的高强钢筋用量不应低于受力钢筋总量的 85%，其中，500MPa 级及以上高强钢筋用量不宜低于受力钢筋总量的 25%。

（2）高度大于 80m 的建筑，混凝土竖向承重结构采用强度等级不低于 C50 混凝土用量占竖向承重构件混凝土总量的比例不宜小于 50%。

（3）钢结构或混合结构中钢结构部分 Q345 及以上高强钢材用量占钢材总量的比例不应小于 70%。

7.5.8　建筑结构主体宜合理采用高耐久性建筑结构材料。

附录 2 《"十三五"国家科技创新规划》中 绿色建筑、装配式建筑及人才培养方面的内容[*]

2016 年 8 月 8 日，国务院印发《"十三五"国家科技创新规划》（国发〔2016〕43 号），明确提出了未来五年国家科技创新的指导思想、总体要求、战略任务和改革举措。该规划分八篇展开，即迈进创新型国家行列、构筑国家先发优势、增强原始创新能力、拓展创新发展空间、推动大众创业万众创新、全面深化科技体制改革、加强科普和创新文化建设、强化规划实施保障。

这里摘选绿色建筑、绿色制造及装配式建筑、人才培养方面的规划内容，以飨读者。

一、绿色建筑部分内容摘录

三、发展智能绿色服务制造技术

围绕建设制造强国，大力推进制造业向智能化、绿色化、服务化方向发展。发展网络协同制造技术，重点研究基于"互联网+"的创新设计、基于物联网的智能工厂、制造资源集成管控、全生命周期制造服务等关键技术；发展绿色制造技术与产品，重点研究再设计、再制造与再资源化等关键技术，推动制造业生产模式和产业形态创新。发展机器人、智能感知、智能控制、微纳制造、复杂制造系统等关键技术，开发重大智能成套装备、光电子制造装备、智能机器人、增材制造、激光制造等关键装备与工艺，推进制造业智能化发展。开展设计技术、可靠性技术、制造工艺、关键基础件、工业传感器、智能仪器仪表、基础数据库、工业试验平台等制造基础共性技术研发，提升制造基础能力。推动制造业信息化服务增

---

[*] 摘录于中华人民共和国中央政府官网，网址 http://www.gov.cn/zhengce/content/2016-08/08/content_5098072.htm。

效，加强制造装备及产品"数控一代"创新应用示范，提高制造业信息化和自动化水平，支撑传统制造业转型升级。

二、发展新型城镇化技术部分内容摘录

四、发展新型城镇化技术

围绕新型城镇化领域的瓶颈制约，针对绿色、智慧、创新、人文、紧凑型城市建设，以系统工程理念为出发点，尊重城市发展规律，创新和改进规划方法，把生态环境承载力、历史文脉传承、绿色低碳等理念融入规划设计全过程，通过科技创新统筹引领城市规划、建设、管理等各个环节，研发系统性技术解决方案。加强城镇区域发展动态监测、城镇布局和形态功能优化、城镇基础设施功能提升、城镇用地节约集约和低效用地再开发、城市地下综合管廊、地下空间合理布局与节约利用、城市信息化与智慧城市等关键技术研发，加强绿色生态基础设施和海绵城市建设技术研发，着力恢复城市自然生态；加强建筑节能、室内外环境质量改善、绿色建筑及装配式建筑等的规划设计、建造、运维一体化技术和标准体系研究，发展近零能耗和既有建筑改造技术体系，推进和提升节地、节能、节水、节材和环保技术在城市建设中的应用推广；加强文化遗产保护传承和公共文化、体育健身等公共服务关键技术研究，培育教育、文化、体育、旅游等城市创新发展新业态，推动历史文脉延续和人文城市建设。力争到2020年形成较为完备的新型城镇化建设和发展理论体系、共性关键技术和标准规范体系，推动城镇可持续人居环境建设和公共服务功能提升，有力保障中国特色新型城镇化建设。

专栏 15 新型城镇化技术

1. 城镇功能提升和协调发展。开展城镇空间规划、基础设施建设和功能提升、城镇用地节约集约和低效用地再开发等关键技术研发及示范，形成城镇规划建设管理和基础设施功能提升的技术体系与装备，突破城市地下综合管廊建设关键技术及装备、支撑城市地下基础设施管网建设的地质勘测技术、城市生态修复和有机更新技术、市政管线建设—探测—维护—修复和运行技术、城镇电—气—热能源系统结构布局和管网优化技术，推动海绵城市、绿色城市、智慧城市建设和城市精细化管理，优化城镇化布局和形态，构建综合性城市管理数据库和基础设施智能管控系统，推动智

慧住区、社区和园区建设,全面推进区域人居环境优化提质和城市文脉传承,为建设绿色、智慧、创新、人文、紧凑型城市提供科技支撑。

2. 绿色建筑与装配式建筑研究。加强绿色建筑规划设计方法与模式、近零能耗建筑、建筑新型高效供暖解决方案研究,建立绿色建筑基础数据系统,研发室内环境保障和既有建筑高性能改造技术。加强建筑信息模型、大数据技术在建筑设计、施工和运维管理全过程研发应用。加强装配式建筑设计理论、技术体系和施工方法研究。研究装配式混凝土结构、钢结构、木结构和混合结构技术体系、关键技术和通用化、标准化、模数化部品部件。研究装配式装修集成技术。构建装配式建筑的设计、施工、建造和检测评价技术及标准体系,开发耐久性好、本质安全、轻质高强的绿色建材,促进绿色建筑及装配式建筑实现规模化、高效益和可持续发展。

3. 文化遗产保护与公共文化服务。加强文化遗产认知、保护、监测、利用、传承等技术研发与示范,支撑文化遗产价值挖掘,支撑馆藏文物、重要遗产地、墓葬、壁画等的保护,支撑智慧博物馆、"平安故宫"工程建设和"中华古籍保护计划"实施,促进世界遗产和风景名胜区的管理、保护和利用。加强文化设施空间与服务的技术研发应用,促进公共文化资源开放共享。开展竞技体育和体育装备关键技术研发与示范,促进全民健康水平提高和体育产业发展。

三、加快培育集聚创新型人才队伍部分摘录

第十章　加快培育集聚创新型人才队伍

人才是经济社会发展的第一资源,是创新的根基,创新驱动实质上是人才驱动。深入实施人才优先发展战略,坚持把人才资源开发放在科技创新最优先的位置,优化人才结构,构建科学规范、开放包容、运行高效的人才发展治理体系,形成具有国际竞争力的创新型科技人才制度优势,努力培养造就规模宏大、结构合理、素质优良的创新型科技人才队伍,为建设人才强国做出重要贡献。

一、推进创新型科技人才结构战略性调整

促进科学研究、工程技术、科技管理、科技创业人员和技能型人才等协调发展,形成各类创新型科技人才衔接有序、梯次配备、合理分布的格局。深入实施国家重大人才工程,打造国家高层次创新型科技人才队伍。

突出"高精尖缺"导向，加强战略科学家、科技领军人才的选拔和培养。加强创新团队建设，形成科研人才和科研辅助人才的梯队合理配备。加大对优秀青年科技人才的发现、培养和资助力度，建立适合青年科技人才成长的用人制度，增强科技创新人才后备力量。大力弘扬新时期工匠精神，加大面向生产一线的实用工程人才、卓越工程师和专业技能人才培养。培养造就一大批具有全球战略眼光、创新能力和社会责任感的企业家人才队伍。加大少数民族创新型科技人才培养和使用，重视和提高女性科技人才的比例。加强知识产权和技术转移人才队伍建设，提升科技管理人才的职业化和专业化水平。加大对新兴产业以及重点领域、企业急需紧缺人才的支持力度。研究制定国家重大战略、国家重大科技项目和重大工程等的人才支持措施。建立完善与老少边穷地区人才交流合作机制，促进区域人才协调发展。

二、大力培养和引进创新型科技人才

发挥政府投入引导作用，鼓励企业、高等学校、科研院所、社会组织、个人等有序参与人才资源开发和人才引进，更大力度引进急需紧缺人才，聚天下英才而用之。促进创新型科技人才的科学化分类管理，探索个性化培养路径。促进科教结合，构建创新型科技人才培养模式，强化基础教育兴趣爱好和创造性思维培养，探索研究生培养科教结合的学术学位新模式。深化高等学校创新创业教育改革，促进专业教育与创新创业教育有机结合，支持高等职业院校加强制造等专业的建设和技能型人才培养，完善产学研用结合的协同育人模式。鼓励科研院所和高等学校联合培养人才。

加大对国家高层次人才的支持力度。加快科学家工作室建设，鼓励开展探索性、原创性研究，培养一批具有前瞻性和国际眼光的战略科学家群体；形成一支具有原始创新能力的杰出科学家队伍；在若干重点领域建设一批有基础、有潜力、研究方向明确的高水平创新团队，提升重点领域科技创新能力；瞄准世界科技前沿和战略性新兴产业，支持和培养具有发展潜力的中青年科技创新领军人才；改革博士后制度，发挥高等学校、科研院所、企业在博士后研究人员招收培养中的主体作用，为博士后从事科技创新提供良好条件保障；遵循创业人才成长规律，拓宽培养渠道，支持科技成果转化领军人才发展。培育一批具备国际视野、了解国际科学前沿和国际规则的中青年科研与管理人才。

194

《"十三五"国家科技创新规划》中绿色建筑、装配式建筑及人才培养方面的内容

加大海外高层次人才引进力度。围绕国家重大需求，面向全球引进首席科学家等高层次创新人才，对国家急需紧缺的特殊人才，开辟专门渠道，实行特殊政策，实现精准引进。改进与完善外籍专家在华工作、生活环境和相关服务。支持引进人才深度参与国家计划项目、开展科技攻关，建立外籍科学家领衔国家科技项目的机制。开展高等学校和科研院所部分非涉密岗位全球招聘试点。完善国际组织人才培养推送机制。

优化布局各类创新型科技人才计划，加强衔接协调。统筹安排人才开发培养经费，调整和规范人才工程项目财政性支出，提高资金使用效益，发挥人才发展专项资金等政府投入的引导和撬动作用。推动人才工程项目与各类科研、基地计划相衔接。

三、健全科技人才分类评价激励机制

改进人才评价考核方式，突出品德、能力和业绩评价，实行科技人员分类评价。探索基础研究类科研人员的代表作同行学术评议制度，进一步发挥国际同行评议的作用，适当延长基础研究人才评价考核周期。对从事应用研究和技术开发的科研人员注重市场检验和用户评价。引导科研辅助和实验技术类人员提高服务水平和技术支持能力。完善科技人才职称评价体系，突出用人主体在职称评审中的主导作用，合理界定和下放职称评审权限，推动高等学校、科研院所和国有企业自主评审，探索高层次人才、急需紧缺人才职称直聘办法，畅通非公有制经济组织和社会组织人才申报参加职称评审渠道。做好人才评价与项目评审、机构评估的有机衔接。

改革薪酬和人事制度，为各类人才创造规则公平和机会公平的发展空间。完善科研事业单位收入分配制度，推进实施绩效工资，保证科研人员合理工资待遇水平，健全与岗位职责、工作业绩、实际贡献紧密联系和鼓励创新创造的分配激励机制，重点向关键岗位、业务骨干和作出突出贡献的人员倾斜。依法赋予创新领军人才更大的人财物支配权、技术路线决定权，实行以增加知识价值为导向的激励机制。积极推行社会化、市场化选人用人。创新科研事业单位选聘、聘用高端人才的体制机制，探索高等学校、科研院所负责人年薪制和急需紧缺等特殊人才协议工资、项目工资等多种分配办法。深化国家科技奖励制度改革，优化结构、减少数量、提高质量、强化奖励的荣誉性和对人的激励，逐步完善推荐提名制，引导和规范社会力量设奖。改进完善院士制度，健全院士遴选、管理和退出机制。

四、完善人才流动和服务保障机制

优化人力资本配置，按照市场规律让人才自由流动，实现人尽其才、才尽其用、用有所成。改进科研人员薪酬和岗位管理制度，破除人才流动障碍，研究制定高等学校、科研院所等事业单位科研人员离岗创业的政策措施，允许高等学校、科研院所设立一定比例的流动岗位，吸引具有创新实践经验的企业家、科技人才兼职，促进科研人员在事业单位和企业间合理流动。健全有利于人才向基层、中西部地区流动的政策体系。加快社会保障制度改革，完善科研人员在企业与事业单位之间流动时社保关系转移接续政策，为人才跨地区、跨行业、跨体制流动提供便利条件，促进人才双向流动。

针对不同层次、不同类型的人才，制定相应管理政策和服务保障措施。实施更加开放的创新型科技人才政策，探索柔性引智机制，推进和保障创新型科技人才的国际流动。落实外国人永久居留管理政策，探索建立技术移民制度。对持有外国人永久居留证的外籍高层次人才开展创办科技型企业等创新活动，给予其与中国籍公民同等待遇，放宽科研事业单位对外籍人员的岗位限制，放宽外国高层次科技人才取得外国人永久居留证的条件。推进内地与港澳台创新型科技人才的双向流动。加强对海外引进人才的扶持与保护，避免知识产权纠纷。健全创新人才维权援助机制，建立创新型科技人才引进使用中的知识产权鉴定机制。完善留学生培养支持机制，提高政府奖学金资助标准，扩大来华留学规模，优化留学生结构。鼓励和支持来华留学生和在海外留学生以多种形式参与创新创业活动。进一步完善教学科研人员因公临时出国分类管理政策。

拓展人才服务新模式。积极培育专业化人才服务机构，发展内外融通的专业性、行业性人才市场，完善对人才公共服务的监督管理。搭建创新型科技人才服务区域和行业发展的平台，探索人才和智力流动长效服务机制。

附录3 中国建筑产业化发展研究报告[*]

一、项目背景

（一）《绿色建筑行动方案》的颁布实施

党的"十八大"提出的新型城镇化发展战略和"美丽中国"构想为我国未来经济发展指明了方向。2013年1月1日国务院办公厅出台了1号文件《绿色建筑行动方案》，进一步明确了城乡建设将走绿色、循环、低碳的科学发展道路。文件要求：住房和城乡建设等部门要尽快建立促进建筑工业化的设计、施工、部品生产等环节的标准体系，推动结构构件、部件、部品的标准化，丰富标准件的种类，提高通用性和可置换性。推广适合工业化生产的预制装配式混凝土结构、钢结构等建筑体系，加快发展建设工程的预制装配技术，提高建筑工业化技术集成水平。支持集设计、生产、施工于一体的工业化基地建设，开展工业化建筑试点示范工程建设。

（二）建筑产业转型升级和节能减排的迫切要求

我国经济社会发展已经进入城镇化和工业化时代，作为国民经济支柱产业的建筑业迫切需要产业现代化转型升级。建筑产业现代化是以技术集成型的规模化工厂生产取代劳动密集型的手工生产方式，以工业化制品现场装配取代现场湿作业施工模式，实现住宅部品部件生产的工厂化、施工现场的装配化的绿色建造。可以有效提高劳动生产率，减少原材料和能源的浪费，降低建筑工程成本，实现规模经济效益。

---

* 本资料来源于北京预制建筑工程研究院蒋勤俭（2014年9月），仅作为科研资料供参考。

（三）全国各地推进住宅产业现代化的探索实践

我国建筑产业现代化的探索已有十多年的历程，住房和城乡建设部一直倡导实施建筑产业化工作，在推进产业化技术研究和交流的基础上，组织标准规范的编制修订工作，同时陆续建成一批建筑产业化示范基地，包括住宅开发、施工安装、结构构件、住宅部品等相关产业链企业，为推动我国建筑产业化的广泛实施奠定基础。

与此同时，全国各地建设主管部门通过出台建筑产业化鼓励政策等激励措施，推进产业化试点和示范工程建设，无论是在技术研究还是在工程管理方面都取得了很大进展，积累了许多成功经验。目前，北京、上海、沈阳、深圳、南京、合肥等城市已经走在建筑产业化的前列，受到中央及各级政府的高度关注和大力支持。这些成功经验为我国未来十年推进建筑产业现代化提供了很好的借鉴。

就企业层面而言，在全国范围内也相继涌现出一批产业化先行者。地产行业以万科为代表实施了大量试点和示范工程案例，施工企业则以中建和各地建工企业为主，其间许多民营企业也积极加入了产业化实践。总体来说，在东部经济发达地区已具备大力推进建筑产业化的基础条件。

（四）西方发达国家建筑产业现代化的成功经验

建筑产业现代化是在社会经济发展水平已基本实现工业化，以大中城市为中心的区域性产业基础逐步完善之后，系统整合建筑业上下游企业资

附图 3-1　北京万科工业化住宅

源，实现分工协作的社会化大生产管理活动。欧美和日本等西方发达国家在 20 世纪中后期已经相继完成了建筑产业现代化，有效解决了城市化进程中建筑业高效生产和工程质量的高度统一问题，取得了非常好的实施效果。国外实施建筑产业现代化的成功经验为我国的发展提供了很好的借鉴。

二、建筑产业现代化的重要意义及必要性

建筑产业现代化是我国建筑业摆脱人工短缺、资源浪费、环境污染和安全事故频发的必由之路，对我国传统建筑业转型升级，实现绿色可持续发展具有重要意义。

（一）国家发展低碳经济的必然要求

传统的现浇或砌体结构的建造方式需要大量的模板、脚手架。现场湿作业过程中木材、钢材、水泥、水消耗量巨大且浪费严重，能源消耗量大。工业化生产的构件在工厂集中生产，生产用水和模板可以做到循环利用，能大量减少施工现场的湿作业，降低资源和能源消耗。

新型建筑工业化是对传统建筑生产方式的变革，可实现建设的高效率、高品质、低资源消耗和低环境影响，具有显著的经济效益和社会效益，是未来我国建筑业的发展方向。推动建筑工业化生产，可有效地降低资源、能源消耗，实现节能减排，是我国发展低碳经济的必然要求。

（二）应对人力资源紧缺及人工成本持续提高的难题

中国城市化和工业化进程迫切需要建筑业抓紧实施工业化以解决下一步我国劳动力短缺和资源消耗过大的问题。国家为解决"三农"问题，提出了多项扶持政策，农民收入持续增加；"80 后""90 后"新生代农民不愿再像父辈那样外出务工，从事繁重的体力劳动。建筑工人将逐步减少，人工成本将大幅增加；建筑工人数量的缺乏以及人工成本的增加将会缩小建筑工业化与传统建筑生产方式成本之间的差别。如果能够将建筑的大部分现场作业转移到预制工厂里面去，将一部分农民工转变为产业工人，使他们享受更好的工作环境和社会福利条件，这必将能够激发工人们的工作

积极性，提高人力资源的利用率，明显降低工人的劳动强度和安全事故的发生率，同时也可以减少现场作业工人的数量，降低了生产过程对熟练工人的依赖程度，从而极大地提高了劳动生产率。

（三）有效降低建筑施工对环境的污染

工业化的建造方式可将大部分湿作业转入工厂，这样可以有效地减少有害气体及污水排放，降低施工粉尘及噪声污染，降低固体垃圾的排放，大大减少了施工扰民的现象，有利于环境保护。

（四）能够提供高品质的建筑产品

工业化建造方式能提供高品质、高耐久、节能环保的建筑产品，解决长期以来建筑业存在的各种各样的质量问题。由于大多数部品是在工厂生产制造，可以按照一定的作业流程和严格的工艺标准控制产品生产质量，容易满足质量标准要求，现场吊装和少量节点连接作业可大大降低现场工人的工作量和劳动强度，为保证施工质量创造了良好的条件。

（五）有效缩短施工周期

工业化建造工期一般可缩短 20% 左右，较短的建造周期可以提升开发商建设期的抗风险能力，并提高投资资金的周转率，改善财务状况，提升盈利水平。

综上所述，发展现代化建筑产业符合国家《产业结构调整指导目录》的产业政策，符合建筑业"十二五"发展规划要求，具有良好的综合社会经济效益。建筑工业化的生产方式利国利民，可以实现多方共赢，是中国建筑工业发展的必然方向，所以我国发展产业建筑现代化意义重大且非常必要。

三、建筑产业现代化的可行性分析

建筑业已成为我国重要的支柱产业，目前我国的建筑产业现代化发展水平整体偏低，建筑企业盈利水平和劳动生产率水平与发达国家相比也有较大差距。因此，我国建筑业发展绝不能依靠粗放型和数量型的增长方式，而应当抓住建筑产业化发展契机，充分发挥科技引领作用，推广"绿

色低碳"的工业化建造模式，升级再造建筑产业链，实施可持续发展
战略。

现阶段，首先应在量大面广的住宅建设领域大力推进建筑产业化，全
面提高住宅建设质量和性能，减少管理环节过多造成的内耗和资源浪费，
实现建筑产业化是未来我国实现住宅功能的高度集成和精细化建造的必由
之路。我国必须迅速转变目前的住宅建设管理模式，实行标准化、工业化
的产业化设计建造模式。

（一）政策条件分析

在国家大力提倡建筑产业化并提出节能减排和可持续发展的政策背景
下，国家住房和城乡建设部及全国各地建设主管部门均已成立建筑产业化
和绿色建筑推广机构，出台了系列保障性安居工程和商品房推进建筑产业
化的激励办法，包括面积奖励、财政补贴、税收优惠以及贷款贴息等政
策。建筑产业化和保障性住房政策必将成为推进我国建筑产业化进程的根
本保证。

（二）区位条件分析

从区位条件上看，我国东部沿海地区经济发展较快，工程建设规模很
大，产业化基础较好，具有技术研发和人才集聚优势，市场分工协作比较
成熟，实施建筑产业化的时机已经成熟。

（1）以北京为中心的京津冀和以上海、江苏为中心的长三角地区已成
为我国建筑产业现代化发展的两大引擎，未来将成为我国建筑产业化发展
的重点核心区，产业规模非常大。

（2）以深圳、广州为中心的珠江三角洲和以沈阳、大连、长春为中心
的东北工业基地是我国建筑产业现代化发展的第二梯队，产业基础好，市
场需求大，未来的产业化发展潜力很大。

（3）部分中心城市将成为我国建筑产业化发展的第三梯队，如合肥、
济南、青岛、成都、武汉、西安、福州、厦门、重庆、长沙、杭州、郑州
等，初步具备发展建筑产业现代化的基础条件，是推动我国建筑产业化持
续发展的重要支撑。

其他城市和我国的城镇化发展也将逐步导入建筑产业化实践，但需要

因地制宜地利用当地资源条件，不断提高建筑产业化发展水平。

（三）产业发展基础分析

从产业发展基础来看，我国的构件和部品加工基地已达上万个，主要分布在东部经济发达地区，产品质量和生产规模还有待完善。施工方面各种大型吊装设备已经开发应用成功。东部经济发达地区的产业基础已初步具备规模化实施建筑产业化的条件。

（四）市场需求分析

建筑产业化市场主要由商品房和保障性住房组成。我国大中城市住宅产品主要以钢筋混凝土结构高层住宅为主，辅以钢结构和砌体结构的低、多层房屋。目前，钢筋混凝土结构高层住宅主要是全现浇剪力墙形式，今后随着住宅的建造质量和性能的不断提高，采用现浇和预制相结合的装配整体式混凝土框架或剪力墙建造方式会成为主流。商品房和政策性住房的市场定位、设计建造技术和工程管理实施有明显区别。产业化住宅市场特点分析详见附表 3 - 1 所示。

附表 3 - 1　产业化住宅市场特点分析

类别	商品房	政策性住房
市场定位	（1）市场化	（1）计划性
	（2）多样化	（2）标准化
	（3）企业主导	（3）政府主导
实施特点	（1）大企业资源	（1）政府资源
	（2）实施相对困难	（2）实施较容易
	（3）需要市场培育过程	（3）可作为推广实施突破口
激励机制	（1）政策奖励	（1）差价补偿
	（2）税收减免	（2）准入限制

工业化商品房主要为市场行为，是由开发商或专业承包商为改进住宅性能、提高住宅建造质量和效率，实现建筑产业化而开发的新一代高端住宅产品。万科集团在全国开发的工业化住宅是商品房产业化的典型代表，因各家追求的目标和关注点不同，工业化商品房的技术标准差异性很大，其技术体系和建造要求都带有企业自身的特点。

　　政策性住房是政府为低收入群体提供的政策性保障住房，其功能和性能要求比较明确，具有标准化设计建造和统一化运营管理特点，是非常适合采用工业化方式建造的政府投资性产业化公房。全国各地都将其作为推广实施工业化住宅的突破口，借鉴国外公房开发管理模式，多采用政府主导规划和配置资源的有计划开发方式实施，政府提供土地和基础设施、委托设计建造并核定价格。由于其专业性特点，通常由政府认定的专业化公司分别负责设计、生产、施工等环节，该公司要满足人员固定、设备配套、管理规范等要求，不断提高效率，确保工程质量。

　　未来随着社会经济的发展，对建筑的耐久、抗震与低碳环保等要求不断提高，公共建筑和各类工业建筑也将广泛采用工业化方式建造。此外，我国的基础设施建设和改造也将开始新型工业化升级，目前的地铁隧道、城市给排水、公路、铁路等建设项目都已大量采用预制装配结构建造。因此，我国的建筑产业化市场非常广阔，发展潜力非常巨大。

　　借鉴国内外建筑产业现代化的发展经验，结合我国经济发展实际情况和地域特点，在长期调研的基础上，制定了我国建筑产业现代化发展规划近期、中期和远期目标（见附表 3 - 2）。规划从产业化城市规划建设目标、产业化基地建设、产业化工程规模、产业化部品应用率三方面设定不同阶段的目标或指标，贯彻整体规划，分步实施的指导思想。

附表 3 - 2　我国建筑产业现代化发展规划目标

指数	近期目标 （2012 ~ 2015 年）	中期目标 （2016 ~ 2020 年）	远期目标 （2021 ~ 2025 年）
全国产业化城市 规划建设目标	国家建筑产业化示范基地 50 个	建筑产业现代化试点城市 30 个	建筑产业现代化示范城市 30 个
产业化项目试点 及示范工程 建设目标	50 个工业园示范区建设完善 实施产业化试点工程 500 万平方米/年	30 个城市产业园基地完善配套 实施产业化示范工程 3000 万平方米/年	形成以城市为中心的建筑产业化全产业链联盟，实施产业化建筑 10000 万平方米/年
产业化部品使用率	部品集成 30% 设备集成 50% 结构主体 15% ~ 30%	部品集成 60% 设备集成 75% 结构主体 30% ~ 50%	部品集成 90% 设备集成 90% 结构主体 50% ~ 70%

　　我国建筑产业化发展规模随着社会经济发展水平的提高将不断扩大，

2015 年以前是市场培育期，2015 ~ 2020 年是产业化快速发展期，2021 ~ 2025 年将达到稳步发展成熟期，届时全国范围建筑产业化的年市场规模预计将达到 5 万亿元，约占整个建筑业总产值的 50%。

四、建筑产业现代化实施方案

（一）建筑产业现代化产业链资源整合方案

以国家级、省级建筑产业化基地为基础，大型开发、施工企业为龙头，培育一批符合建筑产业现代化要求的产业关联度高、带动能力强的建筑产业集团。通过产业链延伸，形成一批具有新型建筑工业化、住宅产业现代化及专业化特征的产业集群，全面提升我国建筑产业现代化水平。附表 3 - 3 为建筑产业现代化产业链整合方案。

附表 3 - 3　建筑产业现代化产业链整合方案

模式	总承包建造模式	房地产开发建造模式	专业性房屋公司建造模式
实施主体	施工总承包	开发建设单位	专业化公司
实施方案	新型建筑工业化	住宅产业现代化	钢结构或幕墙工程专业化
适用条件	公共建筑项目、住宅项目	住宅项目及配套设施	工业建筑或幕墙项目
主要参与单位	专业公司、部品企业、材料商	总承包商、设计单位、专业公司	预制工厂、钢构工厂、幕墙工厂

产业化初期应以城市为核心组建产业化联盟，涵盖开发、设计、施工、构件、设备、部品等相关企业，围绕产业化试点或示范项目整合产业链优势资源，确保工程项目实施质量。随着产业化规模扩大和技术管理水平不断提高，产业链相关资源完善，可逐步进行专业化分工和社会化运作。

（二）产业园功能定位

以城市为研究对象的产业园可依托示范园区资源整合和研发优势，采用"一园多基地"的模式，在周边原材料产地或部品生产企业较集中的区域建设分基地，整合周边产业资源，为建筑产业现代化规模推广奠定基础。

产业园功能布局力求产业化项目组成结构完善，形成完整的产业链。主要分为园区总部综合服务区、设计研发平台、产品展示及物流交易平台、产品加工基地、生活配套设施等功能区（见附表3-4）。

附表 3-4　产业园功能定位分区

功能划分	功能定位	主要内容
产品加工基地	建筑工业园	预制工厂、钢构工厂、门窗工厂、幕墙工厂
物流交易平台	住宅产业园	设备集成区、部品集成区、产品展示及销售区
设计研发平台	科技孵化园	技术研究、设计开发、咨询服务、专业培训
总部综合服务区	综合办公区	办公、物业、餐饮、文化
生活配套设施	住宅示范区	宿舍、公寓、食堂、健身

园区整体规划和建设应遵循绿色、低碳、环保、节能的原则，园区总部综合楼、生活配套设施等建筑可规划建设装配式试点和示范工程，体现产业园的绿色建筑和产业化示范特点，充分展示园区企业的实力和技术优势，使园区真正成为我国建筑产业现代化、新型建筑工业化的引领型示范园区。

示范园的功能定位可按建筑工业产业链整体配套，通过招商引资和政策配套吸引国内外优秀企业入驻园区，构建产业化总部基地的管理模式，不但可以保证产业化技术推广的质量，还可以有效提高产业示范园的利税经济指标。

（三）建筑产业现代化产品体系

构建完善的产品体系是建筑产业现代化的基础，以城市为中心规划建设产品加工基地，应包括建筑工业园（PC 生产厂、钢构加工厂、幕墙门窗加工厂）和住宅产业园（设备、建筑部品等加工和储存区）等两大部分产品体系。

（四）新型建筑工业化实施方案

新型建筑工业化是以施工总承包单位为实施主体，围绕主体结构建造过程进行优化配置资源，改变传统施工方式，采用机械化、工厂化、装配化的精细建造方式，实现建筑施工的质量好、工期短、成本低、安全事故少及环境保护的目标。

（五）住宅产业现代化实施方案

住宅产业现代化是以开发建设单位为实施主体，整合设计、施工、设备、装修等专业资源，形成住宅产业创新联盟，持续推进住宅设计标准化、产品工厂化、施工装配化、设备集成化、装修一体化的建造方式，实现"四节一环保"的产业化目标。

五、建筑产业现代化扶持政策与科技支撑

（一）建筑产业现代化扶持政策

目前全国各地已有北京、上海、沈阳、合肥等城市相继制订了推广建筑产业化的指导意见和实施面积奖励等优惠政策，随着产业化鼓励政策的出台和实施，建筑产业化推广应用取得了显著效果。

（二）建筑产业现代化科技支撑

目前我国的预制装配式混凝土建筑体系和钢结构建筑体系作为新型工业化建筑体系的主要代表，经过多年的研究和推广应用，设计和施工技术已比较成熟，是国家重点推广的新型工业化建筑体系，符合厦门市房屋抗震、抗风及绿色、低碳、环保等要求，在试点和示范工程中可作为主流新型建筑工业化技术体系重点推广。

建筑工业园产品主要围绕新型建筑工业化结构体系进行规划，其应用技术要求详见附表3-6。住宅产业园的部品体系推广方案详见附表3-7。

附表3-6　新型建筑工业化结构体系应用技术要求

工业化结构体系	装配连接技术	预制构件类别	适合建筑类型	备注
混凝土框架（框剪、框筒）结构	（1）后浇混凝土； （2）钢筋套筒灌浆； （3）焊接	（1）预制柱； （2）预制梁； （3）预制楼板； （4）外墙挂板	（1）公共建筑； （2）工业建筑	可采用框剪、框筒体系或隔震技术，建造高于50m的高层建筑

工业化结构体系	装配连接技术	预制构件类别	适合建筑类型	备注
混凝土剪力墙结构;	(1) 后浇混凝土; (2) 钢筋套筒灌浆; (3) 焊接; (4) 销栓	(1) 预制外墙板; (2) 预制内墙板; (3) 预制叠合板; (4) 预制楼梯、阳台	(1) 低、多层住宅; (2) 高层住宅	可采用大开间灵活隔断设计,提高其平面分割灵活性和可改造性
钢结构	(1) 高强焊栓; (2) 焊接	(1) 钢柱; (2) 钢梁; (3) 预制叠合板; (4) 预制外墙挂板; (5) 预制楼梯、阳台	(1) 低、多层住宅; (2) 工业建筑; (3) 公共建筑	可采用轻质维护及隔断材料,提高其技术经济性

附表 3-7 住宅产业现代化部品体系推广方案

住宅部品体系	主要产品系列	产业园功能分配	系统集成
设备部品	整体厨房、卫生间、空调、太阳能	贮存、展示、销售	专业厂家安装
装修部品	墙地砖、门窗制品、木地板、涂料	贮存、展示、销售	内装设计与施工

建筑产业化的关键技术研究主要包括以下内容:

(1) 产业化项目标准化设计集成技术。

(2) 工业化结构体系选型及绿色建造技术。

(3) 构配件及设备部品高效节能环保生产技术。

(4) 产业化项目信息化管理模型及应用技术。

(三) 建筑工业化技术标准体系完善

为更好推广工业化建筑技术运用,依据国家和行业标准的成果,国家建设主管部门编制发布实施了系列建筑产业化地方技术标准,为现代化建筑产业的发展提供技术保障。

1. 国家及行业标准主要成果

目前国家及行业标准主要成果包括：

《混凝土结构设计规范（2015 年版）》（GB 50010—2010）

《混凝土结构工程施工规范》（GB 50666—2011）

《混凝土结构工程施工质量验收规范》（GB 50204—2015）

《装配式混凝土结构技术规程》（JGJ 1—2014）

《预制预应力混凝土装配整体式框架结构技术规程》（JGJ 224—2010）

《预制混凝土构件质量检验标准》（DB11/T 968—2013）

《钢筋套筒灌浆连接应用技术规程》（JGJ 355—2015）

《钢筋连接用套筒灌浆料》（JG/T 408—2013）

《钢筋连接用灌浆套筒》（JG/T 398—2012）

2. 地方标准编制情况

目前，北京、上海、辽宁、江苏、安徽、广东、山东等地已编制地方标准并付诸实施。

为更好地推广建筑产业化，做到技术先进、质量优良，经济合理，全国各地均应根据实际需求编制适宜地方特点的应用技术标准。

3. 企业标准编制情况

建筑产业化涉及大量产品及其应用技术标准，对于部品企业可以制订企业标准，提出高于国家和地方标准的实施要求，保持建筑产业化的持续发展和企业的市场竞争力。

六、社会经济效益分析

国内外产业化实施经验表明，建筑产业化具有显著的社会经济效益。建筑产业化是我国建筑业实现产业转型升级的必由之路，不仅可以有效实施"四节一环保"的节能减排目标，还可以实现提高工程质量、降低工程成本、保证施工安全、缩短建设周期等工程管理目标。

（一）社会效益分析

目前，我国正处于快速城镇化的进程中，城镇化率以每年大约 1 个百分点的速度提高，到实现"全面小康"的 2020 年，我国城镇人口将超过 8

亿，城镇化水平将达到 60% 左右。城镇化是住房需求大量释放的时期，解决城镇新增人口的住房问题将是一个长期的任务。大规模的住宅建造是产生重大经济和社会效益的基础。

（1）可以大幅度降低资源和能源消耗，更好地实现建筑工业节能减排目标。建筑产业化可有效节约能源和资源，缩短房屋生产周期，减少使用期的维护管理费用。依据房地产龙头企业万科集团提供的详细技术指标分析，产业化建造与传统生产方式相比，工业化住宅生产可降低约 50% 的施工材料消耗，减少约 20% 的用水量，节约能耗 3%；同时减少 80% 的施工垃圾和二次装修垃圾，节能减排效果非常明显。

（2）能够有效提高工程施工质量。装配式工业化住宅构件和部品可实现标准化、工业化生产和安装，预制构件表面平整、尺寸准确，密实度高，能获得较好的混凝土强度，而且能将保温、隔热、水电管线、装饰装修等多方面功能要求结合起来。混凝土质量的提高，可有效提高混凝土构件的耐久性，降低后期的维护费用，能延长建筑物的使用寿命 10～15 年，由此带来的经济效益明显，也有利于结构百年设计目标的实现。

（3）改善施工作业环境，降低工人劳动强度。工业化程度的提高、生产环境的改善，可减少单位工程的劳动力用量和降低工人劳动强度，符合"以人为本"的发展理念；住宅构配件及部品在工厂生产会增加区域和行业的就业机会；减少现场湿作业和材料遗洒，有利于文明施工、环境保护和减少施工扰民；操作环境的改善及现场作业的减少，还可大幅度减少质量安全事故的发生，更好地保障劳工的生命安全。

（二）经济效益分析

我国的建筑产业现代化尚处于起步阶段，各方面资源配套还有待不断完善，产业化试点及示范工程规模较小，与传统施工方法相比建设成本相对偏高，主要体现为社会效益比较明显。随着产业化建造水平的提高和规模化推广应用，建设成本会逐步下降，相反传统施工方法的成本会随着人工费用的上涨不断提高，根据北京、上海等地对产业化住宅的初步统计分析，目前的建安成本要高 10% 左右，预计未来 2～3 年可实现与传统住宅建造成本持平。

根据上海已建成的三个工业化住宅小区的初步统计结果，节约的塔吊相关费用约 18 元/m^2；节省模板和混凝土损耗费用约 6 元/m^2；现场混凝土施工量小，减少混凝土施工费用 2 元/m^2；现场湿作业少，现场施工垃圾减少约 15%，节省了垃圾清理和处理费用；预制构件制作质量高，表面效果好，甚至可做成清水混凝土效果，可省略现浇工艺中的抹灰工序，节省费用约 25 元/m^2；住宅建筑的外饰面、保温材料可以和外墙板一起在工厂完成，比现浇工艺节省人工，减少了脚手架的需求，节省外脚手架使用费用约5 元/m^2。随着技术和工业化率的进一步提高，工业化住宅的综合成本将进一步降低，经济效益将进一步扩大。

产业化项目的风险主要为建设总投资控制、建设及达产的工期控制、产品的市场需求量等三方面因素；项目建设及运行初期具有一定的经营风险，政府可以通过制定鼓励产业化发展的优惠扶持政策及推进政府主导的政策房产业化建造来化解市场需求和价格竞争的风险。如项目建设总投资概算比较适中，实施方案比较明确，完全可以控制住项目的投资概算；建设和达产的工期控制对化解项目风险比较重要，项目建设和运营可以按总体规划，分步实施的原则推进，完全按市场化规则运行，确保项目早投入、早产出，缩短项目的试运行磨合期。

未来十年，我国无论是住宅、公共建筑、工业建筑，还是基础设施的产业化建设规模都非常巨大；经济基础较好的城市实施建筑产业化总体风险可控。

结合我国产业化项目在北京、上海等经济发展较快地区的成功实践，我们认为产业化项目具有技术先进成熟、产品质量高，市场规模大、投资小，回收期短、经济效益好等优势，符合我国绿色建筑和建筑产业化发展方向的要求，建筑产业化实施不但可以取得很好的技术经济效益，还可获得良好的社会环境效益。

附录4 2014年度建筑产业现代化行业分析报告*

根据党的"十八大"及十八届三中全会精神，国家明确提出加快转变经济发展方式，建设资源节约与环境友好型社会，着力推动建筑工业化的发展，促进建筑产业转型升级，走中国特色新型工业化道路。最近几年，随着国家层面以推进绿色建筑为导向，各级政府和地区相应出台相关配套政策，我国沉积了十余年的建筑工业化进程终于获得了史无前例的推进速度与发展空间。

沈阳卫德住宅工业化科技有限公司利用大数据并对其进行整合，现将2014年度行业分析结果总结如下。

一、2014年度大事记

（1）2月10日，住房和城乡建设部批准《装配式混凝土结构技术规程》（JGJ 1—2014）为行业标准，自同年10月1日起实施。

（2）3月17日，中共中央、国务院印发《国家新型城镇化规划（2014—2020年）》，规划在"加快绿色城市建设"一节中提及：大力发展绿色建材，强力推进建筑工业化，并将"积极推进建筑工业化、标准化，提高住宅工业化比例"作为重点之一。

（3）3月20~21日，由住房和城乡建设部科技与产业化中心主办、合肥市政府协办的全国建筑工业化生产方式——装配式混凝土结构建筑（PC）生产与施工技术现场交流大会在合肥举行。

（4）5月5日，内蒙古乌海市人民政府出台《关于加快转型升级推进住宅产业现代化发展的实施意见》打造内蒙古西部建筑产业化和新型建筑工业化的区域中心城市。

（5）5月8日，合肥市出台《合肥市人民政府关于加快推进建筑产业

---

* 本资料来源于沈阳卫德建筑产业现代化研究院。

化发展的指导意见》，加快推进建筑业转型升级。

（6）5月13日，湖南出台《湖南省人民政府关于推进建筑产业化工作的指导意见》，力推建筑产业化发展。

（7）5月15日，中国首个国家建筑产业现代化示范城市在沈阳正式挂牌。这是自2011年沈阳获批国家现代化建筑产业化试点城市之后，沈阳在发展现代建筑产业之路上又一次重要"升级"。同时，住房和城乡建设部向合肥市、北京市、绍兴市授予国家住宅产业现代化综合试点城市。

（8）5月17日，四川省人民政府《关于促进建筑业转型升级加快发展的意见》正式出台；同年7月，四川省住房和城乡建设厅出台《关于加快推进建筑产业化工作的指导意见（征求意见稿）》。

（9）6月17日，发布的《上海市绿色建筑发展三年行动计划（2014—2016)》中明确，各区县在本区域供地面积总量中落实的装配式（PC）建筑的建筑面积比例——2014年不低于25%、2015年不少于50%，到2016年外环以内的新建民用建筑，只要适用PC建筑技术，原则上需全部采用PC技术建设；此外，对符合示范要求的绿色建筑和PC建筑项目，市级财政可给予单个项目最高不超过600万元的资金补贴。

（10）7月1日，住房和城乡建设部正式出台《关于推进建筑业发展和改革的若干意见》，在"促进建筑业发展方式转变"的第一条中就明确提出应大力推动建筑产业现代化。

（11）7月10日，长沙市发布《关于加快推进两型建筑产业化意见》，到2016年年末，打造千亿级两型住宅产业集群。

（12）7月11日，济南市出台《济南市人民政府办公厅关于加快推进建筑产业化工作的通知》，全面落实国家建筑产业化综合试点工作责任目标，推动房地产业等相关行业转型升级，加快推进建筑产业化工作。

（13）8月22日，济南市住建委出台《济南市加快推进建筑（住宅）产业化发展的若干政策措施》，政府投资的各类保障性住房与各融资平台项目及各区县政府主导项目全部应用建筑产业化技术建设，其应用建筑产业化技术的建筑面积不低于总建筑面积的50%。

（14）8月26日，上海市建筑工业化专家委员会正式揭牌成立；29日，建筑工业化技术国际会议在上海举行。

（15）9月1日，住房和城乡建设部发布《工程质量治理两年行动方案》，方案提出住房和城乡建设部拟制定建筑产业现代化发展纲要，各地住房和城乡建设主管部门要明确本地区建筑产业现代化发展的近远期目标，协调出台减免相应税费、给予财政补贴、拓展市场空间等激励政策，并尽快将推动引导措施落到实处。

（16）9 月 16 日，"第十三届中国国际建筑产业化暨建筑工业化产品与设备博览会"在北京顺义中国国际展览中心（新馆）举行。同日，住房和城乡建设副部长齐骥在中国住博会现场为厦门授予"国家建筑产业化综合试点城市"颁牌，厦门正式成为国家建筑产业化综合试点城市，是福建全省首个试点城市，也是全国第七个试点城市。

（17）12 月 8 日，住房和城乡建设部提出：新建建筑产业化要每年增 2 个百分点，产业化方式建造的新开工住宅面积所占比例要逐年增加。

（18）12 月 19 日，全国住房和城乡建设工作会议在京召开。住房和城乡建设部部长陈政高提出以住宅建设为重点，以保障房为先导，优先使用建筑工业化建造方式提高建筑业竞争力，实现转型发展。

二、行业数据分析

（一）年度行业关注度分析

目前，我国正处于新型工业化、新型城镇化加速发展阶段。根据数据（见附图 4 - 1 和附图 4 - 2），2014 年度建筑工业化发展同比呈现有序增长；在中国经济新常态背景下，住宅工业化是我国建筑产业转型升级的必然趋势，建筑工业化是实现住宅产业现代化的重要核心，二者是一个过程与整体的关系，建筑产业现代化的发展已从广范围的了解、学习、关注进阶到项目试点再到整体实质推进转化，行业发展正式迈入稳步上升阶段。

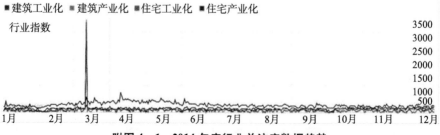

附图 4 - 1   2014 年度行业关注度数据趋势

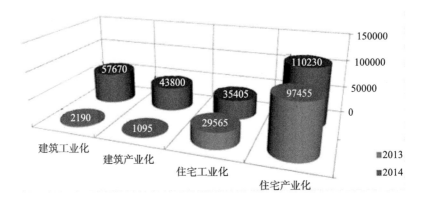

附图 4 - 2　2013 ~ 2014 年行业关注指数分析

一直困扰建筑产业现代化发展的有四大瓶颈，即增量成本问题、技术标准问题、产业配套问题与专业人才短缺问题。伴随着近两年政府的关注及相关产业政策出台，行业技术标准与产业配套逐渐加以完善，目前整个行业也得到了快速提升，促使更多企业和人才进入试水建筑产业现代化。

（二）地区发展热度分析

建筑产业现代化行业发展主要由经济发达的东部沿海地区逐渐在向中西部地区辐射。在东部沿海经济发达地区，工程建设规模大，产业基础较好，具有规模集聚优势，社会效益、经济效益、环境效益正日益凸显。由于中西部地区经济发展缓慢，又缺乏规模效应，而伴随着国家一系列政策"一带一路、长江经济带"等战略机遇带动，中西部地区将会逐步导入建筑产业化实践，但需要因地制宜地利用当地资源条件，不断提高建筑产业化发展水平。随着经济的发展，能源和环境间的矛盾日趋紧张，发展与环境是目前面临的严峻挑战，国内建筑企业的转型升级是必然选择；政府以政策为导向，用市场力量推进建筑工业化发展，促进建筑企业转型升级，走集约化、可持续发展道路。

（三）全国 PC 工厂分布

从区位条件上看，我国东部沿海地区发展较快，已具规模。到目前为止，全国范围内所建 PC 工厂已达 60 余家，主要分布在山东、辽宁、湖南、河北、安徽、江苏、浙江等地。山东省为目前我国 PC 工厂分布最多的省份，其次为以北京为中心的京津冀地区，以及以沈阳、大连、长春为中心的东北工业区也是我国建筑产业现代化发展较快的地区。并且多数为国有大中型企业、大型房产建设集团性企业，建筑产业现代化备受关注和重视。

（四）企业类型分析

全国各地在推进建筑产业现代化之路上都在不断地探索实践，各地主管部门通过出台相应的鼓励政策等激励举措，使得无论是在技术研究还是工程实施管理方面都积累了很多成功经验，为我国未来推进建筑产业现代化提供了很好的借鉴。在企业方面，各地相继涌现产业化先行者，据统计主要分为房地产开发企业、国有大型建工集团、建筑工程以及建材单位、市政机构、大型综合性企业等几种类型。通过数据分析，大型综合性企业尤为关注产业化的整体实践，占总体量的 37.1%，其次为房地产开发企业，占比 15.7%，其间各地许多民营企业也积极加入了建筑产业现代化的实践之路。

其他城市和我国的城镇化发展也已逐步迈向建筑产业现代化发展的征程，需有效利用当地资源及条件，在促进国内建筑业市场规模的同时，实现"全国深化改革"的总目标。

三、地方声音

（1）深圳发改委：2015 年，新建政府投资建筑 100% 达"绿标"，新建公共建筑 50% 达"绿标"。

（2）安徽省发改委：2015 年政府投资公益性建筑全面执行绿色建筑标准。

（3）北京：2015 产业化住宅逾 30%，累计示范超 1500 万平方米。

（4）上海：2015 年装配式住宅面积占开工总量的 20%。

（5）西安：出台补贴政策助推绿色建筑工作。

（6）沈阳：2020 年单体建筑预制装配化率要达到 60%。

（7）宁夏：2 个国家级基地 +5 个区级基地 +5 个示范项目。

（8）山东：奖励绿色建筑，省级财政配套至少 1000 万元。

（9）湖南：2013 年全面开展绿色建筑行动。

四、年度行业关键词

（一）绿色建筑

在 2014 年第十届国际绿色建筑与建筑节能大会上，时任住房和城乡建设部副部长仇保兴指出，普及绿色建筑的捷径是发展装配式住宅，揭示了装配式住宅才是发展绿色建筑的核心纲要。自此，绿色建筑和装配式建筑被紧密联系在了一起。

（二）产业结构倒逼升级

建筑工业化是建筑整体行业发展的手段和平台，是中国建筑业发展的必然趋势。2014 年，环境和能源问题、劳动力成本不断上升等问题在国内整个大环境凸显，建筑行业所受影响首当其冲。人工成本大幅增加、建筑工人数量的缺乏以及人工成本的增加都会缩小建筑工业化与传统建筑生产方式成本之间的距离。种种因素正在倒逼着中国建筑工业化的发展，所以建筑工业化发展前景是大有可为的。

随着建筑工业化的推进，能够将建筑的大部分现场作业转移到预制工厂里面去，将一部分农民工转变为产业工人，使他们享受更好的工作环境和社会福利条件，提高人力资源的利用率，明显降低工人的劳动强度和安全事故的发生率，同时也可以减少现场作业工人的数量，降低了生产过程对熟练工人的依赖程度，从而极大地提高了劳动生产率，真正实现了产业升级。

五、行业展望——前景看好

（一）政策前景

正如之前资料中提到的，中国正处在转型升级的档口，在中国经济进入新常态大背景下，伴随着人工成本与材料成本的不断提升，以往依靠密集型劳动资源来推进的建筑产业即将难以维系；随着社会经济的发展，人们对建筑质量、品质和安全性的要求越来越高；此外，环境容量日趋严峻等种种因素就像是一只只无形的推手，正在推动着建筑工业化整体行业向前奔跑。

（二）建设行业转型升级

党的"十八大"提出的建设"资源节约型、环境友好型"两型社会。随着社会效益、环境效益突出，经济效益日益显现。以工厂生产、现场装配、设计施工装修一体化的方式建造房屋，在"四节一环保"以及减排、提高品质、保障质量、减少人工、提高效率等方面效果明显。

（三）国家新型城镇化发展战略

近年来，在国家出台的一系列新型城镇化发展规划、大气污染防治条例等相关文件中，都提到了以推进住宅业现代化或建筑产业现代化为重要途径实现新型城镇化的发展目标。将建筑农民工转变成为产业工人，解决这部分群体进城以后生产、生活等一系列问题，并通过技术培训，提高产业工人技术水平，提升就业能力，是真正实现人的城镇化的重要途径，也是建设行业为国家新型城镇化发展所做贡献的重要体现。

附录5　2013 年度建筑工业化数据分析报告[*]

十八届三中全会提出了"全国深化改革"的总目标，对于作为国民经济支柱产业的建筑业而言，建筑工业化是中国建筑业发展的必由之路。2013 年度，从整个行业受关注程度和发展趋势来看，建筑业的转型升级势必会引起一场社会革命。沈阳卫德住宅工业化科技有限公司通过对行业数据以及百度指数进行统计，做出如下分析。

一、行业关注度分析

我国当前的建筑业整体发展情况决定了新型建筑工业化不可能一蹴而就。经调研，2013 年行业关注度增速较大，数量较去年增长 67%（见附图5－1、附图 5－2）；2013 年 11 月 17 日，全国政协主席俞正声主持全国政协双周协商座谈会，建言"建筑产业化"，这是我国建筑工业化发展历程中第一次真正落实到政策层面的推动举措。同期数据表明"建筑工业化"成为新生热词，至此我国建筑工业化正式进入"2.0"时代。

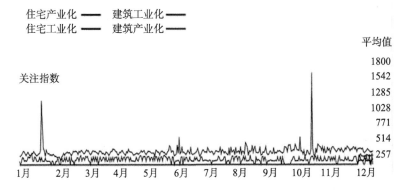

附图 5－1　2013 年度行业关注度数据分析

---

* 本资料来源于沈阳卫德住宅工业化科技有限公司。

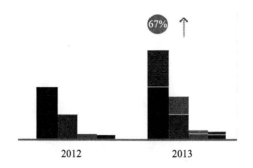

附图 5 – 2　2013 年行业关注指数分析图

二、地区发展热度分析

2013 年 1 月，国务院办公厅正式发布《关于转发发展改革委住房和城乡建设部〈绿色建筑行动方案〉的通知》（国办发〔2013〕1 号），沈阳、深圳、上海等地政府相继制定并完善推进建筑产业化的相关政策法规，有效地推动了建筑工业化有序发展。

数据显示，建筑工业化经过近一年的发展，山东地区的客户关注度已达 15% 左右，位居全国各省市首位，其次为河北、北京、安徽、福建等地。当前，我国建筑业仍然是一个劳动密集型、粗放式经营行业，建筑工业化发展始终存在局限性，主要集中在东部沿海经济地带，西部地区发展缓慢，缺乏规模效应。随着国内建筑企业的转型发展战略调整，以市场力量推进建筑工业化发展，促进建筑企业转型升级，走集约化、可持续发展道路。

三、企业类型分析

据统计，我国建筑工业化发展的道路上，工业化的参与者主要分为房地产开发类企业、建筑工业化全产业链式企业、混凝土预制构件生产企业、钢结构生产企业、部品一体化生产企业五大类。建工集团类企业行业关注度占比 16%，房地产开发类企业占比更是高达 33%（见附图 5 – 3），15% 的边缘企业与组织抢抓建筑工业化的发展机遇，掌握促进产业升级转型主动权。

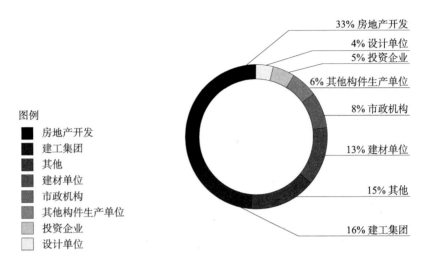

附图 5 – 3 2013 年度市场关注类型统计图

在国内其他城市，各地都在积极探索适合当地的配套政策和技术标准体系。2013 年各地区住宅与城乡建设部门对于房地产开发企业加大奖励政策，激励建筑产业化技术创新和开发建设产业化建筑的企业，保障性住房建设以及新型城镇化战略也将会成为建筑工业化发展道路上的另一焦点。

四、新建 PC 工厂分布

在短短一年时间内，国内新建 PC 工厂多达 27 家，仅山东省新建 PC 工厂就有 5 家，占全国总比的 18%，其次为辽宁、河北、安徽等地。北京、上海、济南、合肥、沈阳、深圳等城市培育龙头企业，以市场力量促发展，开展试点示范，建立产业化研究基地，并且多数为国有大中型企业、大型房产建设集团性企业，这些集团前期都由高层领导亲自考察项目，建筑工业化备受关注和重视。受运输辐射半径影响，大多数新建 PC 工厂集中在京津唐、长江三角洲和珠三角经济地带，形成区域发展，全国性大规模发展仍有阻碍，亟须解决。

研究表明，建筑工业化作为国内建筑业发展"新宠"，以其绿色、节能、环保、高效等集成优势，必将成功推动建筑产业经济结构的转型，在促进国内建筑业市场规模的同时，实现绿色 GDP 发展战略，实现"全国深化改革"的总目标。

附录6　山东省建筑产业现代化教育联盟简介

随着城镇化加速及经济转型升级需求加大，建筑产业现代化获得前所未有的重视，并上升为国家战略。国家层面出台了一系列政策、措施和条例等，大力推进建筑产业现代化进程。建筑产业现代化因其巨大的社会效益、经济效益和环保效益，将为经济社会和建筑产业创新发展带来一个新的战略支点。

为了深入贯彻落实党和国家相关文件精神，提高山东省建筑产业现代化人才队伍建设水平，培养适应建筑产业现代化发展需求的技术和管理人才，打造规模化、专业化的建筑产业化工人队伍，促进建筑产业现代化技术推广和应用，保障山东省建筑产业现代化可持续健康发展并在全国保持领先水平，在上级领导的关心支持下、在山东省建筑产业现代化发展联盟、山东省建筑职业教育专业建设指导委员会的指导下，由39家院校、科研院所、行业学会、出版单位、企业机构等部门共同发起，成立全国性、开放性、非营利性的山东省建筑产业现代化教育联盟（以下简称"联盟"）。联盟涵盖国内建筑产业化相关院校与企业机构。旨在引领建筑产业化教育改革，构建立体化建筑产业化人才培养体系，为山东省乃至全国建筑产业现代化发展提供有力的人才保障。

联盟将集中优势教育资源，建设优质建筑产业现代化课程，通过建筑产业化教育平台推进联盟成员间优势教学资源在一定范围内的共建共享，促进建筑产业化教学和人才培养模式的创新与变革。

联盟将充分践行开放、共享、共赢的理念，与在校建筑产业化教育有机融合，并兼顾建筑产业化在职人员教育和培训需求，提升建筑产业化人才培养成效。

联盟还将顺应建筑产业发展需要，紧密围绕教育改革与人才培养需求，通过实施数字化战略，在建筑产业化教育传统和新兴互联网技术融合发展创新方面实现三步跨越：第一步，以建筑产业化数字教材与人才培养标准为引领，构建立体化建筑产业化教育体系；第二步，建立建筑产业化在线教育平台，开启中国建筑产业化在线教育元年；第三步，建立建筑产业化线上开放大学与职业服务平台，助推数字化建筑产业化教育改革。大力推进智慧智能、终身服务的建筑产业化人才教育与服务结合体。同时，联盟将与各位有志之士一同，以服务行业发展为准则、以提升人才培养质量为核心，加快建设中国特色的高质量建筑产业化在线教育平台和课程体系，共同致力于我国建筑产业现代化教育事业的长久发展！

附录7 建筑业营改增河北省建筑工程计价依据调整办法

发文机构：河北省住房和城乡建设厅

文号：冀建市〔2016〕10号 发布日期：2016－04－29

各市（含定州、辛集市）住房和城乡建设局（建设局）：

根据住房和城乡建设部办公厅《关于做好建筑业营改增建设工程计价依据调整准备工作的通知》（建办标〔2016〕4号）及财政部、国家税务总局《关于全面推开营业税改征增值税试点的通知》（财税〔2016〕36号）等文件规定，建筑业自2016年5月1日起纳入营业税改征增值税（以下简称"营改增"）试点范围。为适应国家税制改革要求，满足建筑业营改增后建筑工程计价需要，保障建筑业营改增工作顺利推进，结合我省房屋建筑和市政工程计价实际，我厅制定了《建筑业营改增河北省建筑工程计价依据调整办法》，现印发给你们，请遵照执行。

各市应高度重视，切实加强组织领导，认真安排部署，采取有效措施，做好实施过程中宣传解释及项目跟踪监测分析，确保我省建筑工程计价依据调整平稳实施。请在执行中认真积累资料，及时反馈意见，以臻完善。

附件：建筑业营改增河北省建筑工程计价依据调整办法

河北省住房和城乡建设厅

2016年4月29日

附件

建筑业营改增河北省建筑工程计价依据调整办法

一、调整依据

（一）《中华人民共和国增值税暂行条例》（国务院令第538号）；

（二）《中华人民共和国增值税暂行条例实施细则》（国务院令第 540 号）；

（三）《关于做好建筑业营改增建设工程计价依据调整准备工作的通知》（建办标〔2016〕4 号）；

（四）《关于全面推开营业税改征增值税试点的通知》（财税〔2016〕36 号）；

（五）《关于简并增值税征收率政策的通知》（财税〔2014〕57 号）；

（六）《关于部分货物适用增值税低税率和简易办法征收增值税政策的通知》（财税〔2009〕9 号）；

（七）《财政部 国家税务总局关于印发〈农业产品征税范围注释〉的通知》（财税字〔1995〕52 号）。

二、调整范围

2012 年《全国统一建筑工程基础定额河北省消耗量定额》、2012 年《全国统一建筑装饰装修工程河北省消耗量定额》、2012 年《全国统一安装工程预算定额河北省消耗量定额》、2012 年《全国统一市政工程预算定额河北省消耗量定额》、2013 年《河北省市政设施维修养护预算定额》、2013 年《河北省仿古建筑工程消耗量定额》、2013 年《河北省园林绿化工程消耗量定额》、2013 年《房屋修缮工程消耗量定额》、2014 年《河北省古建（明清）修缮工程消耗量定额》、2014 年《河北省城市园林绿化养护管理定额》、2015 年《城市轨道交通工程预算定额河北省消耗量定额》、2013 年河北省《建设工程工程量清单编制与计价规程》。

三、调整内容

增值税计税方法包括一般计税方法和简易计税方法，相应计价依据调整方式如下。

（一）一般计税方法

在现行计价依据体系不变的前提下，按照增值税征收有关规定，税金计算程序如下：

税金＝增值税应纳税额＋附加税费（包括城市维护建设税、教育费附

加和地方教育附加）

1. 增值税应纳税额和附加税费计算

$$增值税应纳税额 = 销项税额 - 进项税额$$

$$销项税额 = （税前工程造价 - 进项税额）× 11\%$$

增值税应纳税额小于 0 时，按 0 计算。

$$附加税费 = 增值税应纳税额 × 附加税费计取费率$$

附加税费计取费率如附表 7 - 1 所示。

附表 7 - 1　附加税费计取费率

项目名称	计算基数	计取费率		
		市区	县城、镇	不在市区、县城、镇
费率	增值税应纳税额	13.50%	11.23%	6.71%

2. 进项税额计算

$$进项税额 = 含税价格 × 除税系数$$

各费用含税价格组成内容及计算方法与营业税下相同，除税系数即各项费用扣除所包含进项税额的计算系数。

（1）人工费、规费、利润、总承包服务费进项税额均为 0。

（2）材料费、设备费按"材料、设备除税系数表"中的除税系数计算进项税额（见附表 7 - 2）。

附表 7 - 2　材料、设备除税系数表

材料名称	依据文件	税率	除税系数
建筑用和生产建筑材料所用的砂、土、石料、自来水、商品混凝土（仅限于以水泥为原料生产的水泥混凝土）。以自己采掘的砂、土、石料或其他矿物连续生产的砖、瓦、石灰（不含黏土实心砖、瓦）	《关于简并增值税征收率政策的通知》（财税〔2014〕57号）	3%	2.86%

续表

材料名称	依据文件	税率	除税系数
农膜、草皮、麦秸（糠）、稻草（壳）、暖气、冷气、热水、煤气、石油液化气、天然气、沼气、居民用煤炭制品	《关于部分货物适用增值税低税率和简易办法征收增值税政策的通知》（财税〔2009〕9号）、《财政部 国家税务总局关于印发〈农业产品征税范围注释〉的通知》（财税字〔1995〕52号）	13%	11.28%
其余材料（含租赁材料）	《关于部分货物适用增值税低税率和简易办法征收增值税政策的通知》（财税〔2009〕9号）、《关于全面推开营业税改征增值税试点的通知》（财税〔2016〕36号）	17%	14.25%
以"元"为单位的专项材料费			4%
以费率计算的措施费中材料费			6%
设备		17%	14.34%

（3）机械费。施工机械台班单价除税系数按附表7-3计算，以费率计算的措施费中机械费除税系数为4%。

附表7-3 机械台班单价调整方法及适用税率

序号	台班单价	调整方法及适用税率
1	机械	各组成内容按以下方法分别扣减
1.1	折旧费	以购进物适用的税率17%扣减
1.2	大修费	考虑全部委外维修，以接受修理修配劳务适用的税率17%扣减
1.3	经常修理费	考虑委外维修费用占70%，以接受修理修配劳务适用的税率17%扣减
1.4	安拆费及场外运输费	按自行安拆运输考虑，一般不予扣减
1.5	人工费	组成内容为工资总额，不予扣减
1.6	燃料动力费	以购进物适用的相应税率或征收率扣减
1.7	车船税费	税收费率，不予扣减

续表

序号	台班单价	调整方法及适用税率
2	租赁机械	以接受租赁有形动产适用的税率扣减
3	仪器仪表	按以下方法分别扣减
3.1	摊销费	以购进货物适用的税率扣减
3.2	维修费	以接受修理修配劳务适用的税率扣减

（4）企业管理费除税系数为 2.5%。

（5）安全生产、文明施工费除税系数为 3%。

（6）暂列金额、专业工程暂估价在编制最高投标限价及投标报价时按除税系数 3%计算，结算时据实调整。

（7）在计算甲供材料、甲供设备费用的销项税额和进项税额时，其对应的销项税额和进项税额均为 0。采用工料单价法计价的，甲供材料、甲供设备的采保费按规定另行计算，并计取销项税额。

3.计价程序及表格调整

（1）工料单价法。增加"增值税进项税额计算汇总表""材料、机械、设备增值税计算表"（见附表 7-4 和附表 7-5），调整"工程造价计价程序表"（见附表 7-6）。

附表 7-4　增值税进项税额计算汇总表

序号	项目名称	金额（元）
1	材料费进项税额	
2	机械费进项税额	
3	设备费进项税额	
4	安全生产、文明施工费进项税额	
5	其他以费率计算的措施费进项税额	
6	企业管理费进项税额	
	合计	

附表 7 - 5　材料、机械、设备增值税计算表

编码	名称及型号规格	单位	数量	除税系数	含税价格（元）	含税价格合计（元）	除税价格（元）	除税价格合计（元）	进项税额合计（元）	销项税额合计（元）
合计										

附表 7 - 6　工程造价计价程序

序号	费用项目	计算方法
1	直接费	1.1 + 1.2 + 1.3
1.1	人工费	
1.2	材料费	
1.3	机械费	
2	企业管理费	(1.1 + 1.3) × 费率
3	规费	(1.1 + 1.3) × 费率
4	利润	(1.1 + 1.3) × 费率
5	价款调整	按合同约定的方式、方法计算
6	安全生产、文明施工费	(1 + 2 + 3 + 4 + 5) × 费率
7	税前工程造价	1 + 2 + 3 + 4 + 5 + 6
7.1	其中：进项税额	见增值税进项税额计算汇总表
8	销项税额	(7 - 7.1) × 11%
9	增值税应纳税额	8 - 7.1
10	附加税费	9 × 费率
11	税金	9 + 10
12	工程造价	7 + 11

（2）综合单价法。增加"增值税进项税额计算汇总表""材料、机械、设备增值税计算表"（见附表 7 - 7 和附表 7 - 8），调整"单位工程费汇总表"（见附表 7 - 9）。

附表7-7 增值税进项税额计算汇总

序号	项目名称	金额（元）
1	材料费进项税额	
2	机械费进项税额	
3	安全生产、文明施工费进项税额	
4	其他以费率计算的措施费进项税额	
5	企业管理费进项税额	
6	暂列金额进项税额	
7	专业工程暂估价进项税额	
8	计日工进项税额	
合计		

附表7-8 材料、机械、设备增值税计算表

编码	名称及型号规格	单位	数量	除税系数	含税价格（元）	含税价格合计（元）	除税价格（元）	除税价格合计（元）	进项税额合计（元）	销项税额合计（元）
合计										

附表7-9 单位工程费汇总表

序号	名称	计算基数	费率（%）	金额（元）	其中（元）		
					人工费	材料费	机械费
1	单位工程1合计	1.6+1.10	—				
1.1	分部分项工程量清单计价合计	—	—				
1.2	措施项目清单计价合计	—	—				
1.2.1	单价措施项目工程量清单计价合计	—	—				
1.2.2	其他总价措施项目清单计价合计	—	—				
1.3	其他项目清单计价合计	—	—		—	—	—

续表

序号	名称	计算基数	费率（%）	金额（元）	其中（元）		
					人工费	材料费	机械费
1.4	规费				—	—	—
1.5	安全生产、文明施工费	1.1+1.2+1.3+1.4	费率		—	—	—
1.6	税前工程造价	1.1+1.2+1.3+1.4+1.5	—				
1.6.1	其中：进项税额	见增值税进项税额计算汇总表	—		—	—	—
1.7	销项税额	1.6−1.6.1	11%		—	—	—
1.8	增值税应纳税额	1.7−1.6.1	—		—	—	—
1.9	附加税费	1.8	费率		—	—	—
1.10	税金	1.8+1.9	—		—	—	—
2	单位工程2合计		—				
	（同单位工程1）						
	……						
	合计		—	—			

（二）简易计税方法

建筑工程造价除税金计取费率调整外，仍按营改增前的计价程序和办法计算。调整后的税金计取费率如附表7-10所示。

附表7-10　税金计取费率

项目名称	计算基数	计取费率（%）		
		市区	县城、镇	不在市区、县城、镇
税金	税前工程造价	3.38%	3.31%	3.19%

（三）上述两种方法的适用范围按照财政部、国家税务总局《关于全面推开营业税改征增值税试点的通知》（财税〔2016〕36号）文件执行。

四、执行时间

（一）本办法自2016年5月1日起执行。

（二）在建工程，2016年5月1日以后完成的工程量按本办法调整。

附录8　要知道住宅工业化的6件事[*]

　　住宅工业化、住宅产业化已经越来越受到社会和行业瞩目，但对于它们在中国的发展过程，却并非是大家都了解的。华阳国际自媒体近期梳理了这段发展史，并从中摘录了一些节点进行了介绍，以期管中窥豹。

一、国内住宅设计领域首次出现标准设计概念

　　新中国成立初期，城市住宅严重短缺，全面复兴的住宅建设与住宅工业化相结合。在引进了苏联的经验后，我国推行了"发展标准化生产、机械化施工和标准化设计"的建筑工业化思路，国家组建了从事建筑标准设计的专门机构，开展了设计标准化的普及工作，进行了砌块结构、钢筋混凝土大板结构等多类型住宅结构的工业化体系与技术的研发和实践（见附图8-1和附图8-2）。

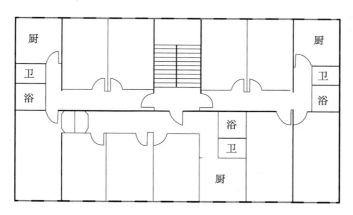

附图8-1　华北301住宅标准设计

---

　　[*] 本资料来源于华阳国际。

附图 8 - 2　多类型住宅结构工业化体系

（砌块、大板、大模板、框架轻板）

二、国内最早的装配式大型砌块试验住宅

20 世纪 50 年代，我国工业化住宅处于发展的初期。苏联的"一种快速解决住房短缺方法"的住宅工业化思想被引进国内，推行"发展标准化生产、机械化施工和标准化设计"的建筑工业化思路。同时，国家建设部门按标准化、工厂化构件和模数设计标准单元，编制了全国 6 个分区的标准设计全套各专业设计图。

1957 年，北京进行了最早的装配式大型砌块试验住宅建设。北京洪茂沟住宅区采用纵墙承重方案，在工厂中生产大型砖砌块，预应力多孔楼板，钢筋混凝土波浪型大瓦及轻质隔墙等预制构件，在现场进行装配。该住宅在施工中创造了 8 天盖好一栋四层住宅的速度纪录（见附图 8 - 3）。

附图 8 – 3 北京洪茂沟住宅区

三、国内最早的 PC 高层住宅

20 世纪 70 年代，在全国范围建筑工业化运动的"三化一改"（设计标准化、构配件生产工厂化、施工机械化和墙体改革）方针下，发展了大型砌块、楼板、墙板结构构件的施工技术，出现了系列化工业化住宅体系。除了砖混住宅体系的大量应用，还发展了大型砌块住宅体系、大板（装配式）住宅体系，大模板（"内浇外挂"式）住宅体系和框架轻板住宅体系等。

1973 年，最早的 PC 高层住宅——北京前三门大街高层住宅在北京建成，共计 26 栋。该项目采用了大模板现浇、内浇外板结构等工业化的施工模式，首次尝试用高层 PC 技术进行住宅大批量建造（见附图 8 – 4）。

附图 8 – 4 北京前三门大街高层住宅

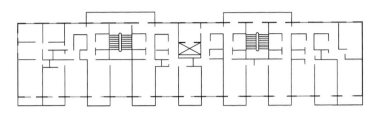

附图 8 - 4　北京前三门大街高层住宅（续）

四、国内首次提出"住宅产业"概念

20 世纪 90 年代，中国建筑技术发展研究中心进行了我国住宅建筑工业化进程回顾、国内建筑工业化试点城市调查、建筑施工合理化、建筑制品发展和住宅标准化等大量专向调查研究，同时分析了国外建筑工业化的新发展，如日本发展部品化技术经验和法国产品认证制度做法等，并对国内外建筑工业化做出了比较研究。

1992 年，中国建筑技术发展研究中心向建设部提出了"住宅产业及发展构想"的报告，报告中首次提出"住宅产业"概念，指出"发展住宅产业是我国住宅发展的必由之路"，将住宅产业定义为"生产、经营以住宅或住宅区为最终产品的事业，同时兼属第二和第三产业，包括住宅区规划设计，住宅部品（含材料、设备和构配件）系列标准的制定、开发、生产、推广、认证和评定，住宅（区）的改造、维修和改建，以及住宅（区）的经营和管理"。1994 年之后，住宅产业相关工作逐步开始（见附图 8 - 5）。

附图 8 - 5　住宅产业逐步发展

五、国内首次实施国家康居住宅示范工程

为了促进住宅产业现代化，不断提高住宅建设水平和质量，创建 21 世纪文明的居住环境，促进国民经济增长，1999 年，建设部开始实施国家康居住宅示范工程（见附图 8 - 6），旨在鼓励在示范工程中采用先进适用的成套技术和新产品、新材料，以此引导住宅建筑技术的发展，促进我国住宅的全面更新换代。

附图 8 - 6　1999 年，建设部开始实施国家康居住宅示范工程

国家康居住宅示范工程的住宅成套技术体系和住宅部品体系两大部分，共分 8 个类别，即住宅建筑与结构技术、节能与新能源开发利用技术、住宅厨卫成套技术、住宅管线成套技术、住宅智能化技术、居住区环境及保障技术、住宅施工建造技术、其他型式住宅建筑成套技术。

六、我国首个国家住宅产业化基地

2002 年 4 月，以"钢 - 混凝土组合结构工业化住宅体系"为核心技术建设的我国首个国家住宅产业化基地——天津二建机施钢结构工程有限公司在天津通过专家论证，标志着我国住宅产业化进入一个新的发展阶段（见附图 8 - 7）。

附图 8 - 7 2002 年 4 月，我国首个国家住宅产业化基地诞生

2006 年，建设部实施《国家住宅产业化基地试行办法》文件。至今，全国先后成立"国家住宅产业化基地"逾 60 处。2015 年 3 月，华阳国际设计集团成为获得"国家住宅产业化示范基地"的首个设计类企业。

附录9 关于开展江苏省建筑产业现代化人才实训的实施意见[*]

江苏省住房和城乡建设厅、省财政厅文件（苏建计〔2015〕403号）
关于开展江苏省建筑产业现代化人才实训的实施意见

江苏城乡建设职业学院、江苏建筑职业技术学院、南京高等职业技术学校：

为贯彻落实《省政府关于加快推进建筑产业现代化促进建筑产业转型升级的意见》（苏政发〔2014〕111号）文件精神，提高我省建筑产业现代化人才队伍建设水平，培养适应建筑产业现代化发展需求的技术和管理人才，打造规模化、专业化的建筑产业化工人队伍，促进建筑产业现代化技术推广、交流和应用，保障我省建筑产业现代化可持续健康发展和在全国保持领先水平，现就开展江苏省建筑产业现代化人才实训提出如下实施意见。

一、总体要求

（一）指导思想

认真贯彻落实省政府关于加快推进建筑产业现代化，促进建筑产业转型升级的有关意见，着眼建筑产业现代化对人才培养培训的新要求，以服务行业发展为准则，以能力建设为核心，坚持政策引导与市场运作相结合、业务理论与实践操作相结合的原则，逐步推进建筑产业现代化人才队伍建设工作，为全省建筑产业现代化发展提供有力的人才保障。

---

* 详见江苏省住房与城乡建设厅官网（http：//www.jscin.gov.cn/）。

（二）目标要求

紧紧围绕建筑产业现代化"标准化设计、工业化生产、装配化施工、成品化装修、信息化管理"的特征，集中多方资源优势，率先在国内形成"政府引导、行业牵头、企业参与、学校主体、开放共享"的建筑产业现代化紧缺人才培养培训新机制，以普遍提升现场操作人员技能水平、聚焦专业技术人员生产设计技术、更新产业管理人员经营管理思路为主要目标，逐步形成"一核多点"的若干建筑产业现代化人才培养基地，打造一支能够快速适应建筑产业现代化发展需要的高素质技能和专业技术管理人才队伍。

二、主要任务

深入研究全省建筑产业现代化发展中的急需人才类型和培训现状，以满足企业急需、提升技术和技能水平为主线，以一线操作人员技能培训为重点，建设一个人才实训基地，开展一系列建筑产业现代化主要专业技术人员和经营管理人员培训，并紧跟产业发展趋势，及时充实培训专业和内容。

（一）建设人才实训基地

1. 建设目标

集中政府、行业、企业、学校等多方资源优势，建成与标准化设计、工厂化生产、装配化施工、整体化装修、信息化管理等建筑产业现代化紧密关联的高标准人才培养公共实训基地，面向行业企业、大中专院校开放，为培养建筑产业现代化专业技术人员、开展技能操作提供形式多样、图文并茂、虚拟与现实相结合的公共、开放的实训基地，提升人才培训的效果，填补我省建筑产业现代化人才培养公共实训基地的空白。

2. 建设内容

人才实训基地计划总建筑面积3.6万平方米，主要由建筑产业现代化技术中心、建筑产业现代化技能训练中心、建筑材料检测中心、绿色建材与装备展示中心、现代木结构建筑加工中心、BIM（建筑信息化）教学中心6个部分组成。其中，建筑产业现代化技术中心主要分为基础理论教学区、实践案例教学区、互动交流教学区三个教学功能区域，基础理论教学区涉及建筑产业现代化技术起源与内涵、国内外建筑产业现代化技术发展历程、江苏建筑产业现代化政策措施等内容；实践案例教学区涉及建筑产业现代化全产业链实践中所开展的技术研究、工程实践、项目案例等内容；互动交流教学区涉及建筑产业现代化发展的战略目标、重点任务及100个席位的开放式互动教学空间等内容。

3. 资金补助

人才实训基地建设内容中除建筑产业现代化技术中心、绿色建材与建筑机具展示中心为待建项目外，其他均利用江苏城乡建设职业学院现有已建成场地和设施、设备。本期拟实施建设的"建筑产业现代化技术中心"项目计划总投资为812.49万元，其中，省财政补助400万元，主要用于设备购置和模型制作、软件购置制作等，其余由学院自筹解决。

（二）开展人员培训

鼓励院校充分发挥职业教育优势，结合建筑现代化急需人才特点，深化产教融合、创新培训方式、细化年度培训任务，确定培训工种、人数、课时及补助标准。

1. 培训内容

计划2015年培训专业技术和技能人才3000人次，2016～2020年每年培训专业技术和技能人才5000人次、高级经营管理人才1000人次。率先选择南京高等职业技术学校、江苏城乡建设职业学院、江苏建筑职业技术学院三所职业院校开展条件较为成熟的业务培训试点。

南京高等职业技术学校2015年计划培训1000人次，工种为BIM建模师。

江苏建筑职业技术学院2015年计划培训1000人次，工种为钢结构吊装工、钢结构设计员等。

江苏城乡建设职业学院2015年计划培训1000人次，工种为工业化建筑质检员、成品化装修施工员等。

各学院培训工种、课程内容、学时、培训人数、培训费用等详见网站原件。

2. 资金补助

三所院校对建筑产业现代化人才培训工作专项造册，明确实际培训工种、人数、课时、费用等。省财政采取免除部分培训费用的方式，对获得相应等级证书的符合条件的学员给予 1000 元／人的定额补贴，所需资金当年预拨，次年根据培训学员的获证情况进行考核清算。对未获证学员的补贴资金，省将按比例予以扣回。

3. 绩效考核

培训期满，南京高等职业技术学校对培训考核合格的学员发放全国 BIM 等级证书（由人社部或住建部印制）；江苏城乡建设职业学院和江苏建筑职业院对于培训考核合格的学员发住建部职业技能等级证书（不在住建部工种序列的，发放省住建厅培训合格证书），便于学员上岗就业。三所院校对培训学员的获证、上岗就业情况建立跟踪机制，省将根据学员获证、上岗就业情况对各院校承担的培训任务进行动态调整。

三、方法措施

（一）加强组织领导

建筑产业现代化人才培训工作在省建筑产业现代化推进工作联席会议办公室领导下，由省住建厅、财政厅相关业务处室具体负责实施。

（二）分阶段实施

1. 率先开展技能紧缺人才培训

2015 年，以南京高等职业技术学校、江苏城乡建设职业学院、江苏建筑职业技术学院等三所职业院校为试点，统筹培训资源、明确培训目标，科学制订培训大纲和培训实施计划方案，在当前建筑产业现代化发展中技能人才严重匮乏的情况下，优先提升一线操作人员技能水平，重点关注与传统生产方式不同的技术培养和实际操作。充分利用院校教学条件、实验中心、实训基地，以及企业施工现场、研发中心，以理论和实训相结合，课堂与现场相结合，采取多种行之有效的方式进行培训。

2. 加强专业技术管理人员培训

2016～2020 年，进行专业技术和管理人员的知识更新培训。加强对专业技术人员的建筑产业现代化技术能力和研发能力的提升，更新经营管理人员的现代经营管理理念。建设一支懂法律、守信用、善经营、作风硬、业务精、敢担当的企业高层复合型技术管理人才队伍。

（三）加强考核监督

1. 建立工作机制

承办院校在培训过程中，建章立制、明确职责、责任到人。将培训任务完成情况与院校内部绩效考核及奖惩机制等挂钩。建立完备的培训组织实施及专项经费使用工作台账，作为接受专项检查、考核评估的重要内容。

2. 加强资金管理

各承办院校严格按照《江苏省省级节能减排（建筑节能和建筑产业现代化）专项引导资金管理办法》（苏财规〔2015〕11 号）的有关要求，加强资金管理力度，做到专项资金专款专用、规范运作、科学规划、用到实处。专项资金按照项目实施进度分年度滚动拨付。

3. 强化监督指导

省住建厅、财政厅明确职责、通力合作，加强对项目组织实施和资金使用的过程监管和专业指导，及时跟踪项目实施进度和资金使用情况，发现问题及时纠正，确保项目实施有成效、按规定使用专项资金。

后　记

　　装配式结构是实现绿色建筑与新型建筑工业化的有效途径。随着我国新型城镇化建设需求日益增长，针对我国目前建筑领域全寿命过程的节地、节能、节水、节材和环保的共性关键问题，以提升建筑能效、品质和建设效率的建筑行业面临新一轮技术变革机遇，通过基础前沿、共性关键技术与集成示范，加快研发绿色建筑与建筑工业化领域下的核心技术和产品。为此，装配式结构与建筑产业现代化的相关问题成为建筑领域新的研究热点问题。

　　近年来，华北理工大学工业化建筑科研创新团队以国家现代化建设重大需求为导向，以科技计划及合作项目为纽带，开设"绿色建筑与建筑工业化"学科方向，构建"政、用、产、学、研"创新体系，搭建多元创新协同服务平台，服务社会效果明显，使学生融入科研攻关队伍、显著提高研究生培养质量和水平。

一、"实践型"科技创新平台

　　2012～2016 年，"绿色建筑与建筑工业化"学科方向获得国家自然科学基金 5 项，省市局级科研基金 9 项；注重科技创新团队建设与再培训，参加专业培训 4 次，国内学术交流会议 70 余次，完成国外访学 2 人，正进行国内访学 1 人。培养博士研究生 1 名，在读 2 名，硕士研究生 16 名，授权发明专利 7 项、实用新型专利 20 项，发表学术论文 31 篇，EI 收录 7 篇，著作 2 部，获河北省科技进步二、三等奖各 1 项，做到在人才培养中创造知识、在创造知识中培养人才。

二、"合作型"科技协作平台

　　与北京工业大学、冀东发展集成房屋有限公司联合科技攻关与美丽乡村示范项目已启动。联合共建河北省绿色建筑产业技术研究院。2015 年华北理工大学牵头，联合唐山理工建筑设计研究院等成立唐山市绿色建筑产业技术研究院；与唐山建设集团有限公司建立研究生创新实践基地；加盟山东省建筑产业化教育联盟，参与由住房和城乡建设部、协会、企业等联合主编的全国首套建筑产业化系列教材。此外，提出当前建筑产业化人才培养模式，并在山东落地实施，社会影响面广。

三、"智库型"社会服务平台

2015 年 12 月立项，主持编写"河北省钢结构建筑'十三五'发展规划"，明确全省钢结构建筑发展目标、发展路径和主要任务。助力唐山市申报"国家住宅产业化综合试点城市"，负责编制相应发展规划与可行性报告。向中组办、住房和城乡建设部、省建设厅、市建设局提供建筑工业化调研报告 5 篇，审查政府草案、地方标准、《绿色农房技术集成》《钢结构标准体系汇编》等重要文件 5 项。加强协作、服务社会将始终作为本学科建设的出发点和立足点，继续为促进绿色建筑与建筑工业化行业发展、人才培养发挥积极作用。

本书付梓之际，再一次感谢本书中引用的国内外同行研究成果的作者，愿本书能为建筑产业现代化相关的设计单位、施工单位、房地产开发企业、技术部品部件研发企业、相关领域研究人员及政府决策部门人员提供有益参考。

著者
2016 年 8 月